KB202331

이디스 쉐퍼의 라브리 이야기

믿음이란 한 알의 밀알이 땅에 떨어져 죽음으로 많은 열매를 맺음과 같이 진리의 열매를 위하여 스스로 죽는 것을 뜻합니다. 눈으로 볼 수는 없으나 영원히 살아 있는 진리와 목숨을 맞바꾸는 자들을 우리는 믿는 이라고 부릅니다. 「믿음의 글들」은 평생, 혹은 가장 귀한 순간에 진리를 위하여 죽거나 죽기를 결단하는 참 믿는 이들의, 참 믿는 이들을 위한, 참 믿음의 글들입니다.

이디스 쉐퍼의

라브리 이야기

이디스 쉐퍼 지음
양혜원 옮김

홍성사

나의 사랑하는 남편 프랜에게,

그리고 프리실라, 수잔, 데비, 프랭키에게 바칩니다.

이들 없이는 이 이야기도 없었을 것입니다.

머리말

이 책과 내가 쓴 책들은 한 묶음입니다.

라브리의 사역에는 서로 연관된 두 측면이 있습니다. 첫째는 정직한 질문에 대해 정직한 대답을, 지적인 차원에서 신중한 해석학을 바탕으로 제시하는 것입니다. 내가 쓴 책《거기 계신 하나님》,《이성에서의 도피》그리고《도시의 죽음》은 이러한 측면을 염두에 둔 것입니다. 두 번째 측면은 무한하고 인격적인 하나님이 우리 세대에도 실제로 존재하신다는 사실을 보여 주는 것입니다.

라브리에 찾아온 20세기의 사람들은 이 두 가지 측면을 마치 동전의 양면처럼 동시에 접했습니다. 이 책에서는 바로 이 두 번째 측면을 다루고 있습니다.

프랜시스 A. 쉐퍼

감사의 말

사람들의 이름을, 어떤 이들은 본명으로 어떤 이들은 그냥 본명의 약자로 언급하는 것은 이 책의 내용에 정확성을 더하는 데 매우 중요한 일이었습니다. 20여 년에 걸쳐서 엮어진 이 이야기에 씨실과 날실로 참여한 분들에게 감사를 드립니다.

또 한 가지 중요 사실은, 이 책이 그동안 일어났던 일을 전부 기록할 수 없었기에 어떤 사건이든 일부밖에 다루지 못했으며, 지면 부족으로 지난 세월 동안 라브리의 삶에 중요한 자리를 차지했던 많은 사람들을 언급조차 못했다는 점입니다. 라브리에 찾아왔던 사람들의 이야기, 그리고 함께 기도했거나 기도의 응답을 받았던 사람들의 감동적인 이야기를 다 하려면 아예 시리즈로 써야 할 것입니다. 예를 들어 라브리에서 있었던 아름다운 사랑 이야기나 결혼식이나 새 가정의 이야기만으로도 책 한 권 분량이 될 것입니다.

혹시 자신의 이야기가 빠져서 서운하신 분들이 계시다면 책의 일부를 '삭제'하고 '편집'해야 했다는 점을 기억해 주시기 바랍니다. 지면이 부족해서 아예 쓸 수조차 없었던 이야기들도 많답니다. 따라서 책 속에 '등장'함으로써 이 책이 구성되게 해 주신 분들과, 다양한 방식으로 라브리의 역사에 '등장'함으로써 지나온 세월의 모든 사건에 참여해 주신 분들 모두에게 감사를 드립니다.

그리고 한 국가로서 스위스가 우리에게 얼마나 소중했는지를 언급하지 않고는 이 글을 맺을 수가 없습니다. 특히 우리가 그곳에 정착할 수 있게 해 준 올롱 주와 위에모 마을 사람들에게 깊은 감사를 드립니다.

이디스 쉐퍼

위에모의 샬레 레 멜레즈

차례

라브리
전경

살레 아젠틴
(앤과 메리)

베다니 가는 길(5분)

뒷길

살레 치노

존의 사무실

아이들의 집 벨뷰

위에모 마을

빵집

주도로

마을 학교

마을 교회

마을 가

우체국

유제품 판매소

세 놓은 집

서

북

고도
1,020미터

남

동

올롱·올리앙 가는 길

꼴레쥬 뒤 몽드 가는 길

본문 중 이디스 쉐퍼의 그림

—

라브리 전경(12~13쪽)
라브리 '기도의 날' 시간표(184쪽)
라브리 주일 식사 안내문(321쪽)

들어가는 말

가파른 산허리에 버티고 서 있는 새로 지은 샬레(chalet, 스위스의 농가 혹은 농가 풍의 집-옮긴이)의 따스한 나무 빛깔이 10월의 황금빛 햇살 아래 눈부시게 빛나고 있습니다. 그 샬레에 있는 커다란 방 하나에도 같은 햇살이 마치 그림 액자 같은 창문을 통해 쏟아져 들어오고 있습니다. 이 방의 창문이 담고 있는 그림은 론(Rhone) 계곡의 풍경과 그 계곡을 굽이쳐 흐르는 강의 은빛 줄무늬입니다.

창밖으로 보이는 당 뒤 미디(Dents du Midi)의 봉우리에 시선이 오래 머물지는 못합니다. 다이아몬드처럼 빛나는 백색 빙하가 주의를 끌기 때문이지요. 또 잇단 봉우리들이 기막힌 장관을 연출하고 있지만, 초록색 숲과 다채로운 빛을 내뿜는 바위들이 이 풍경의 전체 시야로부터 눈을 돌려서 작은 것들을 바라보게 합니다.

이 넓은 방은 얼른 보아도 예배당인 것을 알 수 있습니다. 강단이 있고, 의자들이 정렬되어 있으며, 한쪽 구석에는 보석과 같이 귀중한 플렌트롭 오르간(Flentrop organ)의 마호가니와 잘 닦인 구리 파이프가 소나무로 된 벽과 둥근 천장에 아주 잘 어울립니다. 한쪽 벽에 자리한 커다란 석조 벽난로를 보면, 이 방이 공식 예배 이외에 또 다른 용도로도 쓰인다는 사실을 알 수 있습니다.

얼마 전까지만 해도 억센 풀과 바위 그리고 나무 몇 그루와 벌집 몇 통이 있는 가파른 땅에 불과했던 곳에 세워진 이 예배당은 놀랍게도 한 오페라 가수의 비단과 벨벳 의상으로 지어졌습니다. 무슨 말이냐고요? 적어도 예배당의 일부분은 '원료'인 그 의상들을 나무와 돌로 교환해서 지었거든요. 예배당과 그 아래에 있는 방—거기에는 책상 스물 세 개가 있고, 각 책상에는 이어폰과 녹음기가 하나씩 있습니다—이 지어진 과정은 '기적'이라고밖에 설명할 수 없습니다.

예배당 근처에는 예배당과 특별한 관계가 있는 샬레가 몇 채 더 있습니다. 우선 샬레 레 멜레즈(Chalet les Mélèzes)가 있는데, 지금 베토벤의 선율이 창밖으로 흘러 나오는 그곳은 사람들로 북적대고 있습니다. 그들이 벤치 또는 손으로 직접 짠 기다란 떡갈나무 탁자들 주변이나 사과나무 아래 잔디밭 또는 길쭉하게 생긴 거실 창가에 그룹으로 모여 앉아서 진지하게 토론을 벌이는 소리가 들려옵니다. 정원 바로 너머 레 멜레즈 옆에 있는 샬레 보 씨뜨(Chalet Beau Site)에서도 웅성거리는 소리가 들립니다. 그곳 일광욕실에서는 몇몇 사람이 녹음기 주변에 둘러앉아 있습니다.

길 건너편에서는 노래 연습을 하고 있는 소프라노의 아름다운 목소리가 울려 퍼지고, 조금만 더 가까이 가면 어느 기자가 타자기를 두드리는 소리가 배경음악처럼 들려옵니다. 이곳은 샬레 르 셰잘레(Chalet le Chesalet)

입니다.

샬레 레 멜레즈 왼쪽에 있는 정원에는 휠체어가 여러 대 있고, 뇌성마비 환자들이 공놀이를 하거나 그네를 타고 있습니다. 거의 땅에 닿을 정도로 길게 경사진 벨뷔(Bellevue)의 지붕은 뇌성마비 어린이들의 재활원을 포근하게 덮어 주고 있습니다. 이 건물이 여기에 있는 이유는 몇 년 전 샬레 레 멜레즈에서 일어난 어떤 사건 덕분입니다.

집 뒤쪽의 비포장도로에서 조금 떨어진 정원에서는 어린아이들의 해맑은 웃음소리가 들려오고, 햇빛이 잘 드는 곳에 앉아 감자를 깎으며 재잘거리는 소녀들의 목소리는 어린아이들의 웃음소리와 조화를 이룹니다. 여기는 샬레 치 노(Chalet Tzi No)이고, 여기도 다른 샬레들과 많은 공통점이 있습니다.

그 근처에 있는 샬레 아젠틴(Chalet Argentine)의 널따란 발코니에는 한창 작업 중인 화가의 이젤이 있고, 손으로 쓴 원고를 부지런히 타자기로 옮겨 치고 있는 기자의 모습도 보입니다. 가파른 비포장도로를 내려가 거의 직각으로 우회전해서 또 다른 비포장도로를 올라가면 베다니(Bethany)에 도착하게 되는데, 그곳에는 이층침대가 잔뜩 들어선 침실들이 있습니다. 이 건물도 어느 바이올린 연주가의 샬레와, 마을에 세를 얻어 사용하는 몇 개의 방, 그리고 가끔씩 세를 얻는 다른 샬레들과 마찬가지로 이 단지 전체의 한 부분이며, 나무로 울타리를 친 들판과 '매매'라는 간판이 붙은 샬레 하나도 곧 이 단지의 한 부분이 될 것입니다.

이렇게 다양한 건물로 이루어진 이곳의 이름은 무엇일까요? 바로 '라브리'(L'Abri)라는 이름이 이 모든 것을 하나로 묶고 있습니다. 그러니까 '이웃'이라는 이름으로 불려야 마땅한 뇌성마비인의 집, 바이올린 연주가와 기자, 그리고 근처 샬레에 세 들어 사는 몇몇 사람을 제외한 모든 것이지요. 라브리와 이 이웃들의 집은 유명한 스키 유원지로 가는 길 옆에 있는 알프스의 작은 마을에 있습니다. 이 마을은 오늘날의 세상과 너무나 동떨어져 있어서, 그곳에서 산다는 것은 어떤 의미에서 은둔하는 것 같기도 합니다.

라브리는 무슨 뜻일까?

이 단어는 '피난처'나 '은신처'를 뜻하는 프랑스어입니다. 라브리는 영적인 도움을 필요로 하는 모든 사람의 영적 피난처입니다. 특히 인생의 의미나 목적을 찾는 데에 관심이 있는 사람이라면 누구나 씨름해야 하는 기본적인 철학적 문제들에 대한 대답을 찾을 수 있도록 마련된 곳입니다.

이곳에는 누가 있을까?

라브리에는 철학, 과학, 약학, 미술, 건축, 신학, 음악, 기술, 항공학 등 온갖 분야의 학문을 공부하는 학생들이 있습니다. 그리고 학사, 석사, 박사들이 있고, 전직 교수, 의사, 변호사, 신부, 목사, 기술자, 발레리나, 오페라 가수, 작가, 편집자, 조각가, 바이올린 연주가였던 사람들도 있습니다. 나이는 10대 초반부터 60대까지입니다. 그리고 인도, 네덜란드, 잉글랜드, 스코틀랜드, 이탈리아, 프랑스, 남아프리카공화국, 로디지아, 미국, 스위스, 뉴질랜드, 호주, 한국, 일본 등지에서 온 사람들입니다. 이곳에 온 사람들은 국적도 다양할 뿐만 아니라 나이도, 자라난 환경과 관심사도 다양합니다.

그들은 왜 왔을까?

그들에게는 한 가지 주된 공통점이 있습니다. 이들 대부분은 생각하고 사는 사람이라면 누구나 고민하는 인생의 기본적인 질문에 대한 답을 참으로 진지하게 찾고 있습니다. 그들이 자란 환경이나 신념은 전혀 다를지라도, 무엇을 탐구하며 추구하는 모습이 그들 모두에게 있습니다.

반면 그들의 차이점은 상상을 초월할 만큼 다양합니다. 무신론자, 불가지론자, 실존주의자, 힌두교인, 아예 신앙이 없거나 다양한 신앙 배경의 유태인, 로마 가톨릭교인, 자유주의 개신교인, 불교인, 그리고 20세기의 사상의 산물인 다양한 사람들이 있습니다. 그 산물은 모두 상대주의에 기초하는데, 이 상대주의는 절대가 없는 상대주의이며 진리가 존재한다는 것조차도 믿지 않습니다. 그러나 이곳에 오는 대개의 사람들은 만족을 얻지 못한 사람들이어서 대답 듣기를 간절히 바라는 마음으로 질문을 안고 옵니다.

그들은 어떻게 왔을까?

이곳에 있는 사람들이 다양한 만큼 다양한 방법으로 왔습니다. 대부분의 경우 그들은 입소문으로 라브리에 대해서 들었습니다. 어떤 일본인은 시카고에서 라브리에 대해서 듣고, 알프스의 이 작은 마을을 경유해서 도쿄로 돌아갔습니다. 또 어떤 사람은 카이로의 택시 안에서 정말 우연히 어떤 여자를 만났는데, 그 여자는 라브리에서 기독교인이 된 사람이었습니다. 결국 무신론자이자 유태인 변호사였던 그 사람은 6개월 동안 파렐 하우스(Farel House, 라브리의 공부방 이름)에서 학생으로 공부하게 되었습니다.

이렇게 다양한 방식으로 라브리를 찾아오는 사람들에 대해서 라브리의 간사들이 공통적으로 믿는 한 가지는 하나님께서 기도의 응답으로 사람들을 보내 주신다는 것입니다. 우리는 하나님께서 선택한 사람들은 보내 주시고 다른 사람들은 다 막아 달라는 우리의 기도가 응답되어 왔고, 지금도 응답되고 있다고 믿습니다.

그들은 이곳에서 무엇을 할까?

만약에 찾아온 사람이 며칠간 머물 손님이라면 테이프에 녹음된 강의나 토론 내용을 개인적으로 또는 그룹으로 같이 듣거나, 간사들과 개인적인 대화를 나누기도 하고, 토요일 저녁 벽난로 주변에 함께 둘러앉아서, 또는 하루 세 번 간사들의 가정에서 함께 식사하며 나누는 질문과 토론에 동참합니다.

파렐 하우스의 학생이 되려고 왔다면 쉐퍼 박사가 각 사람에게 개인적으로 정해 준 과정에 따라 강의, 토론, 설교와 성경강해를 아침마다 네 시간씩 개인에게 배당된 녹음기를 이용해 테이프로 듣습니다. 그리고 주일 예배와 주일 저녁에 하이 티(high tea, 저녁 식사 대신에 가지는 영국의 오후 티타임─옮긴이)와 함께하는 성경 공부 외에 일주일에 두 번의 강의와 세미나에 참석합니다. 가끔 저녁에 음악회가 열리기도 하는데 오페라 가수 출신의 라브리 간사가 부르는 아름다운 독창이 있고, 그 외 바이올린이나 피아노, 오르간, 첼로 연주에 재능이 있는 사람들이 함께 참여합니다.

이 사람들의 공통점은 각 사람마다 어떤 필요─개인적인 필요, 혹은 20세기의 지적 풍토의 혼란 속에서 다른 사람들을 돕도록 준비되기 위한 필요─를 가지고 왔으며, 라브리에서 그 해답을 찾고 있다는 것입니다. 이들은 대화를 하거나, 테이프나 강의를 듣는 데 보내는 시간 이외에 하루의 반나절은 간사들의 가정에서 집안의 실제적인 일을 도우며 보냅니다.

이 모든 것의 재정은 어떻게 충당되는가?

여러 곳에서 헌금이 들어오고, 들어온 헌금은 일반 기금으로 분류되어서 그것으로 집세와 융자금과 전기세를 내고, 살림을 맡은 사람에게 식비가 지불됩니다. 그러나 이 일을 위해서 아무도 그 누구에게든지 돈을 달라고 하지 않습니다. 사람이나 기관에 호소하는 일도 없고, 어떤 보증도 부탁하지 않습니다. 라브리의 손님들과 헬퍼(helper, 라브리 장학생으로 일하는 대신 공부하며 숙식비를 내지 않는다─옮긴이)들은 아무것도 내지 않으며, 그들에게 들어가는 모든 비용은 일반 기금으로 충당됩니다. 파렐 하우스의 학생들은 식비로 하루에 1달러 50센트를 내고, 녹음기 수리비와 난방과 기타 파렐 하우스의 유지비와 관련된 비용으로 하루에 50센트를 냅니다. 간사들에게는 봉급이 없고, 그들은 기본적인 필요만 해결받으면서 이 일을 합니다. 만약 돈이 충분할 경우, 간사들은 그달에 약 30달러의 보너스를 받습니다.

이처럼 오고 가는 모든 사람들, 라브리에 사는 사람들, 강의하러 다니는 사람들 모두에게 예산은 '쥐꼬리'만 한 것입니다. 하지만 라브리에서 간사로 일하는 우리들은 이 돈이 특별히 우리의 필요를 위한 기도의 응답으로 들어온다고 믿습니다.

라브리의 공식 목적은 무엇인가?

우리는 우리의 목적을 이렇게 정했습니다.

"우리의 삶과 일을 통해서 하나님의 실재를 드러내는 것."

다시 말해서 우리는 몇 가지 영역에서 기도를 기초로 하는 삶을 살기로 결정했습니다. 혹시라도 관심을 가지고 바라보는 사람 모두에게 하나님의 실재를 증거할 수 있도록 말입니다. 그래서 우리는 다음의 네 가지 특정 영역에서 기도로 살기로 했습니다.

1. 우리는 돈을 달라고 호소하는 대신 오직 기도로 하나님께만 우리의 재정적인 그리고 물질적인 필요를 알린다. 우리는 하나님께서 당신이 선택한 사람들의 생각 속에 그들이 이 일에 감당해야 할 몫을 알리실 수 있다

고 믿는다.

2. 우리는 하나님께서 당신이 선택한 사람들을 보내 주시고 다른 사람들은 전부 막아 주시기를 기도한다. 사람을 모으기 위한 광고 전단은 없다. 이 책은 우리의 일이 처음으로 글로 쓰이는 것이다.

3. 우리는 회의를 통해서 우리의 미래를 명확하고 효율적인 방법으로 계획하는 대신, 하나님께서 우리의 일을 계획하고 날마다 우리에게 당신의 계획을 보여 주며 당신의 뜻대로 지도하고 인도하시기를 기도한다.

4. 우리는 일반적인 통로를 통해서 간사를 모집하지 않고, 하나님께 당신이 선택한 간사들을 보내 달라고 기도한다.

라브리가 시작된 지 11년이 되는 지금(라브리는 1955년에 시작됨—옮긴이), 이 일은 샬레 레 멜레즈에 살면서 기도하고 사람들을 맞이한 한 작은 가정에서 여러 샬레가 모인 하나의 단지와 앞에서 묘사한 예배당으로 확장되었습니다. 또한 밀라노와 런던 그리고 암스테르담에도 라브리가 생겨났고, 미국에는 대표들도 세웠습니다. 그러나 여기서 반드시 짚고 넘어가야 하는 것은, 우리가 돈을 달라고 호소하거나 간사들이나 손님 또는 학생을 모집하는 광고를 낸 적이 없었던 것처럼, 라브리를 커다란 조직체로 만들려는 의도도 없었다는 사실입니다. 실제로 이 일에 참여하는 참으로 적은 수의 멤버(member, 3년 이상 간사를 한 사람—옮긴이)와 간사(worker, 학생을 가르치며 식사를 준비하는 등 라브리의 실제 업무를 보는 사람—옮긴이)만이 라브리의 조직체를 구성하고 있습니다.

우리가 크든 작든, 널리 알려졌건 덜 알려졌건, 우리는 단지 하나님의 목적을 신실하게 이룰 수 있게 해 달라고 기도했을 뿐입니다. 물론 지금은 이 일과 우리가 가르치는 바가 널리 알려져서, 쉐퍼 박사와 이 일에 참여하는 사람들이 세계 여러 나라의 신학교, 대학 단체들, 학교, 교회 그리고 비기독교인 단체들로부터 감당할 수 있는 것 이상의 강의 요청을 받고 있기는 합니다. 매우 다양한 층의 사상과 배경을 가진 사람들이 큰 관심과 열의로 라브리에 오거나, 혹은 쉐퍼 가족에게 강의를 요청합니다.

이제 앞으로 펼쳐질 이야기는 하나님께서 실존하신다는 사실과, 불가능해 보이는 상황 속에서도 계속해서 우리의 기도에 응답하셔서 무로부터 유를 만드신 분이 바로 그 하나님이시라는 사실을 보여 주기 위해서 쓴 것입니다.

샹뻬리의 예배당

1
어떻게 스위스에서
이런 일이 일어날 수 있을까

1955년의 밸런타인데이였습니다. 수잔(둘째 딸)과 데비(셋째 딸)는 빨간색 하트와 레이스로 상자를 꾸미고, 직접 만든 카드 몇 장에다 다 같이 모였을 때 소리 내어 읽으려고 자기들이 지은 시를 적어서 그 상자에 넣었습니다. 수잔과 데비가 서로 아이디어를 내고 다 같이 할 게임을 궁리하면서 킥킥대고 웃는 소리가 식당 한쪽에서 들려왔습니다. 부엌에서는 케이크에 장식할 분홍색 페퍼민트 아이싱을 만들고 있고, 새로 설치한 미국산 전기 오븐에서 두 층의 하트 모양 초콜릿 케이크 반죽이 부풀며 냄새를 풍기고 있었습니다. 축하의 시간을 가지기 딱 좋은 순간이라는 생각이 들었습니다. 막내인 프랭키도 이제는 부분적으로 마비가 된 한쪽 다리에 적응해 가면서 예전만큼 넘어지지 않았고(프랭키는 5개월 전, 미국에서 스위스로 돌아오던 배에서 소아마비에 걸렸습니다), 처음으로 류머티즘성 열병을 앓았던 수잔도 이제는 자리에서 일어났기 때문입니다.

집도 칙칙한 번데기를 벗고 아름다운 '나비'로 변신했음을 확증하는 축하가 필요할 것 같았습니다. 왜냐하면 우리는 이제 막 부엌을 새로 칠하고, 전기 시설도 설치했고, 식당 한쪽 구석의 돌에 칠한 금 간 석고를 긁어내 원래의 돌 모양을 그대로 즐길 수 있게 했고, 1년 전에 미국의 인테리어 가게에서 산 직물로 볼품없이 낡은 가구를 '거의 새것처럼' 꾸며 놓았기 때문입니다.

그렇습니다. 드디어 샬레 비쥬(Chalet Bijou)가 여러 해 동안 상상으로만 그려 보던 그 모습과 거의 비슷한 모습을 갖추게 되었습니다. 이제 군데군데 갈라진 복도 바닥에 체리 빛 리놀륨만 깔면 되었는데, 그것도 이미 치수를 재서 주문해 놓았기 때문에 어느 때고 도착만 하면 되었습니다.

또 한 가지 우리가 가족끼리 행복한 축하 시간을 갖고자 했던 이유는, 가장 최근에 겪은 시련 이후로 약간의 휴식이 필요하다고 느꼈기 때문입니다. 불과 몇 주 전에 눈사태가 났었는데, 그 어마어마한 눈더미가 산허리를 타고 우리 샬레를 향해 쏟아져 내려오다가 가까스로 비껴간 일이 있었습니다.

눈사태에 대해서 좀더 자세히 이야기해 드리지요. 며칠 동안 내린 '아름다운 눈' 위에서 한겨울에 눈부신 알프스의 햇살을 받으며 스키를 타는 것은, 스위스에서의 특별한 추억으로 남을 만큼 즐거운 시간이었습니다. 프랜(남편 프랜시스 쉐퍼입니다)과 프리실라(첫째 딸)와 데비는 시간이 나는 대로 스키를 탔습니다. 그러니까 우리 모두가 식사 준비를 하고, 손님을 맞이하고, 프랭키를 돌보고, 사람들과 대화를 나누는 데에 집중하는 저녁 식사

어떻게 스위스에서
이런 일이 일어날 수 있을까

시간과 그 이후에 벌이는 한바탕의 소동들 틈틈이 말입니다.

우리에게 대화는 중요한 것이었습니다. 왜냐하면 우리를 방문하는 사람들은 대개 자신의 삶의 가장 중요한 질문을 가지고 찾아왔기 때문입니다. 스키 타러 와서 호텔에 묵고 있는 사람들, 주일 예배에 참석했던 사람들, 또 학기 중에 샹뻬리(Champéry)에 있는 기숙학교에 다니면서 저녁에 샬레 비쥬를 방문했던 학생들과 방학을 맞이해서 그들이 데리고 온 친구들이 우리를 찾아오는 손님이었습니다. 전화벨이 자주 울리고, 티타임이 저녁 식사로 연장되고, 저녁 식사 시간이 다과와 함께하는 한밤의 대화로 이어지는 계절이 돌아왔던 것입니다.

다시 눈사태 이야기를 하자면, 스키 유원지에 있는 호텔들이 기대하는 그런 날씨가 며칠 동안 계속되었습니다. 2주 동안 성경 공부를 하러 온 영국 여학생 캐롤라인이 수요일에 떠날 예정이었는데, 그 주 월요일에 캐롤라인이 쁠라나쇼(Planachaux)에서 오후 내내 스키를 타다가 코는 빨갛게 익고 얼굴은 검게 그을린 채 허기져서 저녁 식사를 하러 왔던 기억이 납니다.

화요일에는 모두들 캐롤라인이 월요일에 스키를 타서 다행이라고 생각했습니다. 지붕에 비 떨어지는 소리를 들으면서 아침에 일어났으니까요. 그 날은 캐롤라인이 실내에 머물면서 떠나기 전에 묻고 싶었던 질문을 마저 하기에 좋은 날이었습니다. 수요일에도 여전히 비가 내리는 것을 보고 우리는 캐롤라인의 가방을 오후에 미리 기차역으로 보내 놓기로 결정했습니다. 맨몸으로 어둠을 뚫고 그곳까지 걸어가는 것만으로도 '대단한 일'이었기 때문입니다. 그날 밤 프랜과 나는 캐롤라인과 함께 얼음 위에 물이 고인 들판을 넘어지고 미끄러지면서 기차역까지 갔습니다.

"이 몇 주간이 제게 얼마나 큰 의미가 있었는지, 두 분께 아무리 감사드려도 모자랄 거예요. 제 인생에서 가장 중요한 시간이었어요."

캐롤라인은 얼은 데다가 젖어서 더 미끄러운 언덕길을 올라가느라 헐떡거리는 사이사이 인사를 했습니다. 비에 흠뻑 젖은 캐롤라인의 머리를 타고 내리는 물줄기와 턱에서 떨어지는 물방울, 그리고 언덕을 오르느라 헉헉거리는 불규칙한 숨소리도 그 순간의 진지함을 방해하지는 못했습니다. 옷가방과 불룩한 배낭을 양옆에 끼고 어깨에 스키를 걸친 캐롤라인은 손을 흔들어 작별 인사를 하면서, 친구들을 보내겠다고 약속했습니다. '진리'를 알아야 하는 친구들 말입니다. 프랜과 나는 각자 우리의 일과 인생이 어떻게 펼쳐질지 궁금해하면서 미래에 대한 자기 나름의 생각에 빠진 채 그 미끄러운 길을 되돌아왔습니다.

다음 날 아침 일찍 우리는 밖에서 웅성거리는 소리, 프리실라의 방에서 들려오는 흥분된 목소리, 샬레 옆에 있는 강을 따라 급류가 콸콸거리며 내려오는 소리, 지붕에 떨어지는 빗소리에 잠을 깼습니다. 급히 프리실라의 방으로 가 보니 프리실라와 수잔은 창밖을 내다보느라 정신이 없었습니다.

"엄마, 저기 좀 봐요! 비가 계속 내리는 바람에 눈이 녹아서 강물이 불었어요. 그리고 위에서 떠내려온 통나무들이 다리에 쌓이다가 전부 다 무너졌어요. 또 저기 좀 보세요! 꼭 호수 같아요. 저 사람들은 아까부터 나와서 집에 물이 안 들어가게 하려고 도랑을 파고 있어요. 그리고 강에서 통나무랑 돌이랑 건져 내고 있어요. 그런데 왜 아빠는 같이 나가서 일하지 않는 거죠?"

'아빠'는 이런 일이 벌어지는 줄 몰랐습니다. 우리가 자는 방에서는 아무 소리도 들리지 않았으니까요. 프랜도 곧 헌 옷을 대충 걸치고 삽과 갈퀴를 들고 장대처럼 쏟아지는 빗속으로 나갔습니다.

수잔은 아침 내내 뜨거운 커피를 여러 잔 쟁반에 받쳐 들고 발 디딜 곳을 살피며 아슬아슬하게 물 속을 헤치며 다녔습니다. 라헬, 헤르만과 로베르트(우리 샬레의 주인인 스위스인 농부 남매들입니다), 그들의 아버지, 그리고 들판 건너편에서 온 남자 하나가 물길을 원래의 강 쪽으로 돌리느라 애쓰는 동안 수잔은 그렇게 커피 심부름을 계속했습니다. 프랜은 정오에 들어와 식사를 하고, 젖은 옷을 갈아입고 마을로 나가며 말했습니다.

"다른 급류들도 원래의 길을 벗어날 위험이 있어서 마을에서 도움이 필요하대요. 그리고 한 번도 물길을 이룬 적이 없는 곳에도 새로운 급류들이 내려오나 봐요."

다리란 다리는 다 무너져, 길을 건널 필요가 있는 곳에는 위험해 보이는 판자 하나만이 놓여졌습니다. 급류가 마을을 휩쓸고 지나가는 곳마다 남자들이 모여서 삽을 가지고 돌과 진흙을 치워서 물이 한 곳으로 흘러가게 했습니다. 프랜은 저녁 때 들어와서 옷을 갈아입고 식사를 한 뒤 '야간근무'를 하기 위해서 다시 나갔습니다.

그날 밤 눈더미는 우리 샬레에서도 그 으르렁거리는 소리를 들을 수 있을 정도의 무서운 속도로 산허리를 타고 내려오기 시작했습니다. 엄청난 눈과 함께 진흙과 돌 그리고 나뭇가지와 나무들이 모든 것을 휩쓸고 지나가자 인간이 만든 집의 견고함, 그러니까 그 오래된 마을의 굳건한 외양이라는 것이 아이들의 집짓기 장난감에 불과해 보였습니다. 이리저리 방향을 바꾸는 예측 불허의 눈더미는 마을 전체가 순식간에 파묻힐 수도 있다는 두려움에 떨게 했고, 우리는 '우리의 모든 필요'를 돌보시는 분은 오직 전능하신 하나님밖에 없다는 사실을 매우 생생하게 깨달았습니다.

월요일 밤부터 내리던 비는 금요일이 되어도 그칠 줄을 몰랐습니다. 오후에 프랜과 나는 일이 어떻게 되고 있는지 보려고 마을로 올라갔습니다. 샬레 두 채가 무너져서 그 집의 기초가 비스듬히 삐져나와 있었고, 헛간 하나는 양과 말을 다른 곳으로 옮기자마자 완전히 주저앉았습니다. 길에는 진흙과 돌덩이들이 쌓여 있었는데, 그 두께가 2미터 가량 되는 바윗덩어리도 있었습니다. 상점마다 모래주머니를 쌓고, 창문에 널빤지를 대기는 했지만 그것으로 재난을 막기에는 턱없이 부족했던지 작은 불도저 하나가 어느 가게 앞에 쌓인 진흙더미를 치우고 있었습니다.

전에는 없었던 새로운 급류를 두 개나 건너 마클레이 부부(우리의 첫 번째 집주인인데, 여전히 좋은 친구들입니다)의 집까지 올라가서, 온 마을을 휩쓸고 가버린 눈사태의 행로를 살펴보았습니다. 놀랍게도 그 눈더미는 우리 교회

어떻게 스위스에서
이런 일이 일어날 수 있을까

를 가까스로 비껴갔습니다.

들판을 가로질러 샬레 비쥬로 돌아올 때 플라이쉬만 부인을 만났는데, 마을 사람 하나가 부인의 짐을 들어 주고 있었습니다. 아름다운 플라이쉬만 부인은 독일인인데, 가파른 비탈길에 자리 잡고 있는 작은 방이 두 개 딸린 샬레에 살고 있었습니다. 부인은 '인형의 집' 같은 그 작은 샬레에 위험할 정도로 가까이 지나가는 두 개의 급류 때문에 대피하라는 명령을 받았다고 했습니다. 부인은 깃털 이불은 물론 중요한 서류가 담긴 가방 하나, 귀중품이 든 가방 그리고 특별한 식이요법에 필요한 식품이 가득 든 가방까지 챙겨 들었습니다. 부인은 임시거처로 사용하게 될 우리 샬레에 도착하자마자 털석 주저앉으며 말했습니다.

"어떤 눈사태도 여기까지는 오지 못하겠지요? 여기하고 산 사이에는 들판이 아주 넓으니까요."

나는 부인의 어깨를 토닥거리고는 저녁을 준비하러 내려갔습니다. 비상사태라도 먹어야 하니까요. 그리고 날마다 하는 프랭키의 소아마비 치료도 계속해야 했습니다.

플라이쉬만 부인은 우리과 함께 저녁 식사를 하고 나자 위험으로부터 아주 멀리 떨어져 있어서 안전하게 잘 수 있다고 생각되는 잠자리로 갔습니다. 프랜은 계속해서 삽질을 하러 다시 마을로 갔고, 헬렌과 프리실라는 사태 수습에 대한 정보를 얻기 위해 손전등을 들고 들판을 건너가 보기로 했습니다(헬렌은 프랭키를 낳을 때 도와주었던 스위스인 조산사였는데, 우리 집에 놀러

와 있었습니다).

비상사태 수습을 위해 나라에서 보낸 군인들이 마을 테니스 코트에 세운 거대한 탐조등은 새로운 눈사태가 일어나는 곳은 없는지 살필 수 있도록 산허리 전체를 비추고 있었습니다. 남자들은 탐조등 불빛이 못 미치는 좀더 높은 지대 곳곳에 배치되어서 손전등으로 신호를 주고받았는데, 매우 위험한 상황이지만 흥미진진한 이 한 편의 드라마를 그냥 놓칠 수가 없어서 나는 수잔과 데비와 함께 창가에 서서 구경하고 있었습니다. 잠시 후 춤을 추는 손전등의 불빛이 헬렌과 프리실라가 돌아오고 있음을 알려 주었습니다. 그런데 그들이 샬레 가까이에 왔을 때 갑자기 위험을 알리는 다급한 외침이 들렸습니다.

"조심하세요! 조심하세요! 여깁니다! 바로 여기예요!"

아이들은 오던 길을 멈추고 무슨 일인지 보려고 뒤돌아보았습니다. 그러더니 소리를 지르면서 미친 듯이 샬레를 향해 달려오기 시작했습니다.

"여기래요! 여기로 온대요! 여기로 온대요!"

우리는 다시 급류가 넘칠 때를 대비해 작업에 도움이 되도록 우리 집에서 급류 근처에 있는 나무까지 전기선을 늘여 불을 밝혀 놓았는데, 나는 그 불빛 아래서 꿈틀대며 덮칠 듯이 우리를 향해 밀려오는 엄청난 진흙더미를 보았습니다. 그 폭은 들판 전체만큼이나 넓었습니다.

내가 아래층으로 뛰어 내려가 밖으로 나갔을 때쯤 로베르트가 잔뜩 겁에 질린 듯한 모습을 하고 나타났습니다. 공포가 그의 혀를 얼어붙게 만들었는지, 내가 말을 걸었는데도 그는 그저 덜덜 떨기만 했습니다. 그때 내가 생각할 수 있는 유일한 것은 다리를 만들어 놓은 널빤지를 끌어다가 샬레의 기초를 보호하는 것뿐이었습니다. 안타깝게도 우리에게는 모래주머니가 없었거든요.

같은 생각을 했는지 벌써 널빤지를 끌어당기고 있던 프리실라와 함께 나는 진흙더미를 다른 방향으로 돌릴 수 있는 바리케이드를 만들려고 애썼습니다. 그러나 우리가 끌어당긴 판자들은 마치 시냇물에 던져진 나뭇잎처럼 가볍게 떠내려가고 말았습니다.

라헬과 헤르만이 삽과 판자를 더 가지고 나타났고, 프랜도 어디선가 갑자기 나타났습니다. 그는 식탁 크기만 한 돌덩이들이 자신이 지나간 바로 그 자리에 떨어지는 매우 위험한 상황 속에서 급류에 뛰어들어 그 물살을 헤치고 집까지 걸어왔던 것입니다.

헬렌은 마을에 전화를 걸어 더 많은 도움을 요청했고, 제네바에 있는 성경학교에 전화를 걸어 특별 기도를 부탁했습니다. 수잔과 데비에게는 1층에 있는 중요한 서류와 책 등을 2층으로 옮기는 '임무'를 맡겼는데, 들어가 보니 수잔은 내가 가장 아끼는 찻잔 세트를 선반 제일 꼭대기에서 '구해' 2층으로 뛰어 올라가고 있었습니다. 이후에도 이 두 명의 '군사'는 별의별 것을 위로 옮기는 자신들의 임무를 훌륭히 수행했습니다.

판자가 다 떨어지자 누군가가 다락으로 다급히 올라가 짐을 싸는 궤짝들을 아래로 내려놓기 시작했습니다. 불쌍한 플라이쉬만 부인은 다시 한 번

잠에서 깨어 손에서 손으로 궤짝들을 건네 주는 대열에 끼게 되었습니다.

정말 아슬아슬한 밤이었습니다. 다행히 바리케이드가 만들어져 집 안으로는 물이 들어오지 않았습니다. 하지만 장화발로 정신없이 다닌 탓에 바닥을 덮을 만큼 많은 진흙이 온 집 안을 더럽혔습니다.

우리는 나중에서야 눈더미가 강바닥을 타고 내려오기 시작하다가 강을 뛰어 넘어 들판으로 퍼지면서 우리 집을 향해 내려왔다는 사실을 알게 되었습니다. 그런데 엄청난 힘으로 밀려 내려오던 물과 커다란 바윗덩어리들이 우리 집 바로 몇십 미터 앞에서 반대편 급류 길로 향하다가 방향을 틀어 우리 집 쪽 다리 건너편에 있는 길을 타고 내려온 것입니다. 다리 건너에 있는 들판은 커다란 돌덩이들로 가득했고, 우리 집으로 들어오는 길이 있던 자리에는 깊은 도랑이 패었습니다. 하지만 우리 샬레는 위험에서 벗어났습니다. 진흙더미와 작은 돌멩이들이 집 주위에 숱하게 널려 있었지만, 집의 기초를 무너뜨릴 만큼 큰 바위는 없었던 것입니다. 이 샬레를 보호하려고 우리가 열심히 애쓰긴 했지만, 데비와 수잔이 가족의 소유물을 지키려고 헛되이 애쓴 것과 마찬가지로 큰 의미는 없는 일이었습니다.

그 후로 며칠 동안은 진흙으로 지저분한 마룻바닥을 닦고, 흠뻑 젖은 옷을 빨고, 밖에서 일하는 사람들에게 커피를 날라 주는 사이사이 제공해야 하는 식사 준비로 정신없이 지나갔습니다. 그러나 이 모든 일은 여전히 남아 있는 위험의 시작에 불과했습니다. 밤새 산허리를 훑는 탐조등, 남자들이 산 높은 곳을 순찰하면서 흔드는 손전등 불빛(수잔은 그 불빛이 눈사태가 또 일어난다는 신호라고 계속해서 우겼습니다)에 신경이 곤두섰고, 세차게 흐르는 급류 소리, 끊임없이 내리는 비와 계속되는 바람, 돌과 나뭇가지들이 급류를 막아서 또 한 번의 홍수를 일으키지 않도록 치우는 일, 마을 교회의 종소리에 귀를 기울이는 일(교회 종소리는 비상 벨 역할을 했습니다), 이 모든 것 때문에 잠을 제대로 잘 수가 없었습니다. 또한 갑자기 대피해야 할 경우를 대비해서 옷을 든든히 입고 자야 했습니다. 프랜과 프리실라는 돌과 나뭇가지들을 치우고 새로운 바리케이드를 만드는 일에 하루 온종일을 보냈습니다. 그리고 프랜은 마을 거리에서도 교대로 순찰을 했습니다. 눈사태의 위험은 일주일 이상 지속되었습니다.

그러나 그 일이 지나자마자 우리는 늘 그렇듯 분주히 글을 쓰고, 찾아온 사람들과 대화하고, 회복기 환자들을 간호하느라 바쁜 날들을 보내게 되었습니다.

그런 와중에 밸런타인데이를 맞이하게 된 것입니다. 우리는 정신없던 시간들에 종지부를 찍고 어느 정도 정상적인 날들이 온 것을 기념하려고 가족들만의 저녁 모임을 갖기로 했고, 모두가 안도의 한숨을 내쉬며 이날을 기대하고 있었습니다.

그런데 갑자기 전화벨이 울렸습니다.

"경찰이 아빠보고 마을로 바로 올라오시래요. 우리 체류 허가에 대해서 아빠가 '관심 있어' 할 만한 것이 있대요."

"프리실라, 나랑 같이 가자꾸나. 통역에 네가 필요할지도 모르겠다."

그래서 프랜과 프리실라는 같이 나갔고, 우리는 하던 일을 계속했습니다. 아니, 계속하려고 노력했지만 불안한 생각을 떨칠 수가 없었습니다. 우리가 미국에서 돌아온 때가 9월 첫째 주니까 체류 허가는 벌써 오래전에 나왔어야 했거든요.

얼마 후에 두 사람이 들판을 지나 돌아오는 모습이 보였습니다. 눈사태로 엉망이 된 들판은 새로 눈이 내려 쌓였어도 군데군데 낯선 바위들이 여전히 보였고, 눈사태로 부러진 나무들이 마치 성냥개비처럼 흩뿌려져 있어서 원래의 완벽한 경관을 망치고 있었습니다. 그러나 경관에 대한 아쉬움은 곧 잊혀질 사소한 감정이 되어 버리고 말았습니다. 두 사람이 부엌문을 열고 바닥에 발을 터는 사이 차가운 바람이 집 안으로 들어왔습니다.

"엄마, 엄마! 무슨 일이 일어났는지 상상도 못하실 거예요."

"이디스, 이거 한번 읽어 봐요."

나는 타자기로 기입된 공문 두 장을 받아들고, 발레(Valais) 주의 수도 이름인 '씨옹'(Sion)이라고 표기된 오렌지색 용지부터 읽기 시작했습니다.

"쉐퍼 부부, 프리실라, 수잔, 그리고 데보라는 샹뻬리와 발레 주(州)를 3월 31일 자정까지 떠날 것을 명합니다."

"3월 31일이요? 이건 6주 후란 말이잖아요? 6주 후에 우리가 떠나야 한다고요?"

계속해서 읽어 보니, 우리가 떠나야 하는 이유는 '샹뻬리 마을에서 종교적인 영향을 미쳤기 때문'이었습니다. 이제 아이들도 흥분된 목소리로 외치고 있었습니다.

"쉿! 다른 것도 마저 읽자."

"쉐퍼 부부, 프리실라, 수잔, 그리고 데보라는 3월 31일 자정까지 스위스 땅을 떠나야 하며, 향후 2년 동안 돌아올 수 없습니다."

베른에서 온 이 공문도 같은 이유를 대고 있었습니다. 샹뻬리 마을에서 종교적인 영향을 미쳤기 때문이라고 말입니다.

"어떻게 이럴 수가 있지?"

우리는 당황해서 외쳤습니다.

"어떻게 스위스에서 이런 일이 일어날 수 있지?"

2
새로운
시작

온 가족이 처음으로 스위스에 도착한 때는 1948년 9월이었습니다. 격자무늬 원피스에 감색 코트를 똑같이 차려 입은 세 딸과 프랜과 내가 라 로지아즈(La Rosiaz)에 도착해서 택시 기사가 짐을 내리는 것을 기다리고 섰을 때의 감정을 지금도 기억하고 있습니다.

"아! 이 공기, 이 깨끗한 공기! 이건 마치 오랜만에 창문을 닦고 나서 얼마나 더러웠는지 새삼 깨닫게 되는 기분이네. 공기가 이렇게 다를 수가 있다니!"

숨을 쉬는 것이 그렇게 상쾌할 수가 없었고, 햇빛도 느낌이 달랐습니다. 그리고 경치 또한 얼마나 깨끗해 보이던지!

"봉쥬 마담, 봉쥬 므씨유, 봉쥬 메 장팡, 봉쥬, 봉쥬."

빵시옹 리앙 몽(Pension Riant Mont)을 운영하는 뛰리앙 부인과 그 부인을 도와주는 스위스계 독일인 소녀 두 명이 가방 몇 개를 집어들고는 우리를 안내했습니다. 계단을 올라 마치 덩굴나무들이 길 쪽으로 넘어가는 것을

막으려고 만든 것 같아 보이는 버팀 벽의 아치형 문을 지나 구불구불한 돌
계단을 올라 3층으로 갔습니다.

"여깁니다."

자그마한 발코니가 하나씩 달려 있는 두 개의 작은 침실이 바로 우리의
새 집이었습니다. 한 침실에는 일인용 침대 하나, 옷을 걸어 놓는 이동식
나무 벽장 하나, 4단 선반이 달려 있는 벽장 하나, 탁자와 의자 하나, 서랍
이 하나 달린 침대 머리맡 수납장 두 개, 그리고 거울이 붙어 있는 세면대
가 있었습니다. 서랍장도, 화장대도, 심지어 걸어 다닐 공간도 없었고, 우
리가 가져온 가구를 들여 놓을 공간은 더더군다나 없었습니다. 또 다른 침
실에는 일인용 침대 하나, 소파 겸용 침대 하나, 어린이용 침대 하나가 있었
는데, 모두 커다란 깃털 요가 깔려 있었습니다. 나머지 공간은 다른 침실
과 같았습니다.

우리는 놀라서 서로를 쳐다보았습니다. 이 가방에 든 물건들은 다 어디
로 들어가지? 장난감은 어디에 넣지? 프로젝터랑 스크린이랑 가방 하나
가득한 슬라이드 필름은? 타자기는 어디에 놓으며, 파일이랑 종이랑 카본
지랑 사무 기기들은 다 어디에 놓지? 또 교과서랑 주일학교 자료랑 그림 도
구들은 어디에 들어가지? 아이들은 도대체 어디에서 공부하고 놀지?

우리는 관광객으로 온 것이 아니었습니다. 방학을 맞아서 온 것도, '해외
연수'를 온 것도 아니었습니다. 프랜과 나, 열한 살의 프리실라, 일곱 살의
수잔 그리고 세 살 된 데비가 세인트루이스에 있는 방이 열셋인 집(남편이

목사로 있던 복음주의 장로교회의 목사관이었습니다)을 떠나 유럽으로 온 것은 하나님께서 우리를 그렇게 인도하신다고 생각했기 때문입니다.

프랜은 목사가 된 지 10년이 되었는데, 스위스로 오기 한 해 전에 유럽 개신교의 상황을 살피는 탐사여행을 다녀오라는 요청을 받았습니다. 프랜은 13주 동안 13개의 나라를 방문했고, 각 나라의 복음주의 기독교 지도자들과 이야기를 나누었습니다. 그 여행에서 얻은 여러 결과 중 하나는 우리가 집과 소유, 즉 안정된 생활을 버리고 유럽으로 가야 한다는 결론에 도달한 것이었습니다.

그때 당시 유럽은 전쟁 직후라서 파괴된 건물들이 많았고, 집과 식량에 대해 엄격한 규제를 받으며 살아가는 상황이었습니다. 하지만 우리가 깊이 관심을 가지게 된 것은 질서정연한 물질을 파괴해서 한낱 파편으로 만들어 버린 물리적인 폭탄이 아니라, 신앙을 파괴하고 질서정연한 사고를 흩어 버린 철학적 그리고 신학적 '폭탄'이었습니다. 신학과 철학이 단지 성경이 주장하는 인격적인 하나님의 존재를 부인한 것만이 문제가 아니었습니다. 놀라운 것은 "무엇이 진리인가에 대해서는 논쟁조차 할 필요가 없다. 왜냐하면 '절대적인 진리'란 존재하지 않으며, 모든 것은 '상대적'이기 때문이다"라고 배우며 자라는 세대가 등장한 것이었습니다.

종교적 자유는 중요한 것이지만, '기독교'란 단어는 오랜 역사를 가진 불가지론의 흔적을 가리는 약삭빠른 가면으로 사용되는 경우가 많았습니다. 공산주의가 자신들의 가장 비민주적인 가르침에 대해서 '민주적'이라는 단어를 마구잡이로 사용하는 것과 마찬가지로 말입니다.

사람이 줄 수 있는 가장 소중한 것은 시간입니다. 사실 우리 인생에서 시간이란 결코 길지 않습니다. 한 시간에 몇 분, 하루에 몇 시간, 일주일에 며칠, 일 년에 몇 주, 한 평생에 몇 년. 이 모든 것이 얼마나 빨리 지나가는지요! 그 시간을 가지고 우리는 무엇을 했습니까? 미술, 음악, 그 외 예술 분야, 과학, 약학, 탐험, 혹은 그저 일상적인 삶의 영역에서 무엇인가를 하고자 하는 타오르는 열정은 있지만, 자신이 선택한 영역에서 발전해 가고 아주 작은 차이라도 만들어 낼 무엇인가를 성취하려고 노력한 시간은 얼마나 됩니까?

인생을 어떤 목적을 가지고 어떻게 살아갈 것인가 하는 것보다 훨씬 더 중요한 것을 발견했다고 느낄 때가 있습니까? 아무리 사용해도 끝이 없는 시간과 그 시간을 바칠 수 있는 영구적인 목적, 영원으로 향하는 문을 발견했다고 느낄 때가 있습니까? 그렇다면 그 열정은 이 모든 것을 가능하게 하시는 한 인격과 교통하고 있다는 확신을 가질 때, 비로소 진정한 의미를 갖게 됩니다.

그러나 하나님이 없다고 생각하는 사람들, 또는 하나님이 있다고 해도 그는 인격적이지 않으며 따라서 진정한 교제를 할 수 없다고 생각하는 사람들, 그리고 하나님과 교제할 수 있다 하더라도 그 하나님은 한 인간 그리고 그 인간이 사용하는 시간과 하루와 인생이라고 하는 우주의 하찮은 먼지와도 같은 것에는 분명 신경을 쓰지 않을 것이라고 생각하는 사람들, 또는 하나님께서 말씀하셨다 해도 그는 절대적으로 다른 존재이기 때문에 어차피 우리는 그 말씀을 알아듣지 못할 것이라고 생각하는 사람들에게 "하나님께서 우리를 인도하셨다"라는 말은 참으로 의미가 없을 것입니다.

이것이 바로 우리를 괴롭힌 문제의 근원이었습니다. 그리고 여러 가지 신학 논쟁으로 혼란스러워하는 어른들과, 특별히 성경 말씀을 한 번도 들어본 적이 없는 어린이들을 돕기 위해서 무엇인가 해야 한다는 소명의식이 유럽으로 향하는 '불'을 당긴 근원이었습니다.

어쨌거나 우리는 독창성을 최대한 발휘해서 두 개의 작은 방에 물건들을 정리해 넣었습니다. 그것은 마치 퍼즐처럼 여러 조각으로 맞추기를 하는 것 같았습니다. 상자들을 침대 밑에 넣으니 하루 일과에 따라 숨기고 꺼낼 물건들을 담을 수 있는 훌륭한 수납장이 되었습니다. 일할 시간이 되면 타자기가 밖으로 나와서 침대 머리맡 수납장에 놓였고, 못 통 위에 가죽을 씌워서 만든 간이 의자가 나왔습니다(이 의자는 여러 가지 물건들 틈에 포장되어서 안전하게 대서양을 건너왔습니다). 세면대 밑에서는 종이, 카본지, 봉투, 그리고 답장해야 할 편지들이 들어 있는 상자 여러 개가 나왔습니다.

해가 지면 이 모든 물건이 사라지고, 그 방은 다 같이 책을 읽는 거실이 되었습니다. 물론 그때는 편안하게 앉을 수 있는 자리가 하나밖에 없어서 우리 다섯 명이 침대 위 곳곳에 걸터앉아야 했던 것이 사실이지만, 그곳은 분명 더 이상 사무실이 아니라 집이었습니다.

아이들의 방도 마찬가지 모양새였습니다. 세면대 밑으로는 나무 상자가 들어갔는데, 그 상자는 데비가 이를 닦을 때 올라서는 발판과 장난감을 담는 상자 노릇을 했고, 침대 밑에는 잡동사니들을 넣어 라벨로 분류해 놓은 상자들이 들어가 있었습니다.

절대적으로 부족한 방의 면적은, 발코니에서 바라다보이는 아름다운 경치로 보상이 되었습니다. 날마다 누군가 한 사람은 이렇게 외쳤습니다.

"저기 좀 봐! 저기, 저기! 늦기 전에 얼른! 완벽한 태양이야!"

그 태양은 구름과 호수를 황금빛으로 물들인 석양일 때도 있었고, 호수 물결에 진홍색 줄기를 남겨 놓은 잿빛 하늘 속의 진홍색 태양일 때도 있었습니다. 한번은 구름이 잿빛 우산처럼 호수 전체와 반대편에 있는 프렌치 알프스(French Alps)를 덮어 버렸는데, 그 틈에서도 태양은 호수 위로 신비롭게 반사되면서 이 '우산' 주변을 살굿빛으로 물들이기도 했습니다.

환상적인 석양뿐만 아니라, 별들이 빼곡하고 눈 덮인 산봉우리의 푸르스름한 흰빛으로 테를 두른 밤하늘도 황홀할 만큼 아름다웠습니다. 발코니로 한 발자국만 내디디면 이 세상을 잠시 잊어버릴 정도였습니다!

그리고 호수 건너편에 있는 에비앙(Evian)에서도 언제나 불빛이 반짝였습니다. 땅거미가 질 때면 그 불빛들은 다정하게 반짝였습니다. 이러한 경치들은 향수병 때문에 쓰라린 마음을 치료해 주는 '찜질'과 같은 위로가 되었습니다. 우리의 향수병은 단지 어떤 장소에 대한 것이 아니라, 우리가 '가정'으로서 누렸던 모든 일상적인 생활에 대한 그리움이었습니다.

코앞에 닥친 가장 큰 어려움은 역시 언어였습니다. 식구 중 아무도 프랑스어를 하는 사람이 없었습니다. 아이들은 자그마한 스위스 학교에 배정되었고, 프랑스어로 된 교과서가 든 가방을 등에 지고 날마다 터덜터덜 걸어 다녔습니다. 첫째인 프리실라는 이내 프랑스어의 홍수에 휩싸였습니다. 프랑스어 동사, 문법 연습, 단어… 이런 것을 통달해야 비로소 같은 나이 또래의 아이들과 함께 다른 과목들을 공부할 수 있었습니다. 일곱 살인 수잔은 미국에서 막 1학년을 마치고 왔는데, 여기서 다시 1학년을 시작해서 프랑스어를 배워야 했습니다.

"엄마, 처음엔 아이들이 무슨 말을 하는지 모르겠고, 선생님이 무슨 말을 하는지 모르겠더니, 이제는 내가 무슨 말을 하는지 모르겠어요!"

그에 비해 데비는 좀 덜 심각했습니다. 유치원에서 색깔이나 도형의 이름 같은 것만 배우면 되었으니까요.

식사도 문제가 되었습니다. 수잔은 귀리나 타피오카 또는 밀로 만든 크림이 들어간 스프를 싫어했는데, 먹으라고 준 음식에 손도 대지 않고 고집스럽게 앉아 있다가 결국에는 식은 채로 먹어야 했던 때가 종종 있었습니다. 우리에게 익숙하지 않은 맛들은 그 외도 많이 있었습니다. 그러나 식비와 방세를 내고 나면 돈이 한 푼도 남지 않았기 때문에 과일이나 다른 간식들을 살 수가 없었고, 따라서 하루 세 끼 식사 중에 나오지 않는 것은 그냥 없이 지내야 했습니다.

아이들은 일주일에 약 5센트를 용돈으로 받았는데, 일주일 내내 마을에 있는 가게 유리창에 코를 박고는 무엇을 사면 가장 좋을까 고르곤 했습니다. 물론 그것은 언제나 먹을 것이었지요.

 게다가 활발한 성격에 대해서도 계속해서 제재가 가해졌습니다. 이 하숙집의 다른 투숙객들은 모두 80대나 90대의 노인들이었기 때문에 뛰어다니고, 웃고, 다투는 아이들에게 그리 관대하지 않았습니다. 무슨 소리가 날 때마다 각 방의 문이 열리면서 한참 동안 "쉿!" 하는 소리가 복도에 울리곤 했습니다.

 다행히 곱슬머리를 가진 세 살짜리 데비는 천성이 가정적이고 어울리는 것을 좋아해서 할머니 친구들과 아주 잘 맞았답니다. 할머니들은 데비에게 뜨개질 실을 조금씩 주며 모임에 데비를 끼워 주었습니다. 데비는 또한 부엌에서 뛰리앙 아주머니를 따라다니면서 요리를 배웠고, 덤으로 프랑스어까지 배웠습니다.

 수잔은 소음을 낼 수 있는 독창적인 방법을 스스로 고안해서 억압받는 자신의 선머슴 같은 기질에 숨통을 틔었습니다. 우리는 수잔이 전보다 만족스러운 얼굴로 학교를 다닌 지 2주가 지나서야 그 사실을 알 수 있었습니다. 수잔은 아침마다 집 문 앞에 단화를 벗어 놓고, 네덜란드에서 기념으로 산 나막신을 신고는 따각거리며 학교를 오간 것입니다. 우리가 그 이유를 묻자 수잔은 아주 흡족해하면서 대답했습니다.

 "그걸 신으면 뛰기도 하고 발로 차면서 온갖 소리를 낼 수 있어요!"

 "다른 애들은 어떻게 생각하는 것 같니?"

 "몰라요. 그냥 절 따라오면서 프랑스어로 뭐라고 소리지르던데, 상관없어요."

수잔의 그런 성격은 늘 우리를 즐겁게 해 주었습니다. 10월 말이 되자 핼로윈이 없어서 우울해하던 수잔은 두 시간 동안 혼자 방에 들어가 있었습니다. 프랜과 내가 그날 밤 식사를 마치고 올라오자 프리실라와 수잔은 물론 기관지염으로 누워 있던 데비까지 모두 수잔이 만든 가면을 쓰고 있었습니다. 우리 방은 핼로윈데이 장식이 되어 있었고, 옛날에 받은 편지들 이면에 크레용으로 어설프게 그려서 만든, 호박에 코를 붙이는 게임도 준비되어 있었습니다. 수잔은 심지어 집 가까이 있는 과수원에서 단단하고 작은 녹색 사과를 주워다가 세면대에 띄워서 '입으로 물기' 게임까지 준비했답니다!

프랜과 나는 아이들이 그리워하는 교회 생활을 보상해 주기 위해서 정식으로 예배를 드렸습니다. 주일 아침이면 우리는 발코니로 나가는 문 쪽으로 침대 두 개를 약간 밀어 놓고, 의자 세 개와 등받이 없는 의자 하나를 침대와 세면대 사이에 끼운 뒤 각 의자마다 찬송가를 올려놓았습니다. 프랜은 발코니로 나가는 계단 위에 올라서고 우리 넷은 줄지어 놓은 의자에 앉아서 찬송, 성경 봉독, 설교가 제대로 갖춰진 예배를 드렸습니다.

주일 저녁에는 아이들이 돌아가면서 인도하는 '어린이 예배'를 드렸습니다. 나는 아이들을 위해서, 30명의 학생이 있는 반을 가르치는 것처럼 세심하게 그림을 그려서 주일학교 교사를 했습니다. 그리고 토요일 오후에는 약 두 시간 정도 자전거를 타러 나가곤 했는데, 우리는 그 시간을 '제국을 건설하는 자들의 모임'이라고 불렀습니다. 걸스카우트와 비슷한 의미로 말입니다.

스위스에서 보낸 그 첫해의 겨울에 이혼한 미국인 부인과 두 자녀가 우리 예배에 참석했고, 나중에는 아흔 살이 넘은 아일랜드 할머니 한 분이 매주 참석했고, 로잔에 있는 어느 가정에서 유모로 일하고 있는 영국인 여성 하나가 전차를 타고 왔습니다. 이처럼 평상시와 다름없는 생활을 꾸려 가려는 노력에도 불구하고, 프리실라가 어느 날 소리 내어 한탄하는 말을 통해서 우리 안에서 일고 있는 불안하고 낙담되는 생각들이 표출되었습니다.

"우리가 도대체 여기서 무얼 하고 있는 거죠? 왜 여기에 온 거예요? 아빠는 교인들이 많은 교회에서 설교하고, 엄마는 큰 집에서 살림하고 가르치기도 하고 아이들을 위해서 성경 그림도 많이 그렸는데, 그런데, 그런데, 여기서는 그냥 타자기로 편지만 쓰고 있잖아요. 아빠는 타자를 쳐 주는 비서도 있었는데. 도대체 우리가 여기서 무얼 하고 있는 거죠?"

샹뻬리의 샬레 데 프렌

3
샹뻬리

정말이지 우리는 이곳에서 무엇을 하고 있는 것이었을까요? 로잔에서 보낸 그해 겨울에는 사람들과 편지를 주고받았고, 프랑스어 공부를 시작했고, 스위스에 사는 사람과 개인 또는 그룹으로 만나 복음에 대한 이야기를 나누었고, 강의를 하러 네덜란드에 두 번 다녀왔습니다. 내가 통신 과정으로 속기와 타자를 배우기 시작한 지 얼마 되지 않았기 때문에 남편의 비서로 일한 처음 몇 주간은 매우 느리고도 고생스럽게 작업이 진행되었지만, 시간이 지날수록 속도가 붙어서 적은 시간에 좀더 많은 일을 할 수 있게 되었습니다.

그해부터 프랜과 나는 강의 여행을 다니기 시작했는데, 그 후로 5년 동안을 계속해서 다녔습니다. 우리는 주로 한 도시에 이틀을 머물면서 이틀 밤 연속으로 같은 교회에서 강의를 했습니다.

프랜은 성경의 사도행전에 나와 있는 초대 교회에서부터 오늘날의 교회에 이르기까지 '교회의 역사'에 대해서 강의했습니다. 물론 개괄적으로 했지요. 프랜은 초대 교회의 예배가 얼마나 단순했는지, 그리고 콘스탄티누스 시대에 로마 가톨릭은 어떻게 생기게 되었는지를 설명하고, 종교 개혁과 종교 개혁으로 회복한 두 개의 '기둥'을 요약해서 설명했습니다.

여기서 말하는 두 개의 '기둥'이란 첫째, 성경이 부여하는 권위, 즉 인간의 상대주의적 사고를 넘어서는 권위이며, 둘째는 시간과 공간과 역사 속에서 실제로 일어난 그리스도의 십자가 사역에 기초를 두고 있는, 절대적으로 거룩하신 하나님에 대한 초인간적 접근입니다.

그리고 나서 프랜은 약 200년 전에 독일의 고등비평이 개신교 교회에 들어온 배경을 설명하고, 어떻게 그것이 많은 신학자와 목회자가 갖고 있던 성경의 무오성에 대한 신앙을 망쳐 놓았는지를 설명했습니다. 또한 이 고등비평이 예수님은 동정녀에게서 나신 것이 아니며 단지 위대한 성인에 불과하다고 가르친 사실을 신랄하게 비판했습니다. 여기까지 설명하고 나서 프랜은 바르트주의—성경으로부터 좀더 현대적으로, 그리고 좀더 미묘하게 이탈한 사상—가 어떻게 부상하게 되었는지를 설명하고, "영적으로는 진리이지만 동시에 역사적으로는 오류인 것이 존재할 수 있다"고 주장하는 그들이 기본적으로 어떻게 진리에서 갈라져 나갔는지를 보여 주었습니다.

'교회의 역사'에 대한 프랜의 강의는 사람들에게 오늘날의 혼란에 대해서 이야기할 수 있는 배경지식을 제공해 주었습니다. 또한 절대적인 진리가 있다고 참으로 믿는 사람들에게 그 진리를 분명하게 이해하고 가르쳐야 할 필요성을 전달해 주었으며, 성경을 살아 계신 하나님의 말씀으로 전할 수 있는 확신을 주었습니다.

상빼리

두 번째 밤에는 무엇이 진리인가를 스스로 결정할 수 있는 기회를 잃어 버린 사람들은 사실상 아이들이라는 이야기로 강의를 시작했습니다. 대부분의 아이들은 성경을 읽지 않는데, 그 이유가 성경에 대해서 배우지 못하기 때문이라고 지적했습니다. 성경을 진리라고 믿는 사람으로부터 성경에 대해서 들어 본 적이 없다는 것이지요.

우리는 이 문제를 심각하게 여기는 여성들이 어떻게 하면 자기 마을의 아이들에게 성경을 가르칠 수 있는지를 설명했습니다. 그러고 나서 나는 성경 이야기를 노래로 부르고, 융판에 삽화를 붙여 가며 성경 이야기를 하고, 핵심적인 내용을 설명하기 위해서 실물을 통해 가르치는 방법들을 보여 주었습니다.

시간이 지나면서 프랜과 내가 곳곳에서 시작되는 주일학교를 위한 교안을 쓰기 시작했고, 그 교안들은 13개의 언어로 번역되어 사용되었습니다. 여러 나라의 사람들이 번역을 하고 인쇄를 했던 것이지요. 그것은 우리 일의 한 부분이었고, 로잔에서 보낸 그해에 시작이 되었습니다. 이처럼 분주한 나날이 계속됐지만 때로는 우리 자신도 프리실라처럼 낙담을 하기도 했습니다.

여름이 가까워 오자 우리에게 프랑스어를 가르쳐 주던 선생님이 산에 가서 살라고 우리를 재촉했습니다.

"스위스 사람들은 다 그렇게 해요. 고도에 변화를 주는 게 아이들 건강에 아주 좋거든요."

그래서 그 선생님이 제안한 샹뻬리라고 하는 마을에 가서 임대로 내놓은 샬레 한두 채를 보고, 발코니가 여러 개 있고 작은 화분에 담긴 제라늄이 창가에 가득 늘어선 아름다운 샬레를 선택했습니다. 그 샬레는 주인인 마클레이 씨네 샬레와 비탈진 곳에 나란히 자리 잡고 있었는데, 그 비탈이 어찌나 가파른지 미끄러지지 않으려면 기다란 스키 스틱을 양쪽에 붙잡고 있어야 할 것 같았습니다. 집 뒤로는 자그마한 길이 나 있었고, 그 길은 산 쪽으로 구불구불하게 이어져 있었습니다. 우리는 그 샬레의 임대 비용과 가족의 식비를 합해도 우리가 하숙집에 머물면서 내는 비용과 대략 비슷해 계약을 했습니다.

제대로 된 집에 살게 되어서 아이들이 얼마나 기뻐했는지는 여러분도 상상하실 수 있겠지요? 특히 수잔은 "엄마가 부엌을 차지하게 되었다!" 하고 소리를 지르며 자기가 좋아하는 음식을 다시 맛볼 날을 기대했습니다.

이제 우리는 하숙집과는 사뭇 다른 전망도 갖게 되었습니다. 샹뻬리는 고도 975미터에 자리 잡고 있었는데, 1.8킬로미터에서 3.17킬로미터가 되는 산이 삼면을 둘러싸고 있었고, 산이 없는 쪽으로는 계곡을 따라 바위 위를 세차게 흐르는 강이 급격한 경사를 이루고 있어서 고지대에 자리 잡은 움푹한 그릇 모양이었습니다.

이제는 창밖을 내다보면 바로 정면에 산들이 보이고, 봉우리나 하늘이 아니라 폭포와 절벽을 볼 수 있었습니다. 하늘을 보려면 발코니로 나가야 했는데, 다른 곳에서 익숙하게 보았던 넓은 하늘이 아니라 봉우리와 봉우리를 잇는 천장처럼 보였습니다.

집다운 집이 생긴 만큼 제가 해야 할 일도 많아졌습니다. 비서 업무와 아이들을 돌보는 일 이외에 요리와 살림살이와 시장 보는 일이 늘어난 것입니다.

이사하자마자 손님들이 이야기를 나누러 오기 시작했습니다. 처음에 온 사람들은 프리실라가 수영장에서 만나 초대한 영국인 여학생 몇 명이었습니다. 선생님이 그 학생들과 함께 왔는데, 나는 그 기회를 이용해서 우리가 가지고 있던 '어린이용 교육자료'들을 보여 주었습니다. 그들이 그 자료를 사용하리라고 기대해서가 아니라, 그들에게 설교하지 않으면서도 무엇인가를 말하고 싶었기 때문입니다. 다행히 그들은 매우 큰 관심을 보였고, 며칠 후에는 좀더 많은 여학생을 데리고 다시 왔습니다. 이러한 일들이 여름 내내 계속되었습니다.

프랜이 혼자서 네덜란드에 간 날이었습니다. 집에 남아 있던 나는 스위스의 다른 지방에서 열리는 어느 캠프에 모인 젊은이들을 위해 우리 부부가 강의를 해 달라는 전화를 받았습니다. 강의 요청은 런던에서도 있었습니다. 그렇게 여름이 지나갔고, 우리는 다시 로잔으로 돌아가야 했습니다.

우리가 돌아가기 직전에 한 가지 '사건'이 있었는데, 그 사건은 앞으로 엮어질 우리 인생에 여러 번 반복해서 나타날 한 가닥 실과 같은 것이었습니다. 그 사건의 주인공은 본 둠라이허 남작부인이었는데, 그 부인은 샬레 비쥬에서 젊은이들 몇 명과 같이 살고 있었습니다. 독일인이었던 그 남작부인은 자신이 지난 40년간 이집트에서 지냈으며, 그동안 사교계를 주름잡으며 부족함을 모르고 살았다고 했습니다.

그러나 부인의 친척들에게 비극적인 일들이 많이 일어났고, 결국에는 남편까지 살해되고 그 많던 재산도 잃었습니다. 지금은 조카가 보내 주는 돈으로 어렵게 살고 있는데, 그런 자신의 처지를 비관하며 고민하던 그 부인이 우리 가족에 대해서 듣고 우리에게 방문해 달라고 부탁한 것입니다.

그 부인의 무엇보다도 큰, 그리고 가장 중요한 열망은 자신의 죄가 용서받을 수 있다는 확신을 갖는 것이었습니다. 하나님이 존재하신다는 사실에 대해서는 의심하지 않았지만, 부인은 죽음을 두려워하고 있었고, 죄로 가득 찬 공허한 삶에 변화를 가져올 시간이 별로 남지 않았다는 것을 알고 있었습니다. 귀가 어두운 남작부인은 한마디도 놓치지 않으려고 나팔형 보청기를 붙들고 열심히 들으면서 성경이 믿는 자들에게 주는 복된 확신에 한걸음씩 다가가게 되었습니다.

이 확신은 사람이 시간을 들여서 해야 하는 어떤 행위에 의한 것이 아니라, 하나님의 아들이 사람을 위해서 이루어 놓은 일에 기초한 확신입니다. 이 세상에 그러한 메시지가 있다는 것은 참으로 감사한 일입니다. 만약에 '영원한 생명'이 사람이 남아 있는 시간으로 해야 하는 어떤 일에 달려 있거나, 그 일을 할 힘이나 의지, 그것을 느껴야 하는 감정 또는 그것을 성취할 수 있는 재능이나 그것을 이해할 만한 영리함, 그 대가를 지불할 돈, 가정의 연줄이나 공로에 달려 있어서, 그토록 진지하게 묻는 질문에 대해 "미안하지만, 당신을 위한 것은 아니군요"라고밖에 말할 수 없다면 얼마나 슬픈 일이겠습니까.

그러나 그렇지 않기에 남작부인은 기독교인이 되었고, 어린아이가 숨겨져 있는 보물을 발견한 것만큼이나 흥분하며 좋아했습니다. 그 집에 같이 사는 젊은이 한 사람이 그다음 날 과일가게에서 우리를 보더니, "정말로 달라지셨어요. 아이처럼 기뻐하면서, 더군다나 자기 생일에 그런 일이 생겨서 더 좋아하시는 거 있죠"라고 말했습니다.

이제 염소와 양과 소 떼가 고산 지대의 초원에서 돌아오는 것이 보이기 시작했습니다. 그리고 각 샬레의 주인은, 여름 동안만 임대를 얻어 사는 손님에서 알프스 고산 지대에서 여름을 보내고 돌아오는 마을 사람들로 바뀌었습니다. 우리도 샬레의 계약 기간이 끝나 도시로 돌아가야 했습니다.

들판은 양 떼의 목에 걸려 있는 아주 작은 종에서부터 소 떼의 목에 걸린 큰 종에 이르기까지 다양한 크기의 종들이 만들어 내는 아름다운 소리로 가득했습니다. 아이들은 '알프스의 소녀 하이디'와 같은 삶에 흠뻑 빠져서 계속 마을에서 살자고 졸라 댔습니다.

"왜 돌아가야 하는 거죠?"

사실 돌아가야 할 이유는 없었습니다. 교통이 편리하고, 우리 집 주소에 좀더 큰 도시 이름이 붙는다는 것과, 내가 집안일에서 해방되어 비서 일에 집중할 수 있다는 것을 제외하고는 말이지요. 알아보니 샬레는 1년 단위로도 임대가 되었고, 한 계절 동안 임대하는 것보다 훨씬 더 싼 가격으로 1년을 임대할 수 있었습니다. 그래서 머릿속으로 빨리 계산을 해 보니 샬레 임대 비용에서 절약된 돈으로 집안일을 도와줄 사람을 구할 수 있겠고, 그러면 내가 사역에 좀더 많은 시간을 투자할 수도 있겠다는 생각이 들었습니다.

하지만 마클레이 부인의 샬레는 이미 겨울에도 임대 계약이 되어 있어서 이곳에 머무르려면 며칠 안으로 다른 샬레를 구해야 했습니다. 겨울 스키 시즌 때문에 거의 모든 곳이 계약이 되어 있었거든요. 우리는 기도했습니다.

"하늘에 계신 우리 아버지, 우리가 이 마을에서 사는 것이 당신의 뜻이라면, 이번 주에 우리에게 적당한 샬레를 만나게 해 주시고, 아이들이 다닐 학교도 찾게 해 주세요."

놀랍게도 학교는 다음 날 바로 찾았습니다. 어떤 이유에서인지는 모르지만 산 공기를 마셔야 하는 아이들을 위해서 운영하는 기숙학교인 홈 에덴에 약 12명의 학생이 있었습니다. 그곳을 운영하는 두 명의 스위스인 여성은 유능해 보일 뿐만 아니라 정말로 좋은 사람들처럼 보였습니다.

"엄마, 동화책에 나오는 학교 같아요! 선생님이 다리미질을 하고 아이들의 찢어진 옷도 꿰매 주고, 암산 연습시키면서 자수도 놓으세요. 그리고 정말 잘 가르치세요."

학교를 며칠 다녀 본 수잔이 신이 나서 말했습니다.

그 학교는 기숙 학생만 받는다는 규정에 예외를 두어서 수잔과 데비를 통학 학생으로 받아 주었습니다. 그리고 우리 부부가 다른 나라로 강의를 갈 때만 아이들을 맡아 주기로 했습니다. 좀더 높은 수준의 교육이 필요했던 프리실라를 위해서는 통학 학생도 받는 남학생 기숙학교를 찾았는데, 그 학교도 예외를 두어 유일한 여학생으로 프리실라를 받아 주었습니다. 또한 우리 부부가 강의 여행으로 집을 비우게 되면 프리실라는 동생들과 함께 홈 에덴에서 묵었습니다.

그러나 샬레는 우리가 거의 포기했던 마지막 날이 되어서야 겨우 구할 수 있었습니다. 우리에게 프랑스어를 가르쳐 주던 선생님의 여동생을 우연히 만났는데, 우리를 보더니 이렇게 말했습니다.

"샬레를 빌리고 싶어 하신다는 말을 들었어요. 제가 어느 영국인 가정을 대신해서 샬레 하나를 관리해 주고 있는데, 여름이나 겨울 스키 시즌에 잠깐 쓰기 위해서 청소하고 준비하는 게 아주 머리가 아파서 그냥 1년 내내 임대를 주었으면 좋겠어요. 두 계절 임대 비용으로 1년을 임대해 드릴게요. 제 일을 덜어 주는 거니까요."

샬레 데 프렌(Chalet des Frênes)을 보러 간 우리는 우리에게 그런 집이 주어졌다는 사실에 감탄을 금할 수가 없었습니다. 우리에게 그 샬레는 기대 이상의 선물 같았습니다. 샬레 형식으로 지어진 아름다운 영국식 농가였는데, 중앙 난방 시설이 되어 있었고, 멋진 기둥으로 장식된 거실에는 커다란 벽난로도 있었으며, 벽난로 양옆으로는 의자가 고정되어 있었습니다. 멋진 정원도 딸려 있었고, 정원에는 작은 건물까지 있어서 아이들은 아예 자기들 놀이방이라고 맡아 버렸습니다. 각자 자기 방을 가질 수 있는 것은 물론 사무실로 쓸 방과 손님용으로 쓸 방도 몇 개 있었습니다. 침대 시트, 은 식기 그리고 조리 도구에 이르기까지 완벽하게 구비된 집이었습니다. 우리는 그 집으로 정한 뒤, 하나님께 특별히 감사하는 시간을 가졌습니다.

전에 머물던 하숙집 주인인 뛰리앙 부인에게는 우리가 샬레 데 프렌으로 이사하기 전에 우리가 쓰던 방이 새 주인을 맞이할 수 있도록 기도하겠다고 했습니다. 수잔은 사람을 구하러 다녔습니다. 길거리에서 그럴듯해 보이는 할머니들을 만나면 그 자리에서 붙잡고는 "정말 좋은 하숙집이에요. 수프도 아주 맛있고요. 할머니 같은 분 입맛에 딱 맞을 거예요" 하고 말했습니다(수잔이 하숙집 수프에 대해서 심하게 불평하거나 고집을 부리면 할머니들은 으레 수프가 참 맛있다고 탄성을 지르곤 했답니다!).

다행히 우리가 떠나기 전에 뛰리앙 부인은 그 방을 쓸 사람을 구할 수 있었고, 우리는 1949년 11월 2일, 가방, 여행용 가방, 트렁크, 나무 상자에 짐을 잔뜩 챙겨서 샹뻬리로 이사를 했습니다. 우리 모두 2년 동안 풀지 않고 두었던 짐들이 하나씩 나올 때마다 얼마나 흥분했는지 모릅니다. 특히 책을 담아 둔 상자를 열자 다들 야단이었습니다. 친숙한 책이 한 권씩 나올 때마다 아이들은 환호성을 지르며, "저 책 내가 정말 좋아하는 책이다! 이리 줘, 내가 읽어 줄게!" 하고 흥분해서 말했습니다.

우리는 금세 자리를 잡았고, 하숙집이 아닌 제대로 된 집에 알맞은 새로운 일정도 짰습니다. 그러나 우리가 하는 기본적인 일에는 변화가 없었습니다. 강의 여행은 이미 계획되어 있었고, 그 첫 번째 여행이 며칠 후 파리로 가는 것이었습니다. 그 뒤에는 스칸디나비아 지방의 4개국을 순회했고, 나중에는 남쪽으로 스페인과 포르투갈까지 갔습니다. 우리가 가는 나라마다 주일학교가 시작되었고, 개인이나 그룹이 책임을 맡아 교안을 번역했습니다.

가족끼리 크리스마스 모임을 가지려고 거실을 꾸미고 있을 때였습니다. 크리스마스 이브에 2주일 동안 머물 손님들이 오기로 되어 있어서 우리는 이틀 앞당겨서 크리스마스 모임을 가지려 하고 있었습니다. 숲에서 막 잘라 온 향기로운 나무의 가지에 한창 장식을 달고 있는데 현관에서 벨이 울렸습니다. 검은 머리카락에 프랑스어를 쓰는 젊은 목사였습니다. 나는 오븐에 넣은 쿠키도 살펴야 되고, 저녁도 준비해야 되고, 장도 보아야 했기 때문에 그 손님과 함께 있지 못했습니다.

그러나 오래지 않아 수잔이 상기된 얼굴로 부엌에 나타나서는 손님이 오신 용무를 보고하고 다시 나갔습니다. 들어 보니 그 목사는 이 마을에 사는, 몇 명 되지 않는 개신교인들을 방문하러 온 것 같았습니다. 그는 휴가철 동안 그곳에 와 있는 여학교의 교장을 만났는데, 그 교장은 개신교인들을 위한 크리스마스 영어 예배가 있는지 물어 보았던 것입니다. 하지만 그 목사는 영어를 하지 못했고, 그 당시 이 로마 가톨릭 연방에 있는 마을에는 어떠한 형식이든 개신교 예배는 하나도 없었습니다(스위스에는 22개의 연방이 있는데, 그중 몇 개는 로마 가톨릭이고 나머지는 개신교입니다). 그런데 여학교의 교장과 만나는 자리에 같이 있었던 어떤 사람이 샬레 데 프렌에 미국인 개신교 목사가 살고 있다고 말해 준 것입니다.

이 일을 계기로 예배드릴 장소를 찾아 보니, 마침 늘 샹뻬리에서 휴가를 보내던 영국인 부인이 1912년에 아름다운 석조건물에 짙은 색 나무로 지붕을 얹고, 벽에는 크림색을 칠해 건축한 예배당을 발견할 수 있었습니다. 그 당시에는 벽에 성경 말씀이 녹색과 갈색으로 적혀 있었는데, 적힌 언어는 프랑스어였습니다. 그 부인은 성경을 믿었고, 자신이 사랑한 이 마을을 위해서 해 줄 수 있는 일은 아름다운 예배당을 지어 주는 것이라고 느꼈던 것이 분명합니다. 그 부인은 돌아가시면서 스위스의 다른 지방에 있는 어떤 위원회에 이 건물을 위탁해 놓았습니다.

이 예배당은 대체로 늘 비어 있기에, 누가 땔감만 준비할 수 있다면 크리스마스 예배 때 사용할 수 있는 훌륭한 공간이었습니다. 또 마을 이발사의 부인이 개신교인이었는데, 그 부인은 자그마한 페달 오르간을 연주할 수 있었습니다. 모든 계획이 순조롭게 세워졌습니다.

데비는 소파에 물구나무를 서서 즐겁게 흥얼거렸습니다.

"아빠가 사람이 많은 진짜 교회에서 설교를 하실 거예요. 진짜 교회에서 아빠가 설교를 하신 기억이 안 나요."

누가 가장 행복했는지는 나도 잘 모르겠습니다. 프랜도 우리 가족끼리 드리는 소박한 예배에서 설교할 것이라고 생각했던 설교문의 주석을 좀더 깊이 연구하기 시작했고, 나 자신도 신이 나서 둥둥 떠다니는 기분으로 가게로 내려갔습니다.

우리 가족이 왜 이렇게 기뻐했는지 이해하시려면, 우리가 성경의 메시지, 즉 크리스마스 축제에 지나치게 포장되어 오히려 감춰져 있는 성경의 메시지가 참으로 진리이며, '삶과 죽음'의 중요성을 가지는 문제임을 믿는다는 사실을 이해하셔야 합니다.

크리스마스 주일에 교회까지 걸어서 내려가는 길은 얼어붙을 듯이 추웠습니다. 하지만 몇 시간 동안이나마 이 마을을 따뜻하게 감싸 줄 태양이 당 뒤 미디의 봉우리를 스쳐 산 위를 넘어서 이곳까지 빛을 비추며 산 위에 쌓인 눈을 황금빛으로 아름답게 물들이고 있었습니다.

콩콩거리며 뛰던 데비는 이따금씩 발가락을 녹이려고 제자리에서 발을 굴렀습니다.

"아빠가 설교하는 것을 누가 들으러 올까?"

정말 누가 오기나 할까 걱정이 되면서도 기대감으로 설레는 마음을 막을 길이 없었습니다. 차가운 건물 안으로 들어서면서(나무를 때는 자그마한 난로가 뿜어내는 가느다란 연기만이 그곳에 온기가 있다는 유일한 신호였습니다) 한눈에 들어온 광경이 우리의 걱정을 말끔히 씻어 주었습니다.

예배당을 가득 채우고 있는 사람들은 질서 정연하게 앉은 학생들이었습니다. 감색 교복으로 깔끔하게 차려 입은 런던에서 온 여학생들이 한 그룹이었는데, 그들은 2주 동안 스키를 타러 이곳에 온 것입니다. 또 한 그룹은 킬트(kilt, 스코틀랜드 고지에서 남자 정장의 일부로 입는 주름 치마 - 옮긴이)를 입은 스코틀랜드 남학생들이었고, 선생님이 양쪽 끝으로 앉은 몇 그룹이 더 있었습니다. 보나마나 영국에서 방학을 맞아 여행을 온 학생들이었지요. 또 스위스의 학교에서 온 학생들도 더러 있었고, 호텔에서 개인적으로 찾아온 사람들도 있었습니다. 모두 합해서 약 150명 정도 왔었던 것 같습니다.

나는 여기에 모인 사람들 가운데 몇 명하고라도 개인적으로 이야기할 수 있는 기회를 달라고 조용히 기도를 드렸습니다. 예배만 드리고 그냥 흩어져 버리면 그들에게 어떤 문제가 있는지 모를 테니까요.

예배를 마친 후, 수잔은 행복한 얼굴로 제게 달려와서는 속삭였습니다.

"다음 주에도 또 예배를 드릴 수 있냐고 아빠에게 묻는 아저씨와 아줌마가 있어요."

얼굴에 함박웃음을 띤 수잔은 하나도 놓치지 않으려는 듯 다시 뛰어갔습니다.

예배당을 다시 사용하려면 위원회로부터 허락을 받아야 했는데, 위원회는 고맙게도 "샹뻬리에서 살기만 한다면" 우리가 원하는 대로 교회 건물을 사용해도 좋다는 대답을 주었습니다.

정기적인 주일 예배가 우리의 일정에 추가되었고, 나는 22장의 포스터를 그리면서 즐거워했습니다. 이 포스터들은 여러 호텔과 하숙집에 게시될 것들이었는데, 기차역 근처에 있는 '개신교 예배당'에서 영어로 예배를 드린다는 내용이었습니다. 호텔 관리인들은 관광객들에게 또 한 가지 '서비스'를, 그것도 비용을 하나도 들이지 않고 제공할 수 있어서 무척 좋아했습니다. 하숙집들도 고마워했는데, 학교에서 단체로 와서 묵을 예정이었기 때문입니다. 우리는 또 겨울 스포츠를 위해 다양한 사람들이 온다는 소식을 들었습니다.

내가 로잔에 있는 기독교인 사업가에게 이렇게 정기적인 예배가 시작되었다고 이야기하자 그는 놀라면서 "샹뻬리에서 묻혀 지낼 줄 알았는데 그런 일이 시작되다니, 정말로 좋은 기회네요!"라고 기뻐해 주었습니다.

주일 예배가 시작된 지 얼마 되지 않아서 우리는 예배를 드리러 오는 사람들 중에 매주 참석하는 여학생들이 있다는 사실을 알게 되었습니다. 그들은 호텔을 빌려서 묵고 있는 예비 신부 학교의 학생들로 3월까지 샹뻬리에 머물 거라고 했습니다. 세계 여러 나라의 학생들도 더러 다니는 대부분의 스위스 학교들은(그리고 모든 '예비 신부 학교' 형식의 학교들은) 겨울이면 스키 유원지에 커다란 샬레나 호텔을 빌려서 지냅니다. 교직원 전체가 함께 가서 아침에는 학교 수업을 하고, 오후에는 햇살이 비치는 언덕에서 스키 레슨을 받습니다.

예배당 뒤에 서서 이야기를 하고 있는 여학생들에게 "이번 주 목요일 밤에 우리 샬레에 와서 편안하게 차를 마시며 대화하는 시간을 가지면 어떨까요? 종교나 성경에 대해서 질문하고 싶은 것이 있으면 다 해도 되고, 아니면 그냥 지금 고민하고 있는 것을 이야기해도 된답니다"라고 초대를 했습니다.

그들은 매우 기뻐하며 초대를 받아들였습니다. 그러나 며칠 후 우리는 교장 F 씨로부터 전화를 받고 실망하게 되었습니다. 그는 다소 차가운 목소리로 "학생들은 스키 타고 공부하러 이곳에 왔습니다. 그게 전부입니다. 그래서 갈 수 없습니다"라고 말했습니다. 그것으로 끝인줄 알았습니다.

같은 주에 우리는 무릎이 아프다고 하소연을 하던 수잔을 보러 몽떼이(Monthey)에서 온 의사와 아주 좋은 대화를 나누었습니다. 이 기회는 우리가 그를 좋아했던 것만큼이나 그 의사도 우리를 좋아하게 했던 모양입니다. 나중에 알고 보니 그 의사가 여학교의 교장 F 씨에게 우리 가족에 대해서 아주 긍정적으로 이야기했던 것입니다.

그 후 얼마 되지 않아 프랜과 나는 교장으로부터 학교에서 저녁 식사를 하고 유럽의 여러 나라에서 찍은 컬러 슬라이드를 학생들에게 보여 달라는 초대를 받았습니다. 그날 밤 교장은 슬라이드에 무척 만족했고, "학생들이 이런 슬라이드를 좀더 많이 볼 수 있었으면 좋겠군요"라고 이야기했습니다. 그래서 우리는 학생들이 우리 샬레에 오는 것은 언제든지 환영이라고 대답했습니다. 결국 공식적인 초청이 있었고, 처음 초대에 응해서 왔을 6명보다 훨씬 많은 32명이 참석했습니다.

학생들 중에는 인도에서 온 조로아스터교인, 태국에서 온 불교 신자, 그리고 잉글랜드, 캐나다, 아르헨티나, 아이티, 덴마크, 스코틀랜드, 미국, 체코슬로바키아에서 온 다양한 종교 혹은 반종교적 배경을 가진 학생들이 있었습니다. 우리는 슬라이드를 보는 것으로 시작해서 차를 마시고 케이크를 먹으며 좀더 진지한 질문과 응답으로 마무리되는 매우 활기찬 저녁 시간을 가졌습니다.

그날 밤은 그 후로 계속될 그와 같은 밤들의 시작이었습니다. 유일한 변화는 슬라이드를 보지 않게 된 것입니다. 학생들이 질문할 시간을 더 많이 가지기를 원했기 때문입니다.

하루는 아직 날이 밝기 전인 아침 6시에 로잔으로 가는 6시 17분 기차를 타러 역으로 갔습니다. 그 기차를 타고 에글르(Aigle)에서 갈아타면 로잔에 아침 9시에 도착하게 됩니다. 우리는 짐을 쌌던 나무 상자를 환불하려고 가는 길이었습니다. 프랜과 데비는 썰매에 슈트케이스를 얹고 그 위에 고정시킨 나무 상자에 올라탄 채 미끄러져 내려갔고, 나는 나일론 스타킹의 코가 나가지 않도록 종종 걸음으로 조심스럽게 따라갔습니다. 데비는 할머니 친구들을 만나러 갈 예정이었고, 우리 부부는 본 둠라이허 남작부인을 방문하는 것을 포함해서 '수만 가지'의 일을 할 예정이었습니다.

"아니 왜 이렇게 오랜만이에요? 할 얘기가 굉장히 많아요. 여기 와서 앉아요."

부인은 반가운 나머지 나무라듯이 말하며 우리를 맞아들였습니다. 그리고 귀에다 '차 주전자'를 대고 어깨에 숄을 걸치고는 커다란 의자에 자리를 잡고 앉았습니다(부인은 자신의 나팔형 보청기를 '차 주전자'라고 불렀지요. 언젠가 웨이터가 그 보청기를 가져다가 차 주전자와 함께 둔 적이 있었거든요). 우리는 부인과 함께 저녁 식사를 했고, 부인은 우리에게 자신이 고민하던 문제들을 전부 이야기해 주었습니다.

그러고 나서 "마지막으로 나한테 정말 잘해 주는 남학생 하나에 대해서 꼭 이야기를 해 드려야겠어요" 하고 운을 떼더니, 그 후로 이어진 몇 시간 동안 크리스천 D라고 하는, 부인을 북돋아 주러 오는 키 큰 노르웨이인 의학생의 이야기를 계속했습니다.

"그 학생은 작은 방에서 사는데, 혼자서 요리도 하고, 자기 양말도 직접 깁고, 빨래랑 다림질도 하고, 방세를 적게 내는 대신 집주인 일을 돕고 있어요. 제가 아프면 와서 말동무도 해 주고 차도 끓여 줘요. 평소에는 말을 아주 천천히 하는데, 그것도 딱 할 말이 있을 때만 해요…. 오호! 그 학생에게 흥미가 있으신가 보지요?"

그랬습니다. 프랜은 남작부인에게 그 학생이 산에서 우리와 함께 주말을 보내는 것이 어떻겠느냐고 물었습니다.

"아, 그 학생한테 아주 좋을 거예요. 하지만 비용이 얼마나 들까요?"

프랜은 부인에게 그 학생이 올 차비를 건네주는 것으로 답을 대신했습니다. 그리고 이렇게 말했습니다.

"그 학생한테는 제가 오슬로에서 아팠을 때 노르웨이 사람들이 제게 해 준 것에 대한 보답의 일부라고 말해 주십시오. 그리고 주말에 우리 집에 한번 가 보라고 말씀해 주세요."

그 주말에 있었던 일을 자세하게 다 말씀드릴 수 있다면 얼마나 좋을까요? 샹뻬리는 스키 축제를 맞이해서 온갖 깃발로 장식이 되어 있었고, 갓 내린 아름다운 눈은 축제 분위기를 한층 돋우어 주었습니다. 아이들은 크리스천 D를 마중하러 기차역에서 집으로 오는 길을 따라 뛰어갔고, 서둘러 집 안으로 데리고 들어오려고 부엌문 쪽으로 왔습니다. 2미터 가량 되는 커다란 키에 노르웨이인의 파란 눈 그리고 가느다란 머리카락으로 그를 쉽게 알아볼 수 있었습니다.

"정말 집 같아요! 이 기분 잘 모르실 테지만요."

이렇게 말한 그는 정말로 자기 집처럼 편안하게 적응했습니다. 그는 푹푹 빠지는 눈 속에서 집 앞의 거리로 나가는 길목을 삽으로 치우는 일부터 설거지에 이르기까지, 그리고 벽난로 가에 둘러앉아 황홀해하는 아이들에게 노르웨이 동화를 들려주고 아이들을 데리고 신나는 노르웨이식 썰매를 타러 가는 일까지, 모든 일을 기쁘게 했습니다.

프리실라는 볼이 빨갛게 상기된 채 초롱초롱한 눈으로 집 안에 들어서면서 썰매타기의 체험을 설명했습니다.

"크리스천이 적어도 3킬로미터 정도 뒷길로 올라가서 3.5미터 정도 되는 기다란 막대기를 나무에서 잘랐거든요. 그리고 다리를 들라고 했어요. 크리스천도 그렇게 했고요. 그리고 그냥 막 날아 왔어요. 크리스천이 썰매 뒤에 그 막대기를 붙들고 배를 조정하는 키처럼 썰매를 조정했어요. 휘이! 그런 썰매타기는 처음이에요!"

주일 예배에 크리스천 D도 참석했습니다. 그리고 주일 밤에는 문 앞에 서서, 눈을 잔뜩 맞고 재잘거리며 들어오는 여학생들의 코트를 받아 주었습니다. 크리스천 D는 그 학생들 중에서 쉽게 노르웨이인을 발견하고는 노르웨이 말로 대화하기도 했습니다. 학생들의 질문이 크리스천 D의 흥미를 끌었던지 학생들이 떠나고 나자 크리스천 D도 몇 가지 질문을 더 했습니다.

이렇게 샹뻬리에서의 첫 겨울이 시작되었고, 우리는 스칸디나비아로 가는 여행을 3월 중순으로 미루었습니다. 여학생들과 보내는 시간을 좀더 갖기 위해서였습니다. 그런데 우리가 스칸디나비아로 떠나기 직전에 감사한 일이 생겼습니다. 기독교가 진리라고 믿는 사람 모두에게 기쁜 일이었지요. 불가지론자였던 크리스천 D가 기독교인이 된 것입니다.

이제 와서 돌이켜 보면, 그 첫 두 달은 앞으로 있을 일에 대한 '예고편'이었습니다. 그러나 우리는 그것을 전혀 몰랐습니다. 우리가 아는 것은 오직 하나님의 인도를 구하는 우리의 기도가 응답되었다는 것과, 우리가 샹뻬리에 오게 된 것은 그토록 집을 원하는, 그것도 샹뻬리처럼 아름다운 산 속에 자리 잡고 있는 마을의 집을 원하는 아이들의 바람을 만족시켜 주는 것 이상의 목적이 있다는 것뿐이었습니다. 우리는 하나님께서 우리를 이곳으로 인도하셨다는 것을 몸으로 느껴 가고 있었습니다.

4
샬레 비쥬에서

　나는 7주간의 장기 여행을 준비하면서 아이들과 떨어져 지낼 생각으로 눈시울이 붉어지곤 했습니다. 다행히 아이들은 우리가 여행하는 목적을 이해했고, 하나님이 우리에게 주신 일의 중요성을 공감해 주었습니다. 크리스천 D가 기독교인이 되었다는 소식에 기뻐하는 아이들을 보면서 그런 공감대를 확인할 수 있었습니다.

　아이들은 "크리스천은 우리가 아는 사람 중에서 가장 좋은 사람이에요. 아마 벌써부터 기독교인이었을걸요"라고 말하지 않았습니다. 아이들이 그렇게 말하지 않은 것은 사람을 판단하는 기준은 그냥 '좋은' 사람이거나, 매력적인 성품을 지녔거나, 천성적으로 섬세하고 친절한 행동이 아니라, 하나님이 말씀하시는 것을 믿느냐 믿지 않느냐 하는 것임을 정말로 이해했기 때문일 것입니다. 아이들은 또한 여학생들과 함께했던 저녁 토론 모임의 분명한 성과에 대해서도 우리 부부처럼 기뻐했습니다. 그리고 자그마한 체구에 금발머리를 한 아날리라고 하는 아르헨티나 여학생이 예수님을 믿게 되었을 때는 특별히 더 기뻐했습니다.

홈 에덴의 '빵빵 여사'와 '선생님'(수잔이 두 선생님을 부르던 명칭이었습니다)이 우리를 방문했을 때, 우리 부부가 없는 동안에 프리실라에게 동생들을 가르치라고 주고 갈 주일학교 자료들을 보여 주었습니다.

"프리실라가 주일 오후에 동생들하고 같이 공부해도 되겠습니까?"

"아, 물론입니다. 사실 기숙사에 묵고 있는 아이들은 프리실라가 다시 와서 이야기를 더 많이 해 주기를 고대하고 있어요. 이번 기회에 프리실라가 아이들 전부를 대상으로 수업을 하면 좋겠는데요."

그렇게 해서 프리실라의 교사 훈련은 시작되었습니다.

드디어 떠나야 할 날이 다가오자 아이들이 안쓰러워 마음이 몹시 아팠습니다. 하지만 내가 좀더 쉽게 떠나는 데 도움이 될 아이디어가 하나 떠올라 짐을 다 싸고 난 뒤 한밤중까지 깜짝 선물을 준비했습니다. 나는 그 선물이, 아이들이 일어나서 우리가 떠난 것을 아는 순간에서부터 학교로 데리러 갈 사람이 오는 순간까지의 허전함을 메워 주기를 바랐습니다. 다음 날 아침, 우리가 산허리를 타고 마을을 내려가던 그 시각에 일어난 아이들은 예쁘게 포장된 선물을 발견하고 일종의 '두 번째 크리스마스'를 보내고 있었습니다.

그 여행과 그 후로 몇 년 동안 계속되었던 다른 여행의 이야기만으로도 책 한 권이 되겠지만, 이 책에서 하려는 이야기는 그것이 아니니까 그냥 넘어가지요. 간단하게만 말씀드린다면, 우리는 여행의 결과에 정말 흥분했습니다. '아이들을 그리스도께로'라는 주제로 주일학교가 여러 군데에서 시작되어, 우리가 집필하고 있는 교안의 삽화를 여러 장 그려서 보내고(누가복음 같은 경우에는 삽화가 28장이었습니다), 우리가 방문한 나라들에서 오기 시작한 편지에 답장을 쓰느라 바쁜 날들을 보냈습니다. 그래서 강의 여행은 예배에 관심이 있는 관광객이 많이 찾아오는 겨울과 여름 시즌을 제외한 기간에 집중할 수 있도록 시기를 조정했습니다.

아이들은 네덜란드에 갈 때 우리와 같이 갔고, 시범 수업의 대상이 되어서 노래를 부르기도 했습니다. 데비는 스위스 전역에 퍼져 있는 악씨옹 비블리끄(Action Biblique) 그룹(제네바를 중심으로 하는 기독교 사역인데, 제네바에 성경학교를 두고 있습니다)을 방문하는 여행에 우리와 함께 갔고, 우리가 묵었던 집마다 집주인이 다락이나 상자에서 꺼내오는 장난감을 가지고 재미있게 놀기도 하고, 집회 때 어린이 찬양을 부르면서 우리를 도와주기도 했습니다. 그다음 해 여름에는 온 가족이 뮌헨으로 가서 미군 부대의 자녀들을 위해 2주 동안 성경학교를 열었습니다.

1950년의 크리스마스 시즌이었습니다. 수잔이 하루는 내게 와서 물었습니다.

"엄마, 엄마는 아이들이 성경 말씀을 듣는 것이 중요하다고 온 유럽을 다니며 어린이 주일학교를 시작하라고 말하면서 어떻게 우리 마을에서는 그런 수업을 한 번도 하지 않으세요?"

수잔은 자기 팔을 뒤로 하고 입술을 과장해서 오므린 채 내 앞에 서서 대답을 기다리고 있었습니다.

"글쎄, 수잔, 우리가 스위스에 그리고 이 마을에 온 것은 살기 위해서지 그런 식의 선교사로 온 것은 아니잖니?"

"하지만 주일학교를 하라며 엄마가 말하는 사람들은 어느 나라에 살건 자기 집에서 그냥 하잖아요. 왜 그러세요? 두려우신 거예요? 핀란드 사람들한테는 하나님이 돌보아 주실 테니 러시아 사람들을 두려워하지 말라고 하시고선, 오히려 엄마가 두려우신 거예요?"

수잔이 불손하게 굴려는 것은 아니었습니다. 오히려 매우 진지했습니다. 나는 심호흡을 한 번 하고는 이렇게 말했습니다.

"수잔, 나는 아이들을 가르칠 만큼 프랑스어를 잘하지 못해."

그러자 수잔이 바로 대답했습니다.

"언니는 할 수 있잖아요. 언니가 가르치고, 엄마가 미리 수업 준비를 도와주면 되잖아요."

수잔이 계속해서 이렇게 말하자 더 이상 구실을 댈 수가 없었습니다.

"여기에 있는 아이들도 자기들의 죄가 용서받을 수 있고, 예수님이 정말로 자기들이 받아야 할 모든 형벌을 대신 받았고, 연옥 같은 것을 두려워하지 않아도 된다는 사실을 알아야 하잖아요" "좋아, 수잔, 만약에 프리실라가 가르치겠다고 하고, 네가 아이들을 초대하고, 부모들이 아이들을 보내 준다면 주일학교를 하도록 해 줄게."

이렇게 해서 수잔이 초대한 여섯 명의 아이들이 오고, 프리실라가 샬레 데 프렌 벽난로 앞에서 크리스마스 이야기를 들려주고, 다 같이 코코아와

쿠키를 먹은 크리스마스 수업으로 주일학교는 시작되었습니다. 이 일은 아이들이 처음으로 직접 사람들에게 진리를 전파하겠다고 나선 일이었습니다. 주일학교는 매주 열렸고, 꾸준히 성장해 나갔습니다. 마을에 있는 가정뿐만 아니라 어린이 기숙사에서도 아이들이 참석했고, 나중에는 마을에 있는 학교에서 참석하는 학생만도 25명이 되었습니다.

프리실라는 타고난 이야기 솜씨로 아이들의 이목을 끌었고, 노래도 시키고, 성경 구절 암송도 잘 연습시켰습니다. 학생들은 색종이로 오려진 여러 가지 모양이나 그날의 이야기가 그림으로 그려진 종이 위에 직접 손으로 쓴 성경 구절을 하나씩 받아 갔습니다. 그래서 성경 구절들은 마을에 있는 가정의 벽에도 붙여졌고, 심지어 마을 학교 벽에도 붙여지게 되었습니다.

그해 다섯 번째 생일을 맞은 데비는 의자 위에 올라서서 거울에 비친 자기 얼굴을 유심히 들여다보더니 머리를 저으며 말하더군요.

"아무것도 달라진 게 없네. 네 살일 때랑 달라진 게 하나도 없어!"

수잔의 경우는 조금 달랐습니다. 수잔은 하루 종일, 그리고 그 후로도 여러 날을 "아홉 살이 되어서 너무 좋아. 내가 아홉 살이 되기를 얼마나 기다렸는데. 아홉 살이면 더 이상 어린애가 아니잖아!" 하고 신나서 외치며 아홉 번째 생일을 보냈습니다.

그리고 프리실라는 열세 번째 생일을 맞이하면서 십대라고 하는 신비의 세계로 들어섰습니다. 그러나 한 가지 아쉬워하는 점은 있었습니다.

"엄마, 학교에 같이 다닐 여자 애들이 있었으면 좋겠어요. 십대가 되기를 정말 기다렸는데…. 여자 친구가 있었으면 좋겠어요. 내 나이 또래로 말이에요."

프리실라의 바람은 정말 놀라운 방법으로 실현되었습니다. 사실 그것은 단순한 바람 이상이었습니다. 왜냐하면 우리는 하나님께 프리실라에게 여자 친구를 주시는 것뿐만 아니라, 좀더 적합한 학교를 달라고 간구했기 때문입니다. 더 이상 남학교의 언어나 분위기는 프리실라에게 맞지 않았기에, 프리실라를 그 학교에 보내지 않는 것이 부모의 도리라고 생각했습니다. 놀라운 응답의 문을 열 열쇠를 가져온 것은 프리실라의 병이었습니다. 왕진을 온 의사가 프리실라의 진찰을 마치고 나서 처방전을 쓰며 학교에 대해 이야기를 했습니다.

"프리실라를 F 씨의 학교에 보내지 그러세요?"

우리는 크게 웃으며 대답했습니다.

"선생님, 우리에게는 그럴 만한 돈이 없어요. 아무리 학비를 감해 준다고 해도 그 정도 여유는 안 되는 걸요."

그 주간에 F 씨와 그의 비서가 식사를 하러 와서 저녁 시간을 우리 집에서 보냈습니다. 우리는 여러 가지 이야기를 했고, F 씨는 자기 학교 여학생들에게 우리가 시간을 내주는 것에 대해서 감사했습니다. 사실 그해 겨울에도 여학생들은 일주일에 한 번씩 우리 집에 왔고, 학생 몇 명이 요리 강습을 해 달라고 나를 조르는 바람에 하루 아침나절의 요리 교실이 내 일과에 추가되었습니다. 요리 교실에는 인도에서 온 조로아스터교 여학생도 한 사람 참석했는데, 그 아이는 생애 처음으로 부엌에 들어오게 되었다며 무척 즐거워했습니다.

"심지어 어렸을 때 흙장난을 하면서 만드는 진흙 파이도 대신 만들어 주는 하인이 있었어요. 그 위에 색소가 들어간 회반죽 같은 걸로 아이싱까지 덮어 주었는걸요. 아무것도 제가 직접 해서는 안 되었어요."

불쌍한 부자 소녀라니! 그 아이는 요리도 매우 좋아했지만, 성경으로부터 배우는 모든 것에 대해서 매우 신기해했습니다. 여러분도 짐작하시겠지만, 부엌에서 나눈 대화가 전부 조리법에 대한 것은 아니었지요.

다시 그날 저녁 이야기로 돌아가지요. F 씨는 우리가 자기 학교를 위해서 해 준 일에 참 만족한다고 계속 말하더니, 느닷없이 이렇게 말했습니다.

"프리실라에게 어떤 것을 가르치기 원하세요? 정규적인 미국 고등학교 과정에다가 프랑스 학생들과 함께 배우는 고급 프랑스어와 라틴어 정도면 될까요?"

"교장 선생님, 무슨 착오가 생긴 모양인데요. 저희는 프리실라를 그 학교에 보낼 형편이 안 됩니다."

F 씨는 이 말을 무시하고 다시 과목들에 대해서 이야기하기 시작했습니다. 하지만 나는 그것이 전부 불가능하다고 분명하게 말했지요. 그러자 F 씨는 자기 비서를 보면서 말했습니다.

"마드모아젤, 식사 후에 음식이 남지 않나요?"

"예, 남습니다."

"그리고, 침대도 하나 남지요?"

"예, 셜리 방에 하나 남습니다."

F 씨가 의기양양하게 나를 돌아보면서 말했습니다.

"보세요, 프리실라가 온다고 해서 저희에게 달라질 것은 하나도 없습니다."

그렇게 해서 불가능한 일이 가능한 일이 되었고, 프리실라는 그 후로 2년 동안 스위스에서 가장 좋고 가장 비싼 기숙학교 중 하나를 사실상 무료로 다녔습니다. 우리는 이것이 우연이나 행운이 아니라, 인격적인 하나님의 분명한 응답이라고 믿습니다.

바로 그때에 우리 인생에 작은 타격이 있었습니다. 샬레 데 프렌이 팔리게 된 것입니다. 집을 내놓기 전에 집주인이 상뻬리로 왔습니다. 그 주인은 어느 모로 보나 '친절한 사람'은 절대로 아니었습니다. 어느 토요일 오후에 예고도 없이 나타나서는 집 안을 휘젓고 다니며 벽, 벽장, 서랍에서 이런저런 자신의 물건들을 챙겼습니다.

"이 식탁보는 가져가고, 그리고 이 티세트도 오늘 다 가져갈게요."(하필이면 그 티세트는 유일하게 잔이 15개인 티세트였고, 다음 날 저녁 여학생들이 왔을 때 꼭 필요한 것이었습니다.)

"이 그릇들은 안 가져갈래요."(당연하지요. 그 그릇은 우리가 세인트루이스에 있을 때 피셔 할머니가 주신 골동품 케이크 접시 세트였거든요. 그런 식으로 말을 하다니!)

샬레 비쥬에서

그 주인이 한바탕 휩쓸고 나가면서 던진 한마디는 "제가 가격을 정하고 나면, 이 집을 살 건지 말 건지 즉시 대답해 주셔야 합니다"였습니다.

주인이 다녀간 뒤로 2주 동안은 찻잔을 빌리기도 하고, 나중에는 새것도 몇 개 사면서 비교적 평화롭게 지냈습니다. 그러나 그 후 감정인이 샬레의 상태를 보러 왔으며, 더 많은 물건이 우리 손에서 떠났고 샬레의 가격도 정해졌습니다. 프랜과 나는 벽난로 앞에서 조용히 서류를 펼쳐 보았습니다. 가슴이 덜컥 내려앉는 것 같았습니다. 어차피 이 집을 살 수 없는 것은 알았지만, 가격은 상상을 초월한 것이었습니다.

'잘 있거라, 사랑스런 벽난로야. 잘 있거라, 꿈의 집이여!'

그때, 수잔이 새로운 소식을 알릴 때 늘 그렇듯 현관문을 벌컥 열면서 들어왔습니다.

"엄마, 아빠!"

"수잔, 가격이 정해졌어. 그런데 너무 비싸구나. 데 프렌을 떠날 수밖에 없구나."

"그래요? 아, 엄마, 정말로 신나는 소식이 있어요. 요즘에 매일 V 씨네 집에 갔었는데, 아줌마가 아줌마네 딸 네 명 모두 우리 주일학교에 가도 좋다고 지금 막 허락했어요!"

잠시 후 현관 벨이 울렸고, 수잔과 데비가 프리실라를 맞으러 뛰어나갔습니다.

"언니, 무슨 일이 있었는 줄 알아?"(우리는 수잔이 어떤 소식을 가장 중요하게 여기는지 보려고 가만히 듣고 있었습니다.)

"V 씨네 딸 네 명이 주일에 올 수 있대. 아줌마가 그렇게 말씀하셨어. 그리고 우리 집이 날아갔어. 이사 가야 된대."

수소문해 본 결과 '가능성'이 있는 집 한 곳을 발견하게 되었습니다. 낡은 샬레로 현대적인 시설은 하나도 갖추어지지 않았을 뿐만 아니라 샬레 데 프렌과는 전혀 닮지 않은 곳이었습니다. 하지만 이 집을 거쳐간 사람들의 예술성과 상상력이 집의 구조 속에 남아 있는, 세월 따라 숙성되고 잘 익은 집이었습니다.

샬레 비쥬는 우리가 본 둠라이허 남작부인을 만난 곳이었는데, 이곳이 우리의 다음 집이 된 것입니다. 샬레 비쥬는 마을 아래쪽에 다른 샬레들과는 퍽 멀리 떨어진 곳에 자리 잡고 있었는데, 위로는 커다란 들판이 있었고, 그 집과 마을 사이에는 물살이 거센 강이 있어서 길에서부터 마을까지를 갈라 놓고 있었습니다. 강물은 가파른 낭떠러지를 타고 강으로 떨어져 더 낮은 지대에 있는 계곡으로 흘러갔습니다. 식당 바로 바깥에는 샬레의 저지대 쪽으로 네모난 발코니가 나 있었는데, 우리는 그 발코니를 '아침 식사용 베란다'라고 불렀습니다. 거친 나무결이 그대로 살아 있는 낡은 탁자가 발코니에 있어서 거기서 아침 햇살을 받으며 식사를 했기 때문입니다.

샬레 바로 옆에 있는 들판은 스키 회전을 연습하기에 딱 좋은 각도로 기울어져 있었고, 샬레 밖에는 시멘트로 만든 빨래터가 있었는데, 한 면은 탁 틔어 있었습니다. 별도의 공간을 형성하면서도 개방이 되어 있는 창고 같은 이곳은 스키를 보관하기에 아주 좋은 장소였습니다. 잠시 짬이 나면 언제든지 스키를 꺼내 신고, 별도의 비용이나 번거로움 없이 스키를 연습하면서 그 순간의 아름다움을 맘껏 누릴 수 있었습니다. 제일 먼저 뜨는 저녁별과 함께 연한 분홍빛이 연하늘색으로 변하기 시작할 때, 그때가 바로 저녁 식사 전에 짧게 두세 번 스키를 타기에 가장 좋았습니다.

물론 그 집이 좋기만 한 것은 아니었습니다. 나무로 된 바닥은 거칠었고, 거실 한쪽에 비석처럼 자리 잡고 있는 화강암 난로로 난방을 해결해야 했고, 식당 쪽으로 나 있는 '벽에 뚫린 구멍'에 불을 지펴야 했습니다(그 난로가 거실 쪽으로는 막혀 있었거든요). 아침 일찍 침실 유리창에 낀 성에를 긁어내는 것도 성가신 일이었고, 불을 지폈는데도 도무지 방 안에 온기가 돌지 않아 무릎에는 뜨거운 물주머니를 놓고 어깨에는 담요를 두르는 것으로 '난방'을 해결하는 것도 불편했습니다. 편리함과는 거리가 먼 집이었지요.

그러나 우리는 곧 그 집을 사랑하게 되었습니다. 규격화된 현대식 집에서는 찾아볼 수 없는 개성이 있었기 때문입니다.

임대 비용도 샬레 데 프렌보다 훨씬 쌌습니다. 우리는 절약된 비용으로 온수를 끌어들이고 욕실을 개조하기로 했고, 그 집의 매력은 손상시키지 않으면서 좀더 편안한 공간으로 하나씩 바꿔 갈 계획을 세웠습니다.

이 책이 그냥 흥미 위주의 책이었다면 '이사하는 날'에 있었던 일도 별도의 한 장을 차지했을 것입니다. 샬레 비쥬의 주인인 삼남매 중에서 약간 느리면서도 성격이 아주 좋은 헤르만은 그날 커다란 썰매를 가지고 왔습니다. 우리의 유일한 운반 수단이었지요.

　그날 내가 창밖으로 몸을 던지듯 내밀면서 "그 매트리스로 뭐하시는 거예요?" 하고 소리치던 황당했던 순간은 결코 잊지 못할 겁니다.

　"냉장고 밑에 깔려고요."

　"하지만 그 매트리스는 이미 비쥬로 가져가서 데비 침대에 올려놓은 것으로 아는데요?"

　"맞아요. 우리도 알아요. 그래서 지금 우리가 거기까지 내려가서 다시 가지고 왔어요."

　그 사람들은 나의 조바심과 달리 느긋한 목소리로 대답했습니다.

　"하지만 그건 좋은 매트리스예요. 작은 스프링이 들어간 특별한 거라구요."

　그들은 여전히 느긋한 태도로 말했습니다.

　"알아요. 우리도 만져 봤어요. 그래서 냉장고를 옮기기에 좋다고 생각한 거예요!"

　나는 서둘러 낡은 담요들을 창밖으로 던져 주고 데비의 매트리스를 구했습니다. 다행히도 우리는 그날 헤르만을 대신할 사람을 찾았습니다. 내가 보기에 헤르만이 한 일이란 그저 활짝 웃으면서 무거운 짐을 지고 내려가는 사람 뒤에 두 걸음 정도 떨어져서 내려가는 것이 전부였으니까요.

　이사한 바로 다음 날은 데비의 여섯 번째 생일이어서, 나는 급한 짐부터 정리를 해 놓고 생일 케이크와 젤리 그리고 병아리 모양의 비스킷을 만들었습니다. 수잔은 생일 파티에 초대받은, 마을과 홈 에덴에서 온 아이들을 위해서 게임을 준비했습니다. 생일 파티를 미룰 수 없는 사연이 있었습니다. 프랜과 나는 다음 날 아침 6시 17분 기차로 브뤼셀로, 데비는 우리가 없는 동안 '뛰리앙 이모'랑 지내기 위해 로잔으로, 그리고 수잔은 혼자 들판을 지나 홈 에덴으로 여행을 떠나야 했기 때문입니다.

이렇게 샬레 비쥬에서의 생활이 시작되었습니다.

5
샹뻬리에서
터를 다지며

　우리의 실제 삶의 특징 중 하나는 사전에 아무런 경고도 없이 중요한 사건들이 일어난다는 것입니다. 인생에서 가장 중요한 사람을 만나게 될 것이라고, 가장 중요한 글을 읽게 될 것이라고, 가장 중요한 대화를 하게 될 것이라고, 가장 중요한 한 주간을 보내게 될 것이라고 알리는 트럼펫 소리도 없고 드럼 소리도 없습니다. 대부분의 경우, 우리의 인생 전체를 바꾸어 놓을 어떤 사건에 대해 우리가 감동할 때쯤이면 그 사건은 이미 추억이 되어 있습니다. 그런 일에 대해서 미리 가슴 벅차 할 기회는 주어지지 않습니다.

　베티와 지아는 우리를 만나기 위해 기차역에서 기다리고 있었고, 수잔과 데비 그리고 말리즈(우리와 함께 지낸 지 좀 되는 스위스 여자 아이)와 봅(예고도 없이 나타난 손님)도 우리와 함께 기차역으로 갔습니다. 우리는 미리 그 여학생들로부터 연락을 받았고, 본 둠라이허 남작부인이 우리에게 꼭 만나야 한다고 강력하게 이야기하며("사랑스런 베티, 그 아이를 반드시 좋아하게 될 거예요.") 특징을 말해 주었기 때문에 바로 그 학생들이라는 것을 금방 알아 보았습니다.

집 안에 그렇게 많은 사람이 북적대는 것이 항상 즐거웠던 것은 아닙니다. 베티와 지아도, 우리가 늘 하던 대로 저녁 식사 후에 찬송을 두 곡 정도 부르고 성경 한 장을 읽었을 때쯤에는 이곳을 벗어나고 싶어서 퍽 안달을 했습니다. 이런 일상의 일들은 우리나 그 아이들이나 그리 흥분할 일이 아니었습니다. 하지만 그때 만약 영화나 연극처럼 효과음이 있었다면, 드럼이 아주 의미심장하게 울려야 했을 것입니다.

그 여학생들은 스쿠터 사고를 당한 후라 휴식도 좀 취하고, 남작부인도 만족시킬 겸해서 이곳으로 왔습니다. 또 우리는 남작부인을 봐서라도 그 요청을 '거절'해서는 안 된다고 생각했습니다. 그 학생들은 일광욕도 하고, 산책도 하고, 피아노도 치고, 기독교에 대한 토론 시간에도 예의 바르게 앉아 있었지만, 대체로 무심한 표정이었습니다. 처음 일주일 동안은 그랬습니다. 그러다가 프리실라가 기숙학교에서 친구들과 함께 주말을 보내러 왔습니다(그 학생들은 프리실라와 긴 대화를 나누었기 때문에 프랜이나 나에게 질문하고 싶은 것이 많았습니다). 프리실라가 데리고 온 친구들은 런던에서 온 쌍둥이 자매였는데, 침대가 충분하지 않아서 베티와 지아가 자리를 비워 주어야 했습니다. 다행히 그들은 주말은 하숙집에서 지낸 뒤 월요일에 돌아오겠다고 했습니다.

월요일 밤이 되자 베티와 지아가 유태인 아가씨를 데리고 왔습니다. 그

84
·
85

날 밤 그들의 호기심은 제대로 불붙기 시작했고, 대화를 통해 호기심은 한층 더 커졌습니다. 다음 날 점심 식사 후 그들이 질문할 것이 너무 많아지자, 프랜은 내게 자기가 계속해서 대답을 해 주는 동안 아이들이 따뜻하게 있을 수 있도록 불을 지피는 것이 좋겠다고 했습니다. 그 '대답'은 성경 공부로 이어졌고, 난롯가에 모여 앉아 있는 그들을 방해하지 않으려고 나머지 사람들도 조용히 식당을 나왔습니다. 나는 그 많은 식구들이 쏟아 놓은 그릇들을 설거지하면서 간식으로 롤빵을 만들어야 했습니다.

그러나 설거지가 끝나도, 롤빵이 반질반질하게 오븐에서 다 구워졌어도 식당에 있는 사람들은 끝낼 생각을 하지 않았습니다. 조금은 속상한 마음으로, 김이 모락모락 나는 오렌지 롤빵과 계피 빵을 바구니 하나 가득 담고 커피 세 잔을 식당으로 가져가니 로마서 8장에 대한 설명이 한창이었습니다. 그렇다면 그들은 이미 앞의 일곱 장을 끝냈다는 말입니다. 그 장면을 목격하는 순간, 저 아이들은 그냥 가만히 앉아서 쉬는 동안에 나만 혼자서 많은 집안일을 하느라 이리 뛰고 저리 뛴다며 속상해하던 불만이 눈 녹듯이 사라졌습니다. '하나님이 이 아이들을 이곳에 보내신 것이 틀림없구나. 아직 자신들은 잘 모르겠지만!'

할아버지가 스웨덴계인 베티는 금발머리에 조용하고 과묵했습니다. 그런데 관심이 다양하여 경비행기 조종과 음악(그 당시 로잔에 있는 음악 학교에서 오보에를 전공하고 있었습니다), 그리고 여행을 즐기고 글도 썼습니다. 지아는 로잔에서 베티와 한 아파트에서 살았는데, 피부색이 짙고 아름다웠습니다

(전년도 캔자스 주 위치타 시의 미스 위치타였거든요). 지아는 춤도 잘 추고 피아노도 쳤으며, 할리우드에 입성하는 것이 목표였습니다.

솔직히 두 아이 모두 성경에 흥미를 느끼리라는 기대는 전혀 하지 않았습니다. 그러나 갑자기 흩어져 있던 많은 조각들이 제자리를 찾아갔고, 그날 밤 베티는 식탁에서 이렇게 말했습니다.

"알겠어요. 이제 알겠어요. 이 모든 것이 진리가 아니라면 의미가 없겠군요. 따로따로 분리해서 생각할 수가 없는 거예요. 전부 다 진리이거나 전부 다 거짓일 수밖에 없겠어요."

베티가 그때 바로 '믿은' 것은 아니지만, 무엇인가를 느낀 것은 분명했습니다. 그들이 떠나기 전날 아침 베티는 내가 침대를 정리하고 있는 방으로 들어와서 조용히 그리고 아무렇지도 않게, 마치 가게에 가서 "계란 한 줄 주세요"라고 말하듯 자신이 성경을 믿게 된 사실을 고백했습니다.

"지금 바로 그리스도를 나의 구세주로 영접해서 사모님이 말씀하신 대로 성령님이 제게 들어오셔서 제가 성경을 읽을 때 이해하도록 도와주셨으면 좋겠어요."

베티에게는 그리고 지아도 마찬가지로(지아는 우리에게는 아무 말도 하지 않고 방명록에 베티와 같은 내용의 말을 적어 놓았습니다) 샬레 비쥬에서의 시간이 자기 인생의 분기점이 되었을 것입니다. 지아는 현재 목사의 아내로 미국 중서부에 살고 있으며 다섯 명의 자녀를 두었습니다. 만약 그때 비쥬에서 그 사건이 일어나지 않았더라면 지아의 남편도 지금의 남편이 아니고, 그 아이들도 태어나지 않았겠지요. 베티에 대해서는 나중에 더 이야기하겠습니다.

그렇습니다. 인생에서는 연극을 공연할 때와 같은 트럼펫 소리가 없습니다. 다만 되돌아볼 때 추억 속에서 희미한 울림을 듣게 될 뿐입니다.

효과음에 대해서 한 가지만 더 이야기하자면, 어느 날 오후 계곡 아래에서 올라오던 작은 기차 안에서도 아주 특별한 효과음이 있어야 했습니다. 하지만 Ex 씨가 자기 자리에서 일어나 프랜 옆에 앉았을 때에는 아무런 음악도, 드럼 소리도 없었습니다.

"실례합니다만, 당신은 목사이지요? 제가 몇 가지 질문하고 싶은 것이 있습니다. 저는 불가지론자입니다. 로마 가톨릭교인으로 세례를 받기는 했지요. 그런데 가톨릭의 교리와 개신교의 교리가 어떻게 다른지 궁금합니다."

단순하지만, 진지한 질문이었지요. 그 질문에 특별히 세계를 뒤흔들 만큼 대단한 것은 하나도 없었습니다. 그러나 그 질문을 한 것과 그 질문에 대한 대답, 그리고 Ex 씨의 인생에 서서히 나타난 효과는 그의 영원을 결정짓는 변화를 일으켰을 뿐만 아니라, 우리 가족 전체와 우리의 사역 그리고 수많은 사람의 인생에도 엄청난 영향을 미치게 되었습니다. 그렇다면 이런 순간에는 음악이 좀 울렸어야 하는 게 아닐까요?

그러나 우리 인생이 그렇듯, 힘겹게 산을 오르는 기차의 톱니바퀴 소리만이 시끄럽게 들릴 뿐이었고, 프랜은 그 기본적인 차이를 몇 가지 설명하면서 소음에 지지 않으려고 목청을 높여야 했습니다. 프랜은 그에게 역사적으로 개신교 교회에서는 성경이 최고의 권위이고, 로마 가톨릭은 교회가 최고의 권위라고 설명해 주었습니다. 그리고 성경은 '구원'이 그리스도께서 십자가 위에서 돌아가시면서 이루어 놓으신 그 '사역'을 믿음으로써 주어진다고 가르치는 반면, 로마 가톨릭 교회는 '구원'을 얻으려면 믿음에 행위를 더해야 한다고 가르친다고 설명했습니다. 또한 성경에서는 연옥에 대해서 어떠한 이야기도 하지 않는다고 말해 주었습니다.

그로부터 일주일 뒤 프랜은 전기세를 내러 갔다가 또다시 Ex 씨를 만나게 되었습니다. 그는 스위스 스키 학교의 교장이었을 뿐만 아니라, 샹뻬리의 전기 회사 사장이었으며, 정치적으로도 왕성한 활동을 하고 있었습니다(참고로 말씀드리자면 샹뻬리는 스스로 전력을 공급했습니다). 그런데 우리가 내야 할 청구서는 준비되어 있지 않아서 Ex 씨는 자기가 청구서를 가지고 한번 들르겠다고 했습니다.

며칠 후 Ex 씨는 자기 부인을 데리고 우리 집에 왔고, 프랜과 그는 영어로, 그리고 나와 그 부인은 프랑스어로 이야기하며 매우 즐거운 저녁 시간을 보냈습니다. Ex 씨는 "당신은 계속해서 성경을 인용하시는군요. 하지만 아주 혼란스러운데요. 도대체 누가 성경을 이해할 수 있단 말입니까?"라고 말했습니다. 이 질문을 계기로 성경에 대한 이야기가 오고 간 뒤에 Ex 씨는 겨드랑이에 프랑스어 성경을 끼고 집으로 돌아갔습니다.

다음 번에는 Ex 씨 집에서 우리의 대화가 이루어졌습니다. 그 주간에 Ex 씨는 누가복음과 요한복음 그리고 사도행전을 반 정도 읽었습니다. 그는 그것을 읽는 동안에 자신에게 아무런 일도 일어나지 않자 "많은 내용이 제게는 아무런 의미도 없는 모양입니다"라며 실망했습니다. 하지만 그는 1년 반 동안을 계속해서 성경을 읽고 질문을 했습니다.

그러던 어느 날 밤, 우리 집 거실에 프랜과 단둘이 있을 때 아주 실제적인 일이 일어났습니다. 누군가가 '기독교인이 되면' 어떤 일이 일어날까요? 예수님은 니고데모라고 하는 아주 종교적인 사람에게 그것에 대해서 이야기하신 적이 있습니다. 니고데모는 하나님이 존재하신다는 것은 당연히 믿었으며, 자신이 아주 완벽하게 하나님을 섬기고 있다고 생각했습니다. 그러나 예수님은 니고데모에게 하나님의 자녀가 되려면 '거듭나야' 한다고 말씀하셨습니다.

나는 지금 제네바 호수가 내다보이는 열린 창문 옆에서 이 글을 쓰고 있습니다. 오늘은 물결이 조금 세군요. 마른 낙엽들이 방 안으로 들어와 타자기를 두드리고 있는 내 주위를 돌아다닙니다. 가을의 황금빛을 머금은 수양버들의 녹색 이파리들이 오픈카를 타고 쌩쌩 달리는 여자아이의 긴 머리카락처럼 휘날립니다. 나는 지금 무엇을 보고 있는 것일까요? 바람? 아닙니다. 바람이 있다는 것을 알려 주는 바람의 효과들입니다.

예수님은 "성령으로 난 사람은 다 이와 같다"고 말씀하셨습니다. 이 놀라운 말은 무슨 뜻일까요? 그 의미는 예수님께서 성령님의 존재를 선언하시는 것이며, 그 성령님은 당신이 들어가서 거하시는 사람들의 삶에 분명한 변화가 보일 정도로 큰 영향을 미치며, 그러한 현상은 우리가 바람이 부는 가운데 서 있을 때 보는 현상과 느끼는 감각에 비교될 수 있다는 뜻입니다. 신약성경의 다른 곳에서는 생명이 태어나는 바로 그 순간—즉, 예수님이 말씀하시는 '새로운 탄생'의 순간—에 성령님이 '태어나는' 그 사람 안으로 들어가신다고 합니다. 기독교인의 삶은 자신이 태어났다는 사실과, 자신 안에 성령님의 생명이 거하신다는 사실의 실재성에 달려 있습니다.

그날 밤 Ex 씨에게 일어난 일은 그가 '중생'했다는 것입니다. 내가 지금 '일어난 일'이라고만 했지 어떻게 일어났는지는 이야기하지 않았다는 사실을 기억해 주세요. 그는 이미 몇 주 전부터 성경이 진리라는 것은 믿었습니다. 그러나 이제는 선을 넘어설 수 있는, 원 안으로 들어올 수 있는 지점에 섰던 것입니다.

그의 삶에 현저한 변화가 있었지만, 친구들이 그것을 알아보고 환호해 준 것은 아닙니다. 이제는 까페에 앉아서 술을 마시는 것보다, 새로 산 책을 한 무더기 쌓아 놓고 성경 공부하는 것을 더 좋아한다는 점에서 그의 관심사는 변했습니다. 이제 그는 '도망'갈 필요가 없게 된 것입니다. 그는 이제 자신의 인생에 의미와 목적이 있고, 자신의 갈증은 자신이 생각했던 것과는 매우 다른 대상에 대한 것이었다는 확신을 가지게 되었습니다.

기독교인이 되면 행복한 삶이 보장될까요? 그것은 당신이 행복을 무엇이라고 정의하느냐에 달려 있을 것입니다. 기독교인이 된다고 해서 유명해지거나 사람들의 인정을 받는 것은 결코 아닙니다. 오히려 믿지 않는 친척들 사이에서 무척 불편한 마음으로 많은 갈등과 문제를 겪게 됩니다.

그러나 자신이 살아 계신 하나님과 관계를 맺고 있다는 사실을 알게 됨으로써 얻게 되는 깊고도 참된 기쁨은, 그것을 아는 사람이라면 그 누구도 다른 것과 바꾸려 하지 않을 것입니다. 기독교인이 된다는 것은 정당을 바꾸는 것도 아니고, 새로운 클럽에 가입하는 것도 아니며, 인생이라는 따끈한 저녁 식사에 달콤한 디저트를 하나 더하는 것도 아닙니다. 기독교인의 실제 삶은 너무도 힘들고 어려워서 그것이 진리가 아니라면, 현실의 생활을 견디게 해 주는 좀더 쉬운 해결책을 찾는 편이 더 나을 것입니다. 요즘 같은 세상에 진리에 대한 이야기를 꺼내는 것이 그리 세련된 태도는 아니지만, 절대적인 진리가 있느냐 없느냐 하는 것은 실제로 매우 중요한 문제가 아닐 수 없습니다. Ex 씨가 그날 밤 자신이 발견했다고 확신하는 진리에 대해서 내린 결정은 당시에는 예측할 수 없었던 영향을 우리 삶에 미치게 되었습니다.

1951년 여름, 베티와 지아가 우리와 함께 지낼 때, 스칸디나비아 지방으로 또다시 여행을 다녀왔습니다. 우리가 샹뻬리에 있는 동안에는 주일 예배가 계속되었습니다. 우리 집 정원은 풍성한 수확을 내어, 여름에 먹을 채소와 겨울을 대비해 저장해 둘 채소를 얻을 수 있었습니다. 사람들은 계속해서 '질문을 하러' 우리 집을 찾아왔습니다. 그리고 우리는 교안도 계속해서 써 나갔습니다.

그리고 다시 겨울이 왔습니다. 이제는 학생들이 기숙학교 한 곳에서만 오는 것이 아니라, 세 학교에서 각자 다른 시간을 정해 찾아왔습니다. 자기 학교 학생들을 다른 두 학교의 학생들과 섞이게 하기에는 서로가 너무 배타적이었던 것이지요. 대화를 하기에는 그렇게 하는 것이 더 좋았지만, 내 팔은 사흘 저녁을 전기 믹서나 케이크 가루도 없이 커다란 케이크 세 개를 만들어 내느라 끊어질 지경이었습니다.

기독교에 정말로 관심을 가지게 된 학생들은 혼자서 아침이나 오후에 차를 마시러 왔고, 기독교인이 된 후에는 편지로 연락을 주고받았습니다. 몸은 고단했지만, 이 몇 명의 삶에 성령의 바람이 부는 증거를 보는 것은 참으로 신나는 일이었습니다.

예를 들어 디어드리라고 하는 영국인 여학생은 우리와 함께 따뜻한 화강암 난롯가에 앉아서 난생처음으로 소리를 내어 기도했습니다.

"오 하나님, 예수님이 저를 위해 죽으셨다는 사실을 참으로 믿습니다. 제가 결코 뒤로 물러서지 않게 도와주세요."

디어드리는 자신의 기도대로 물러서지 않았습니다. 영국으로 돌아간 디어드리는 4년 동안 미술 학교를 다녔고, 그동안 학생회 부회장도 했습니다. 그리고 비록 그러한 시간 내내 친구들의 빈정거림과 논쟁으로 공박을 당했지만 자신의 신앙을 굳건히 지켰습니다.

샬레 비쥬에서 있었던 또 하나의 '탄생'은 미리 예고가 있었습니다. 내가 임신을 했고, 세 딸들은 이 문제를 아주 진지하게 받아들였습니다. 그 전에 유산을 한 번 했는데 아이들은 그런 일이 다시 일어나는 것을 원하지 않았기 때문입니다.

아이들은 "이번에는 꼭 동생을 보고 싶어요"라고 말했고, 행동으로 그 뜻을 분명하게 보여 주었습니다. 수잔은 '예비 엄마가 먹어야 할 것'이라는 제목이 달린 포스터를 만들어서 하루에 먹어야 할 음식과 비타민을 적어 놓고, 과일과 야채 그림으로 장식해 식당에 잘 보이는 곳에 걸어 놓았습니다. 내가 한숨을 쉬거나 무슨 일을 하다가 "이런!"이라는 말만 하면 데비는 나를 소파에 눕히고 발 밑에 쿠션을 놓아 주었습니다.

"발을 머리보다 높이 두세요. 우리 아기한테 무슨 일이 생기면 안 돼요!"

하지만 이러한 딸들의 따뜻한 보살핌을 임신 6개월과 7개월 때에는 받을 수가 없었습니다. 우리 부부가 스페인과 포르투갈에 가서 강의를 하고 그곳에서도 어린이 주일학교를 시작해야 했기 때문입니다. 임신이라고 하는 나의 특별한 상황이 오히려 스페인과 포르투갈의 어머니들과 쉽게 말문을 터 주었기 때문에 여행에서 유일하게 불리한 것은 배가 불러 불편하다는 것뿐이었습니다(불편하다는 말은 의사들이 뱃멀미이건 끔찍한 고통이건 어디에나 즐겨 쓰는 말이지요!). 우리가 돌아왔을 때 아이들은 무척 기뻐했습니다. 전에는 없었던 기쁨의 이유가 한 가지 더 있었지요. 아이들은 "엄마가 아직 괜찮아!" 하며 우리를 반갑게 맞이했습니다.

8월 3일 아침 일찍 새로 태어난 아기의 울음소리가 나무를 뒤흔드는 여름 폭풍우 소리에 포개지며 프랭키가 가족의 또 한 구성원이 되었습니다. 프랭키는 샬레 비쥬의 손님방에서 태어났는데, 그 후로 아이들은 그 방을 '병실'이라고 불렀습니다. 8월 1일 한밤중에 그 방에 묵고 있던 사람들을 서둘러 몰아내고 출산 준비가 급하게 이뤄졌기 때문입니다.

　정말로 힘든 출산이었습니다. 태어난 후로는 잠시도 가만히 있지 않고 끊임없이 새로운 방법으로 말썽을 피웠던 프랭키는 거꾸로 자리를 잡아서 태어나기 전부터 우리를 곤란하게 했습니다. 오텐 의사는 수술 도구로 훌륭하게 일을 해냈고, 그동안 조산원은 손수건에 클로로포름을 묻혀 제 얼굴에 대고 있었고, 프랜은 램프를 들고 있었습니다. 프리실라의 역할은 밤새 의사에게 오렌지를 짜서 주스를 만들어 갖다 주는 것이었습니다. 의사가 커피 대신 오렌지 주스를 마셨기 때문입니다.

　다음 날 아침, 아이들은 아기가 자그마한 침대에 가만히 누워 있는 '기적'을 보고 매우 기뻐했습니다. 지금도 아이들이 아기를 처음 보았을 때 놀라던 그 표정들이 사진으로 남아 있었으면 좋겠다는 생각이 듭니다. 수잔은 방으로 들어오기 전에 언제나 "아직도 거기 있어요?" 하고 물었습니다. 마치 자기가 없는 동안에 누가 아기를 가져가기라도 한 것처럼 말입니다. 데비는 마치 계란 위를 걷는 듯 발뒤꿈치를 들고 조심조심 들어와 아무 말도 하지 않았습니다. 그저 조용히 흐뭇해할 뿐이었습니다.

　이미 하고 있는 일에다 아기까지 돌보아야 했으니 일이 더 복잡해지는 것은 당연했습니다. 프랭키는 처음 몇 개월 동안은 그래도 '순한 아기'였고, 방과 후면 세 명의 '엄마'가 더 생겼습니다. 그해 겨울에도 우리는 이미 시작해 놓은 일들을 계속했고, 밤 11시부터 새벽 2시까지, 학생들이 다 가고, 아이들도 잠들고, 전화벨이 울릴 위험도 없는 그 조용한 시간에 글을 썼습니다.

크리스마스 이브 예배를 드리러 교회에 가기 전에(이제는 그 예배가 정규적인 관례가 되었습니다) 우리는 눈이 많이 쌓여 그 표면이 꽁꽁 얼어 버린 들판 위에서 기이한 행렬을 이루었습니다. 프랜이 잘 손질된 자그마한 크리스마스 트리와 서류 가방을 들고 앞장서서 갔고, 그 뒤에는 프리실라가 케이크와 빵과 과일이 든 커다란 상자를, 그리고 수잔이 통조림이 든 상자를 들고 따라갔습니다. 그 뒤를 따라가는 데비는 아무것도 들고 있지 않았지만, "나 좀 봐요! 나 좀 봐요! 눈 위를 걸을 수가 있어요. 빠지지 않아요!" 하고 노래를 부르며 갔습니다. 맨 뒤를 따라가던 나는 기울이면 안 되는 상자를 조심스럽게 들고 갔습니다. 그 안에 김이 나는 감자 요리 냄비와 오븐에 구운 뜨거운 고기, 따끈한 수프 한 그릇, 그리고 야채 몇 가지가 들어 있었기 때문입니다.

길은 아주 잠시 동안 눈 위에 서 있을 정도로만 얼어 있었기 때문에, 조금이라도 발걸음을 늦추면 발이 빠져서 꼼짝할 수가 없었습니다. 우리가 폭이 좁은 시내에 도착하자 프랜이 손에 들고 있던 것들을 내려놓고 우리가 건너도록 도와주었습니다.

몇 개의 들판을 더 지나서 강 쪽으로 내려갔습니다. 우리가 찾아가는 샬레는 잘 정돈된 정원 위에 자리 잡고 있었습니다. "그 나이 드신 할머니가, 게다가 팔도 한 쪽이 불편하신데 어떻게 이 정원을 가꾸지?" 하고 우리는 의아해했습니다.

우리는 농부의 아내였던 이 과부 할머니가 평생 따뜻한 밥 한 끼를 한 번도 잡수시지 못했다는 말을 듣고 그곳으로 가는 중이었습니다. 불행한 유년 시절을 보내고 힘든 노동으로 평생을 보내신 그 할머니는 여러 해를 이 외로운 곳에서 혼자 살고 계셨습니다. 집의 온기를 빼앗기지 않으려고 창문은 꼭꼭 닫혀 있었습니다. 문을 두드리자 잠시 후에 발코니에 있는 문이 천천히 열리면서 헝클어진 머리가 모습을 나타냈습니다.

"누구세요?"

주름살이 가득한 얼굴에 희미한 빛이 돌았습니다. 문이 조금 더 열리고 우리는 방으로 들어갔습니다. 그러나 너무나 어두워서 잠시 동안은 아무것도 보이지 않았습니다. 그러다가 서서히 시꺼멓게 그을린 벽과 방 한가운데 있는 장작더미와 나무 패는 받침대, 지저분한 식탁과 그 위에 있는 검은 빵 반 덩이와 마른 치즈 한 조각이 눈에 들어왔습니다.

"예수님이 탄생하신 날이라서 이렇게 찾아왔어요. 자기를 믿는 사람들의 형벌을 대신 받기 위해서 예수님이 이 땅에 오신 것은 아시죠?"

아이들은 캐럴을 불렀고, 우리는 아주 쉬운 말로 복음을 전했습니다. 그리고 음식을 꺼냈습니다. 김이 나는 뜨거운 요리들, 자그마한 호박 파이와 직접 만든 롤빵과 케이크 등이 있었습니다.

"이런, 이런, 이런… 이걸 제게 주시려고요? 제가 가져도 된다고요? 제 평생에 이런 음식은 처음인데요… 제가 처음 먹는 크리스마스 만찬이에요."

할머니의 눈에 눈물이 고였습니다.

이제는 프랑스어로 아이들을 가르친 지 꽤 오래된 프리실라가 프랑스어로 크리스마스 이야기를 해 주었고, 인생의 '해답'을 가지고 있는 그 메시지를 최대한 분명하게 전했습니다.

그날 밤 저녁 식사 후 아이들은 자기들끼리 캐럴도 부르고 여러 친구들에게 집에서 만든 비스킷도 나눠 주러 나갔습니다. 우리의 친구로는 오르간을 연주해 주고 자그마한 샬레에서 혼자 사는 독일인 과부 마담 플라이쉬만이 있었고, 마클레이 가족 그리고 홈 에덴의 '선생님'과 '빵빵 여사', 옥수수를 가꿀 땅을 임대해 준 부인 등이 있었습니다.

그날 밤 수잔은 "샹뻬리에서 영원히 살았으면 좋겠어요" 하며 흥분해서 말했습니다.

6
샬레 비쥬로
돌아오다

우리가 떠나는 것을 보러 뉴욕까지 온 부모님과 친구들이 서둘러 트랩을 내려가는 군중의 뒷모습에 파묻히자 우리는 모두 가장 가까운 계단을 뛰어 올라가 난간 한쪽에 서서 친숙한 얼굴들을 한 번 더 보고 손을 흔들며 작별 인사를 했습니다. 뱃고동이 울리기 시작하고 나서야 우리가 바로 그 아래에 서 있었다는 것을 알았는데, 낭만적이고 걸쭉한 뱃고동 소리를 가까이에서 들으니 고막을 찢을 것만 같은 위협적이고 두려운 소음에 불과했습니다.

우리는 일단 가방을 다 실었는지 확인하고, 식당 좌석을 예약하고, 프랭키가 난간 밖으로 나가지 않도록 접이 의자를 갑판에 펼쳐 놓은 후, 베티와 함께 앉아서 서로의 근황을 주고받았습니다. 배에서 만나기로 미리 약속을 했던 베티와는 그동안 어떻게 지냈는지 서로 들어야 할 이야기가 많았습니다. 우리가 샬레 비쥬에서 함께 시간을 보낸 지 벌써 2년의 세월이 흘렀던 것입니다.

베티와 지아는 1년 동안 같이 대학을 다녔습니다. 그러다가 지아가 먼저 결혼을 했고, 베티는 신학교를 1년 더 다닌 뒤 신문에 칼럼을 연재하기 시작했습니다. 그러나 이제 베티는 얼마간 스위스로 돌아가 우리와 함께 샬레 비쥬에서 살면서, 자신이 배울 수 있는 것은 배우고, 또 가족으로서 도울 수 있는 일은 도와야겠다고 했습니다.

프랭키가 태어난 후로 우리는 매우 바쁜 겨울을 보냈습니다. 학교에서 오는 여학생들은 일주일에 세 번씩 저녁 시간에 왔고, 그 외 호텔에서 찾아오는 사람들이나 선생님 혹은 학생들도 자신의 개인적인 문제 혹은 영적인 문제들을 가지고 오후나 저녁 시간에 찾아왔습니다. 프리실라는 일주일에 한 번 어린이들을 가르쳤고, 우리 부부는 각지에 흩어져 있는 주일학교를 위해 교안을 썼습니다. 내가 프랭키를 돌보아야 했기 때문에 프랜이 혼자서 스칸디나비아를 다녀오는 동안에 나는 샬레에서 진행되는 공부 모임도 책임져야 했습니다.

그렇게 정신없이 지내다 보니 어느덧 트렁크를 꺼내서 짐을 싸고 미국으로 떠날 준비를 해야 할 때가 온 것입니다. 5년이라는 시간이 훌쩍 지나가 안식년이 다가왔기 때문입니다. 마지막 몇 주간은 짐을 싸느라 정신이 없었지만, 도움이 필요해서 찾아온 사람들을 그냥 돌려보낼 수는 없었습니다. 그 와중에 데비는 맹장 수술을 했는데, 그 사건은 인생이 아무런 방해도 없이 계획대로 깔끔하게 진행되는 것이 아니라는 사실을 다시 한 번 상기시켜 주는 듯했습니다.

그리고 이제 미국에서 16개월(1953년 5월부터 1954년 9월까지)을 보낸 후에 우리는 다시 유럽으로 향했습니다. 그 기간도 '쉼' 하고는 거리가 먼 시간들이었습니다. 우리 부부 둘 다 강의 일정 때문에 전국을 돌아다녀야 했고, 프랜은 신학교에서도 가르쳤습니다.

우리는 무언가 특별한 일에 대한 기대, '하나님이 하실 일'에 대한 흥분을 안고 돌아가고 있었습니다. 이 시대는 무엇인가를 '전달하도록' 고안된 광고를 통해서 기독교가 전파되는 경우가 너무 많고, 성령님의 초자연적인 역사가 존재한다는 것에 대한 인식은 거의 없는 것 같아 보였습니다. 한번은 프랜이 내게 이렇게 말했습니다.

"우리 말이야, 오늘 아침에 일어나 보니 성경에서 성령님에 대한 부분과 기도에 대한 부분이 전부 삭제되었다고 가정해 봅시다. 그러니까 자유주의자들이 하는 식대로 성령이나 기도에 대해 아예 인정을 하지 않는 것이 아니라, 하나님께서 어떤 방식으로인지는 몰라도 정말로 기도와 성령님에 대한 모든 것을 성경책에서 완전히 삭제해 버리셨다고 치자고요. 그러면 우리가 어저께 일했던 방식과 오늘, 또는 내일 우리가 일할 방식에 실제적으로 어떤 차이가 있을까? 그리고 기독교인 대다수의 현실적인 일과 계획에 어떤 차이가 있을까? 대부분의 계획들은 미리 짜여지지 않나? 또 많은 일들이 인간의 재능과 에너지와 똑똑한 아이디어들로 해결되지 않나? 그렇다면 하나님의 초자연적인 능력이 차지하는 자리는 어디일까요?"

이러한 생각에 도전을 받은 우리는 우리 자신의 삶과 일에 대해서 생각하고 검토하기 시작했습니다. 그리고 우리가 앞으로 하게 될 일에 하나님께서 좀더 확실한 증거를 주시기를 간구했습니다.

배에서 보내는 마지막 날 밤 저녁 식사 후였습니다. 프랭키가 갑자기 비명을 지르면서, "배가 아파, 뽀뽀해 줘! 배가 아파, 뽀뽀해 줘!"라고 소리를 질렀습니다. 너무 고통스러워 보였기 때문에 우리는 맹장염인가 생각했습니다. 그러더니 아이는 토하기 시작했고, 비명을 지르다 토하다가 하더니 갑자기 평온해지면서 기진맥진하여 내 품에서 잠이 들었습니다.

물론 배에는 의사가 있었지만, 바다에서 보내는 마지막 밤 11시에, 아파하던 아기는 이제 막 잠이 들었고, 잠자리에 들 준비를 하는 나머지 세 아이까지 있는 마당에 낯선 의사를 부르는 것은 누구라도 망설였을 것입니다. 잠이 최선의 약이라고 생각했습니다. 더군다나 뱃멀미이거나 설사를 수반하는 유행성 감기 정도라고 생각한 우리로서는 더욱 그랬습니다. 아침이 되자 이제는 서둘러서 다시 짐을 싸고 배에서 내릴 채비를 해야 했습니다. 프랭키는 좀 나아진 듯 보였고, 비록 열이 나기는 했지만 아기 침대에서 기분 좋게 아침을 먹었습니다. 그리고 갑판에 나갈 때까지 다시 잠을 잤습니다.

부두로 다가가면서 본 르 아브르(le Havre)는 눈부신 햇살로 가득했고, 밝은 하늘색 하늘을 배경으로 그린 엷은 황색과 크림색과 황갈색의 스케치처럼 돋보였습니다. 갑판에서 내 팔에 안겨 있던 프랭키는 내려서 걷고 싶어 했고, 복잡한 곳을 벗어나 있는 틈을 타 잠시 따스한 햇살 아래에서

살레 비쥬로
돌아오다

아이를 뛰놀게 하는 것도 괜찮을 것 같았습니다. 조금 있으면 우리도 줄을 서서 기다렸다가 세관을 지나 입국 절차를 밟아야 했기 때문입니다. 그때까지도 프랭키는 전혀 이상이 없었고, 열이 날 때에도 에너지가 넘치는 여느 건강한 아이와 다르지 않았습니다. 그러나 프랭키가 장애 없이 걸은 것은 그때가 마지막이었습니다!

도시와 항구를 오가는 열차의 길고 좁은 복도에 열려 있는 창문 때문에 먼지가 안으로 들어오고, 기차 바퀴의 덜커덩하는 소리가 시끄럽게 들렸습니다. 하지만 시골 풍경 또한 열린 창문을 타고 기차 안으로 들어와 마치 그 사이를 두 발로 걸어가는 것 같은 기분이었습니다. 어둠이 내리면서 프랑스 시골의 고요한 들판과 풀을 뜯어먹는 소와 길가에 늘어선 포플러 나무와의 만남은 중단되었지만 우리 모두에게 신나는 여행이었습니다. 우리 인생의 새로운 시기를 실제로 시작하는 것이면서 동시에 일종의 귀가와도 같은 여행이었습니다. 프랭키는 잠을 자려고 내 무릎에 자리를 잡고 앉았습니다.

기차가 파리 역에 도착하자 프랜은 밖에서 기다리는 짐꾼에게 창문으로 우리 가방을 건네주었고, 나는 근처에 있는 호텔로 걸어가는 동안 프랭키가 찬바람을 맞지 않도록 조심스럽게 담요로 감싸 안았습니다. 나는 '오늘 밤 잘 자고, 내일 하루 누워 있으면, 나머지 여정 동안은 아마 괜찮을 거야'라고 생각했습니다. 프랭키는 주위를 돌아보더니 대단한 발견을 한 것 같은 투로 진지하게 "여기가 파리야, 엄마, 여기가 파리야"라고 말했습니다.

다음 날 아침 프랜과 세 딸과 베티는 관광도 하고, 프랑스인 목사와 차도 마시러 나갔습니다. 프랭키는 아직 잠을 자고 있었고, 나는 창문에 짙은 색 커튼을 드리운 채 오후 늦게, 프랭키가 몸을 뒤척일 때까지 옆에 가만히 앉아 있었습니다. 프랭키가 깼기에 창문으로 다가가 무거운 커튼을 젖히니 햇살이 방안으로 쏟아져 들어왔습니다. 그런데 바닥에 드리운 햇빛 가운데로 걸어오는 프랭키가 비틀거리고 있었습니다. 생후 9개월이 되었을 때부터 튼튼한 두 다리로 완벽한 균형을 유지하며 걸었던 프랭키가 말입니다. 프랭키의 다리가 엉덩이 부분에서 이상하게 튀어나온 것처럼 보인다 싶더니 이내 쿵 하고 넘어졌습니다.

"엄마, 못 걷겠어… 못 걷겠어!"

프랭키가 혼란스러워하며 울부짖었습니다.

나는 프랭키를 품에 안고 "오 주님, 그것일까요? 그렇다면 무엇을 해야 하는지 가르쳐 주세요" 하고 간절히 기도했습니다.

나는 아이를 위해서라도 침착하려고 애썼습니다.

"프랭키, 우리 구슬 끼우기 놀이하자."

그러고는 커다란 침대 위에서 조용히 이런저런 놀이를 하기 시작했습니다. 프랭키를 놔두고는 어디도 갈 수가 없었습니다. 우리는 파리 역 근처에 있는 작은 호텔 방에 있었습니다. 그때는 오후 4시 반이 다 되어 가고 있었고, 다음 날 아침 일찍 떠나도록 기차 예약이 되어 있는 상태였습니다.

프랜과 아이들이 돌아오자 나는 프랭키가 걷는 모습을 보여 주어야 했

살레 비쥬로
돌아오다

습니다. 이번에는 상태가 더 심해져 있었습니다. 의사들은 서로 견해가 엇갈리는 경향이 있었기 때문에, 우리는 안 그래도 급한 때에 아이가 엉뚱한 사람의 손에 맡겨지는 것을 원치 않았습니다.

"스위스에 있는 O 의사에게 전화를 해서 그의 말을 들어 봅시다."

아무런 성과 없이 몇 시간이 지나갔습니다. 그쪽에서 아무도 전화를 받지 않았기 때문입니다. 그러자 프랜은 공항에 연락을 했습니다.

"아침 비행기에 자리가 있으면, 당신하고 프랭키하고 데비는 내일 비행기로 가도록 해요. 그러면 열 시간 여행 대신 한 시간만 가면 되니까."

비행기에는 마침 딱 알맞은 숫자만큼 자리가 남아 있었고, 우리는 그렇게 하는 것이 옳다고 생각했습니다. 파리에 있는 '성경의 집'에 전화를 걸어 보니 내가 프랭키를 낳을 때 와서 도와주었던 기독교인 조산원 헬렌이 그곳을 방문 중이었고, 헬렌은 내가 두 아이를 데리고 공항으로 가는 것을 도와주겠다고 했습니다. 이번에도 우리는 이것이 '우연'이라고 생각하지 않고, 비행기로 스위스에 가는 것이 옳은 일이라는 것을 알려 주는 또 하나의 신호라고 생각했습니다.

제네바에 도착하니 따스한 햇빛이 찬 기운을 몽땅 삼켜 버렸고, 프랭키가 깨어서 아주 밝게 이야기하자 우리를 만나러 왔던 B 씨는 프랭키가 그렇게 아픈 것은 아닐 거라며 우리를 안심시켰습니다. 우리는 평화롭고 나른해 보이는 마을과 울타리가 쳐진 포도밭을 지나 햇빛 아래서 반짝거리며 아름답게 일렁이는 푸른 호수를 따라 차를 타고 갔습니다.

우리는 O 의사에게 전화를 하려고 한 번 멈추었는데, 여전히 전화를 받지 않기에 B 씨는 에글르까지 차를 몰았습니다. 거기서도 다시 한 번 전화를 했지만 계속해서 응답이 없어서, 우리는 로잔에 있는 의사에게 전화를 했고, 그 의사는 에글르에서 우리가 찾아갈 수 있는 사람의 이름을 대 주었습니다.

흉부 엑스레이와 무릎 반사 실험 등 철저한 검사 끝에 진단이 내려졌습니다.

"가벼운 감기인데 몸이 많이 지친 모양입니다."

나는 그 말을 믿고 싶었지만 그렇지 않다는 것을 알고 있었습니다.

"하지만 선생님, 프랭키가 걷지 못하는 것은 왜죠?"

"구루병 증세가 조금 있는 것 같습니다. 이걸 먹이세요."

그래서 프랭키를 데리고 구루병 약 한 병을 들고 에글르 기차역으로 갔습니다. 가 보니 나머지 식구들이 다 도착해 있었고, B 씨는 우리를 샹뻬리까지 데려다 주겠다고 했습니다. 샹뻬리에 도착하니 이미 어두워지기 시작했고, 모두가 피곤해서 일찍 잠자리에 들어야 했습니다. 그렇게 즐거운 귀가라고 할 수는 없었는데도 샹뻬리를 보자마자 좋아하는 아이들의 열기는 무엇으로도 식힐 수가 없었습니다.

"정말 좋지 않니? 공기 냄새가 정말 좋지 않니? 정말 집 같지 않니?"

다음 날 아침 우리는 또 다른 의사를 추천 받았습니다. 그는 몽떼이의 외과 의사였는데 수년 전에 아들을 소아마비로 잃은 후 소아마비 연구를 전문으로 해 온 사람이었습니다. 우리가 연락을 하자 그는 금방 달려왔고, 진찰 후 바로 진단을 내렸습니다.

"아드님은 소아마비입니다. 현재 영향을 미치는 부위는 허리 하부 근육과 왼쪽 다리입니다."

그 의사는 장시간의 뜨거운 목욕과 마사지를 처방했고, 곧 다시 오겠다고 했습니다. 미국에서 어린이 병원 원장으로 있는 친구 카이즈웨터 박사와 3분 동안 통화를 한 결과 위로가 되는 조언을 얻을 수 있었습니다. 그는 그 의사의 지시대로 집에서 뜨거운 목욕 요법으로 프랭키를 돌보라고 하면서, 2주 동안은 절대 안정을 취해야 한다는 말도 덧붙였습니다.

그 전화 통화는 놀라운 사건이었습니다. 통화 상태는 아주 깨끗했고, 나는 1분 30초 동안 프랭키의 증상을 설명했는데, 설명이 끝나자 연결이 끊어졌습니다. 교환원은 "매우 죄송하다"면서 가능한 한 빨리 복구시켜 주겠다고 했습니다. 15분이 흘렀습니다. 그 15분 동안 미국의 의사는 자기 병원에 있는 소아마비 전문의와 통화를 했습니다. 그는 자기가 필요로 하는 전문가의 자문을 얻었고, 다시 스위스와 전화 연결이 되었을 때 그 자문을 기초로 우리에게 조언을 해 줄 수 있었습니다.

우연이라고요? 그렇지 않습니다. 우리는 하나님께서 그 통화에 개입하셔서 프랭키의 치료에 대해서 우리가 필요한 확신을 가질 수 있게 해 달라고 기도했습니다.

그로부터 며칠 동안은 반 정도밖에 짐을 풀지 못한 상태로 지내야 했습니다. 하루 종일 프랭키를 돌보아야 했고, 자다가도 자주 비명을 지르며 깨는 바람에 밤 시간까지도 살펴야 할 때가 많았습니다. 왜 아픈지를 설명해 주기에는 프랭키가 너무 어렸고, 우리도 소아마비에 대해서 아는 바가 거의 없었습니다. 우리는 나중에 가서야 이러한 통증이 한바탕 지나가는 근육 경련 때문에 생기는 것이고, 그것이 매우 고통스럽다는 사실을 알게 되었습니다. 명치에 통증을 느끼면서 잠에서 깨어 갑자기 "아 맞아! 지금 그게 문제지" 하고 깨닫는 것은 끔찍한 일이지요. 잠시 동안 나의 감정을 마비시켰던 잠에서 깨어날 때마다 내가 처음 느꼈던 기분이 바로 그런 것이었습니다.

프랜은 선교사 회의에 강의를 하러 이탈리아 남부로 가야 했습니다. 프랭키가 아프지 않았다면 베티에게 아이들을 맡기고 나도 같이 갈 계획이었지만, 당연히 나는 남아야 했습니다. 그리고 프랜이 없는 동안에 프랭키는 두 번째 발작을 일으켰습니다. 그러한 발작은 소아마비에 흔히 있는 것이라고 합니다. 몽떼이의 의사가 달려왔고, 한밤중에 도착한 그는 자신이 소아마비를 위해 개발한 주사약을 써 보자고 했습니다. 그는 프랭키가 이미 오른쪽에도 마비 증세를 보이기 시작했으며, 자신이 개발한 약만이 그것을 막을 유일한 희망이라고 강조했습니다. 현재까지는 여섯 명에게만 사용되었지만, 자신은 그 효과를 확신한다고 했습니다.

"제발 쓰게 해 주십시오. 이 아이가 도움을 받을 수 있는 가능성을 저버리지 마세요. 안 그러면 다시는 못 걸을지도 모릅니다."

자정이 다 되어 가는 그 시각에 나 혼자서 결정을 내려야 했습니다. 두려움으로 입안의 침이 다 말라 혀가 입천장에 가 붙었습니다. 프랭키를 쇼크 상태로 몰아넣을지도 모르고, 더군다나 마취를 하고서 놓아야 하는 주사라 망설이지 않을 수 없었습니다. 게다가 소아마비를 앓는 동안에는 어떤 주사이건 다 위험하다고 어디에서 읽은 것만 같은 생각이 들었습니다.

의사는 침실을 왔다 갔다 하면서 "빨리 결정하세요. 시각을 다투는 일입니다. 시기를 놓치면 효과가 없습니다"라고 말했습니다.

의사의 딸이 제 귀에 속삭였습니다.

"아버지는 이 일이 옳다고 확신하고 계세요."

두려움으로 구토가 날 지경이었습니다. '무엇을 해야 하는지 내가 어떻게 알 수 있단 말인가? 만약에 프랭키가 마취 상태에서 죽는다면?' 나는 조용히 하나님께 울부짖었습니다.

"오, 하나님, 어떻게 해야 할지 가르쳐 주세요. 프랭키에게 가장 좋은 길을 가르쳐 주세요. 하나님께서 막지 않으신다면 의사의 지시를 따르겠습니다. 그것 외에는 무엇을 어떻게 해야 할지 모르겠습니다."

결정은 내려졌습니다. 나 혼자서 한 것은 아니라고 생각합니다. 확신으로 가득찼었냐고요? 천만의 말씀입니다! 프랭키가 자동차 뒷좌석에 앉아서, 저기 아래에 보이는 안개가 마치 강 같다고 즐겁게 재잘거리는 소리를 들으면서 구토증은 더 심해져만 갔습니다.

작고 조용한 병원에 도착했습니다. 공포와 비명으로 벌겋게 된 프랭키의 얼굴 위로 마취용 마스크가 씌워졌고, 나는 대기실로 이끌려 나왔습니다.

나는 밤새 프랭키 옆에 무릎을 꿇고 앉아 있었습니다. 기도하면서, 아이를 살피면서, 귀 기울이면서. 프랭키가 깰 때마다 내뱉는 첫 마디는 '주스'였고, 그때마다 나는 과육을 걸러 낸 오렌지 주스를 아이 입에 넣어 주었습니다. 프랭키는 조금 빨다가 다시 잠이 들기를 반복했습니다. 의사는 아침에 두 번째 주사를 놓을 것이라고 했는데, 나는 그것이 매우 두려웠습니다.

그런데 아침 일찍 프랭키 옆에서 성경을 읽는데, 잠언서의 한 구절이 나의 뇌리를 '강하게' 울렸습니다.

"왕의 마음이 여호와의 손에 있음이 마치 봇물과 같아서 그가 임의로 인도하시느니라"(잠 21:1).

나는 '하나님께서 강의 흐름을 바꾸시는 것처럼 왕의 마음을 바꾸실 수 있다면, 분명 이 의사의 결정도 프랭키에게 가장 좋은 방향으로 바꾸실 수 있을 거야'라고 생각했습니다. 그리고 하나님께 그렇게 해 달라고 기도했습니다. 위로가 되었고, 더 이상 떨리지 않았습니다.

그로부터 몇 분 후 의사가 간호사와 함께 들어왔고, 간호사는 프랭키를 수술실로 데려가려고 침대를 끌고 나가기 시작했습니다. 그때 의사가 손을 들더니 다소 날카로운 목소리로 "잠깐" 하고 말했습니다. 그리고 아무 말 없이 프랭키를 잠시 바라보더니 이렇게 말했습니다.

"생각을 바꿨어요. 그만둡시다."

두 번째 주사는 없었습니다.

샬레 비쥬로
돌아오다

프랭키와 나는 병원에서 일주일을 보냈습니다. 프랑스어를 쓰는 수녀들이 프랭키를 돌보게 하는 대신 내가 직접 간호했습니다. 한편 베티는 그동안 샬레를 지키면서 세 딸아이에게 큰 위로가 되었고, 집안일도 해 주었습니다.

그때 프랜은 이탈리아의 페스카라(Pescara)에 있었습니다. 그곳에서 회의를 하는 도중에 프리실라로부터 내가 프랭키와 함께 병원에 있다는 내용의 장거리 전화를 받았습니다. 프리실라는 프랭키가 두 번째 발작을 일으켰다며 아빠에게 집으로 와 달라고 한 것입니다.

그날 밤 프랜은 페스카라에서 자정 열차를 잡아탔습니다. 프랭키가 있는 병원까지 기차로 오는 데에는 자정에서부터 그다음 날 해질 녘까지의 긴 시간이 걸렸습니다. 프랜은 프랭키와 그 사건의 의미를 생각하면서 병원으로 오는 그 시간이 자기에게 참으로 대변혁의 시간이었다고 했습니다. 긴 여행의 느린 시간 속에서 프랜은 인생의 실제적인 문제에 대해 하나님을 신뢰하는 문제를 가지고 씨름을 하게 되었고, 멀찍이 병원이 보이기 시작했을 무렵에는 이러한 상황에서도 하나님을 신뢰할 수 있는 자리에 서 있었습니다. 그것은 결코 사소한 씨름이 아니었으며, 어떤 면에서는 이 개인적인 씨름과 그 결과 또한 우리 앞에 놓인 일의 기초로서 하나님이 놓고 계시는 것이었습니다.

그 주사가 어떤 효과가 있었는지는 모르지만, 프랭키의 오른쪽은 마비되지 않았고, 다시 일어나 앉고, 서고, 마침내는 걸을 수 있게 되었습니다. 그해 겨울 동안 목욕과 마사지 요법은 계속되었고, 프랭키가 운동을 할 수 있도록 자그마한 세발자전거를 사 주었습니다.

프랭키는 불굴의 의지를 가지고 포기하지 않았습니다. 걸을 수가 없다고 처음으로 울부짖었던 그때 이후로 다시는 그런 말을 하지 않았고, 몇 번을 넘어지건 상관없이 필사적으로 다시 일어나 계속해서 걸었습니다.

프랭키의 이야기를 마저 하자면, 프랭키는 왼쪽 종아리에 근육이 하나도 없게 되었고, 왼쪽 다리 앞쪽에는 근육이 7.6센티미터만 남게 되었습니다(완전하려면 10센티미터가 되어야 합니다). 결국 보조장치를 사용해야 했고, 근육 이식을 해야 했고, 다리의 기능 때문에 많은 좌절감을 맛보아야 했습니다. 그 일을 받아들이기란 프랭키에게도, 그리고 우리 부부에게도 쉬운 일이 아니었지만 그러한 와중에도 많은 기도의 응답을 받았고, 프랭키가 가장 비통한 시기를 지날 때에도 결국 합력하여 선을 이루었다고 스스로 인정할 수밖에 없는 성과들이 있었습니다.

장애에도 불구하고 프랭키는 이제 스케이트를 탈 수 있고, 학교에서는 하키팀과 축구팀에서 활동하고 있습니다. 스키에서는 은메달을 딴 적이 있고, 수영도 꽤 장거리를 할 수 있습니다. 왼쪽 다리를 제외한 프랭키의 몸은 운동선수의 몸입니다.

하지만 그것은 나중 이야기입니다. 우리가 스위스로 돌아와서 맞이한 첫 가을은―그토록 기대하며 기다렸던 그 시간은―오랜 간호가 필요한 소아마비 질환으로 시작되었습니다.

위에모 마을 경관

7
먹구름이
짙어지다

우리에게 프랭키의 소아마비라는 먹구름에 다른 먹구름까지 겹쳐졌습니다. 날이 꽤 맑던 10월의 어느 날 수잔이 방과 후에 테니스를 치다가 집에 와서는 발목의 통증을 호소했습니다.

"발목을 삐었나 봐요. 아프기도 하고 좀 붓기도 했어요."

하루인가 이틀 후 수잔은 하이킹을 다녀와서 마찬가지의 고통을 호소했습니다.

"무릎이 너무 아파요. 좀 빨갛기도 하고 붓기도 했어요."

수잔을 진찰한 O 의사의 얼굴은 심각했습니다.

"지금 하시는 일만으로도 벅찰 텐데 이런 말을 하게 되어서 죄송합니다만, 수잔은 류머티즘 열병을 앓고 있습니다. 적어도 두 달 동안은 누워 있어야 합니다."

우리는 그제서야 지난 봄에 미국에서 수잔의 목에 심한 염증이 났었던 일이 이 병의 전조였다는 사실을 깨달았습니다. 그 '두 달'은 자리에 누웠다 일어나기를 반복하며 3년으로 늘어났습니다.

우리는 칼버트 통신 학교에 편지를 써서 수잔을 위해 8학년 과정을 신청했습니다. 그리고 수잔이 있는 방 창문 밖으로 나무 선반을 매달고 거기에 새 모이를 놓아두어서 수잔이 침대에 누워서도 새를 관찰하는 즐거움을 누릴 수 있도록 해 주었습니다.

이제 집에서 학교에 다니는 사람은 데비밖에 없었기 때문에 그 몇 달 동안 데비는 혼자서 들판을 넘어 다녔습니다. 지난 해에 필라델피아의 스티븐스에 있는 고등학교를 졸업한 프리실라는 대학에 가야 했지만, 봄이 올 때까지 로잔 대학에 들어가기 위해 필요한 과목들과 프랑스어를 혼자서 공부하기로 했습니다. 프리실라는 또 11월에 베티가 떠나자 파트타임 간호사로 자리를 메워 주었습니다.

그러나 이 기간에 샬레 비쥬가 그저 병원 역할만 한 것은 아닙니다. 저녁이면 거실은 여전히 찻잔이 오가는 토론의 장이었고, 수업 교안을 쓰는 곳이기도 했습니다.

주일학교와 교회 예배는 계속되었지만, 그 모든 것을 뒤덮는 불길한 예감이 무겁게 내리누르고 있었습니다. 스위스에 사는 외국인들은 관광 기간인 3개월이 지나면 6개월마다 체류 허가를 받아야 했는데, 우리는 아직 체류 허가를 받지 못한 상태였습니다. 물론 지난번까지는 곧바로 허가를 얻곤 했습니다. 핀란드로 여행을 계획하고 있었지만, 허가를 받지 못한 상태인 데다가 아이들도 아팠기 때문에 취소해야 했습니다. 우리는 그 시간을 그동안 계획했던 대로 샬레를 고치는 데에 쓰기로 했습니다. '앞으로 적어도 10년은 이곳에서 살 테니까' 하고 생각했던 것이지요.

그런데 삶이 변화된 Ex 씨와 주일학교 운영 때문에 우리가 체류 허가를 얻는 데에 문제가 있다는 소문이 들려왔습니다. 하지만 그 소문을 들은 마을 사람들은 머리를 저으며 한결같이 "말도 안 돼! 그게 무슨 문제야" 하며 대꾸했습니다.

우리가 다음으로 들은 말은 정부의 주도(州都)인 씨옹에서 전해 온 것이었습니다. 프랜에게 그곳에 있는 외국인 관리국의 한 사무실로 오라는 소환장이었습니다. 언어에 관한 한 양쪽 모두 서로를 정확하게 이해할 수 있도록 프리실라가 동행했고, 마을 사람 중 하나가 자기가 가서 도움을 줄 수 있도록 해 보겠다고 했습니다. 그러나 심의는 2시간 내내 계속됐고, 그 사람은 줄곧 사무실 바깥에서 기다려야 했습니다.

프랜과 프리실라가 들어가자 우리가 스위스에 머물면서 했던 모든 일의 기록이 들어 있는 듯이 보이는 커다란 서류철이 나왔다고 했습니다. 그리고 교회 예배와 프랑스어로 하는 주일학교, 성경 공부, 다른 나라로 여행을 하는 목적, 우리가 정치에 대해서 발언을 한 적이 있는지, 다른 개신교 신자들이 우리를 용납하는지, 심지어 주일학교 시간에 왜 아이들에게 비스킷과 코코아를 주었는지 등에 대해서 질문을 받았답니다. 프랜이 보기에는 그 사람이 자신의 대답에 호의적인 반응을 보이는 것 같았고, 우리가 앞으로 번거롭지 않도록 5년짜리 체류 허가를 얻을 수 있게 애써 보겠다

먹구름이
짙어지다

면서, "이번 심의에 대해서는 아무에게도 말하지 말고 체류 허가가 나올 때까지 그냥 기다려 달라"고 했습니다.

하지만 그 '5년 체류 허가'에 대해서 우리 마음속에 계속해서 석연치 않은 생각이 들었습니다. 더군다나 가구 수리비도 이미 내고(그 가구는 우리 것이 아니라 샬레에 있던 것이었습니다), 전기선도 끌어오고, 온수도 설치하고, 칠도 하고, 바닥도 다시 깔고 하느라 상당한 돈을 들인 후여서 더욱 불안했습니다.

이 무렵에 프랜이 앞으로 우리가 할 일을 그려 보면서 우리 샬레에 어울릴 이름으로 '라브리'라는 이름을 생각해 내었습니다. 샹뻬리에서 우리가 보냈던 시간들을 돌이켜 보면서 우리는, 비록 그러한 목적으로 이곳에 온 것은 아니었지만 갈수록 많은 젊은이들과 사람들이 영적인 도움을 받으려고 계속해서 우리를 찾아왔다는 사실을 깨달았습니다.

"이디스, 라브리라고 부릅시다. 그래서 우리를 찾아오는 사람들이 언제든 다시 와도 좋고, 친구들을 데리고 와도 좋다는 사실을 알게 합시다."

나는 학교에서 우리를 찾아오는 여학생들이 몇 년 후에 이곳에 다시 와서 호텔이나 하숙집에 머물며 스키를 타거나 하이킹을 하는 틈틈이 샬레 비쥬나 라브리에서 성경 공부와 토론을 하는 모습을 상상해 보았습니다. 또한 어려운 일들이 계속되어 우리가 정말 '낙담'이 되었을 때 라브리가 어떤 모습이어야 할지를 적어 파일로 만들기도 했습니다. 영적인 도움을 받기 위해 우리를 찾아오고 싶어 하는 사람들이 와서 머물 수 있는 하숙집이나 호텔의 이름도 적어 가면서 말입니다.

그러던 중에 그 눈사태가 나서 갑자기 급류가 우리를 덮쳤고, 한동안 다른 일은 전부 잊고 있었던 것입니다. 인도에서 와서 호텔에 묵고 있던 한 가족의 급박한 필요를 돌보는 일만 예외였습니다. 그들이 눈사태로 엉망이 된 길을 뚫고 우리 샬레까지 올 수가 없어서 우리가 그 가족을 만나러 저녁 때 몇 번 갔었습니다.

군인들이 마을을 떠나고, 더 이상 눈사태가 일어날 위험이 없어진 어느 날, 나는 무거운 마음으로 타자기 앞에 앉아 있었습니다. '뇌리를 떠나지 않는 의문'과 몸이 아픈 두 아이의 불투명한 미래와 우리를 압박하는 몇 가지 복합적인 문제들 때문이었습니다. 나는 타자기 자판 위에 성경책을 펼쳐 놓고 내게 필요한 도움과 위로를 달라고 하나님께 기도했습니다. 그때 내가 읽고 있던 본문은 이사야서였습니다. 아무렇게나 성경을 펼쳐서 이사야서를 읽은 것이 아니라 그 본문이 그날 내가 읽어야 할 본문이었습니다.

나는 성경과 기독교인의 영적인 생활의 관계는, 따뜻하고 신선한 통밀빵과 육체적인 생활의 관계와 같다고 믿습니다. 성경과 통밀빵은 각각 영혼과 육체에 '영양을 공급'한다는 공통점이 있지요. 그리고 때로는 하나님께서 당신의 자녀들에게 성경 말씀 자체를 가지고 말씀하시기도 합니다. 수백 년 전에 기록된 그 말씀이 마치 현재 우리가 처한 상황을 위해 기록된 말씀인 것처럼 보이는 것입니다.

'하나님이 말씀하신다'는 내 말이 어떤 음성을 듣는 것이냐고요? 솔직히 개인적으로는 그런 적이 한 번도 없었습니다. 내 말의 의미는 그저 사람들이 다른 어떤 인쇄된 글에 대해서 그것이 특별한 메시지로 누군가에게 '말을 한다'고 할 때의 그런 의미입니다.

그날 일어난 일은 이렇습니다. 내가 읽은 본문은 이사야서 2장 2절부터 3절입니다.

"말일에 여호와의 전의 산이 모든 산꼭대기에 굳게 설 것이요 모든 작은 산 위에 뛰어나리니 만방이 그리로 모여들 것이라 많은 백성이 가며 이르기를 오라 우리가 여호와의 산에 오르며 야곱의 하나님의 전에 이르자 그가 그의 길을 우리에게 가르치실 것이라 우리가 그 길로 행하리라 하리니."

그 말씀을 읽자 나는 내 영혼이 기쁨으로 충만해짐을 느꼈습니다. 그래서 반복해서 읽고, 또 읽었습니다. 그러고는 연필로 옆의 빈 공간에 이렇게 적었습니다. "55년 1월, 약속…. 그래, 라브리야." 이 말씀의 원래 의미가 따로 있기는 하지만, 하나님이 그 말씀을 사용하셔서 내게 무엇인가를 말씀하신다는 확신이 강하게 밀려왔습니다.

문자 그대로 '만방'이 우리 집에 도움을 구하러 올 것이라고 생각하지는 않았지만, 하나님께서 '그 도'를 알리실 목적으로 세우신 집에 다양한 민족의 사람들이 찾아올 것이라고 말씀하신다는 생각이 들었습니다. 그 사람들이 또 다른 사람들에게 알릴 것이고, 실제로 그들이 "오라 우리가 여호와의 산에 오르며 야곱의 하나님의 전에 이르자 그가 그 도로 우리에게 가르치실 것이라 우리가 그 길로 행하리라"고 말할 것이라는 생각이 들었습니다. 하나님께서 아주 생생하게 내 어깨에 손을 얹고, 우리의 일이 아닌 하나님의 일, 사람들이 막을 수 없는 하나님의 일이 일어날 것이라고 말씀하시는 것 같았습니다. 그리고 그 일이 라브리에서 일어나게 될 것이라는 생각이 들었습니다.

그 순간은 감격의 순간이었습니다. 우리가 처음 대서양 건너편에서 출발했을 때, 하나님께서 우리를 통해 무엇인가를 하실 것이라는 느낌과 연결된 흥분이었습니다. 하나님께서 말 그대로 우리의 삶을 주장하시고, 우리의 계획대로가 아니라 하나님께서 원하시는 대로 우리를 사용하기를 원했기 때문에 그런 느낌을 가졌던 것입니다.

그렇다면 그 후로 내가 그 어떤 것도 방해할 수 없는 평온함을 얻었을까요? 흔들리지 않는 평화를 안고 살았을까요? 그렇지 않습니다. 사실 내가 "오 하나님, 우리의 계획이 아닌 당신의 계획을 원합니다. 당신께서 인도하신다는 분명한 확신이 필요합니다"라고 말하기는 했지만, 곧바로 넘치는 상상력을 발휘해서 나 자신이 생각하는 라브리의 모습을 계획했습니다. 그 계획은 전부 샹뻬리의 샬레 비쥬를 중심으로 하고 있었고, 야외 원형극장처럼 생긴 아름다운 잔디밭에 야외 예배를 드리려고 50명 정도가 앉아 있는 그림을 그려 보았습니다. 나 나름의 생각과 상상력을 그만둔 것은 결코 아니었습니다.

설명이 길었지만 이만하면 여러분도 2월 14일의 우리 부엌이 어떤 분위기였는지 파악하실 테고, 6주 안에 스위스를 떠나라고 하는 그 두 장의 공문을 읽고 우리 기분이 어땠는지 감이 잡히겠지요.

'떠나라고? 샬레 비쥬를?'

'하지만 여기가 우리 집인데, 다른 집은 없는데….'

'샹뻬리를 떠나라고? 여기가 우리 일터인데. 교회 예배도 있고, 세 개의 여학교에서 학생들이 찾아오고, 이제 막 남학교도 하나 추가되었는데….'

'라브리에 대한 우리의 꿈은 어떻게 하며, 바로 지금 스키도 타며 우리 가족 가까이에서 지내려고 이곳에 올 계획을 세운 사람들은 어떻게 하라고? 스위스를 떠나라고? 그러면 어디로 가야 하지? 돈은 어떻게 하고? 우리 가구는?'

'6주 안에 떠나라고? 하지만 수잔과 프랭키는 여행할 상태도 아닌데….'

우리는 당황하기도 했고, 믿기지도 않았고, 계략에 말려든 느낌도 들었습니다. 그로부터 며칠 동안 우리 마음속에 계속해서 떠올랐던 단어는 '불가능'이었습니다.

우리 가족은 모두 거실에 모여 앉았습니다. 그때 에일린이라고 하는 영국인 여학생도 같이 있었습니다. 에일린은 불가지론자인데, 그 당시 우리와 함께 지내고 있었습니다. '돈이 다 떨어진' 에일린은 어느 날 우리 집에 와서 '빵과 방'을 얻는 대신 일을 돕고 싶다고 했습니다. 런던으로 돌아가기 전에 좀더 남아서 스키를 타기 위해서였습니다. 에일린은 오후에는 스키를 타고 나머지 시간은 수없이 많은 일을 도와주었습니다. 특히 여행 가이드를 하면서 있었던 재미있는 이야기들로 프랭키와 수잔을 즐겁게 해 주었습니다. 이 사건으로 큰 충격을 받은 에일린은 우리가 어떻게 하는지 보려고 같이 거실로 들어왔습니다.

처음의 소란스러움이 지나간 후 충격에 따른 침묵으로 다들 가만히 앉아 있는데 프랜이 입을 열었습니다.

"내가 보기에 우리에게는 두 가지 행동 방향이 있는 것 같구나. 기독교 단체들과 워싱턴에 있는 우리 상원의원 등에게 서둘러 전보를 쳐서 우리가 받을 수 있는 인간적인 도움을 다 받는 것이 한 가지 길이고, 또 한 가지는 단순히 무릎을 꿇고 하나님께 도와달라고 기도하는 거야. 우리의 삶과 일에 하나님의 초자연적인 능력을 좀더 실제적으로 체험하고 싶다고 말했었지? 내가 보기에 우리는 지금 하나님의 능력을 체험할 기회를 얻은 것 같구나. 우리는 정말 하나님께서 성경 시대에 그렇게 하셨던 것처럼, 오늘날도 정부 사무처에, 그리고 지금 이 상황에 대해 무엇인가를 하실 수 있다고 믿는 것일까? 또 우리의 하나님이 다니엘의 하나님이라고 믿는 것일까? 그렇다면 우리는 지금 그것을 증명할 기회를 얻은 거야."

우리는 정신없이 전보를 쳐대는 대신 기도하기로 했고, 호기심에 찬 한 명의 방관자가 지켜보는 가운데 가족 모두가 무릎을 꿇고 한 사람씩 돌아가며 어린 프랭키까지 소리를 내어 기도했습니다.

"하나님 아버지, 우리에게 길을 보여 주세요."

"오 하나님, 만약 당신의 뜻이라면 우리가 이곳에 머물게 해 주세요."

"주님, 우리를 인도해 주세요."

기도를 마치고 일어났을 때 프랜이 말했습니다.

"기도하는 도중에 생각이 났는데, 적어도 스위스인 개신교 친구 한 사람에게는 오늘 일어난 일을 바로 알려야 할 것 같아. 이상한 소문들이 퍼지기 전에. 내가 당장 로잔에 있는 A 씨에게 전화를 하지."

전화로 그 두 개의 공문을 읽어 주자, A 씨는 거의 모든 스위스 사람이 그 공문에 대해 나타낼 반응을 보였다.

"당신이 그 공문의 내용을 잘못 이해하신 게 분명해요. 아마 아직 프랑스어가 서투신가 봐요. 제 말은, 그것을 믿을 수가 없다는 겁니다. 어떻게 스위스에서 그런 일이 일어날 수 있습니까? 그럼 이렇게 하세요. 아이들 중 한 명에게 그 공문 두 개를 들려서 즉시 저에게로 보내 주세요. 제가 직접 읽어 볼게요."

우리는 수잔에게 공문이 든 서류 가방을 들려서 첫 기차를 태워 보냈습니다. 로잔에 도착해서는 A 씨의 차를 이용할 수 있도록 조치했고, 그날 밤 그의 집에서 보살핌을 받도록 해 여행이 수잔의 건강에 무리가 되지 않게 했습니다.

수잔이 그렇게 A 씨를 만나러 가는 동안 샬레는 분주해지기 시작했습니다. 우리가 처한 곤경을 알리고 기도를 부탁하는 편지를 가족들에게 쓰고, 마클레이 부부에게 전화를 했습니다. 우리는 전화를 받자마자 달려온 마클레이 부부를 붙잡고 그 '명령' 때문에 함께 울었습니다.

"이럴 수는 없어요. 이건 종교의 자유가 아니에요."

그 부부의 반응이었습니다.

서둘러 저녁 식사를 대충 먹었습니다. 밸런타인 저녁 식사는 이제 지나간 일이 되었고, 가족 파티를 위해 특별히 구운 케이크는 저녁에 찾아오는 남학생들에게 주려고 구운 다른 케이크와 함께 그 학생들 몫으로 돌아갔습니다. Ex 씨는 우리를 찾아와서 이번 사건에 울화가 치민다며, 마을 사람 몇 명과 우리 가족이 남아 있을 수 있도록 탄원서를 내겠다고 말했습니다.

"사람들은 교회의 힘을 모르고 있어요. 만일 주교가 당신들이 떠나야 한다고 말했다면, 자유를 사랑하는 변호사라도 포기할 겁니다. 그만큼 압력이 크거든요."

프랜과 나는 A 씨의 전화를 받고 다음 날 아침 일찍 기차를 타고 로잔으로 갔습니다. A 씨는 그 공문이 우리가 말한 대로라고 확인해 주고는, 공문 하단에 가는 글씨로 '10일 이내에 항소할 수 있다'는 말이 적혀 있다는 사실을 알려 주었습니다. 그 만기 날짜가 잉크로 기록되어 있었는데, 열흘의 기간 중에 이제 겨우 36시간밖에 남아 있지 않았습니다.

"내일 아침에 로잔으로 오세요. 외국인 관리국 국장이 씨옹하고 베른에 당신을 대신해서 제대로 된 항소문을 썼는데, 바로 와서 서명을 해야 합니다."

A씨가 말했습니다.

먹구름이
짙어지다

우리가 서명을 하자 그 서류는 등기 속달 우편으로 두 군데의 사무실에 보내졌습니다. 따라서 절차상의 이유 때문에 그 항소문이 기각될 가능성은 일단 없어졌습니다. 우리는 그것이 기도의 응답이라고 생각했습니다.

우리는 A 씨 부부와 함께 점심 식사를 했는데, 그 부부는 식사 내내 "스위스에서 이런 일이 일어날 수는 없다"며 어이없어했습니다. 오후에는 제네바에 있는 미국 영사관을 방문해 우리가 추방당했다는 보고를 했습니다. 외국에서 사는 사람은 그러한 일들을 영사관에 보고해야 한다는군요.

그 영사는 친절하게 우리에게 한 시간 반이라는 시간을 내어 주었지만 그의 결론은 희망적이지 않았습니다.

"미국은 스위스에 머무는 미국인들을 추방할 수 없다는 조약을 스위스와 체결하지 않았습니다. 따라서 미국은 공식적으로 당신들을 도울 수가 없습니다. 하지만 베른에 있는 대사관의 영사에게 이 사건을 보고하시고, 즉시 베른으로 가서 그를 만나도록 하세요."

그는 같은 빌딩 안에 있는 다른 사무실로 전화를 했고, 잠시 후 우리는 그날 밤과 다음 날 아침 일찍 베른으로 가는 기차 시간표를 받았습니다. 그리고 대사관의 영사에게 우리를 소개하는 편지도 받았습니다.

우리는 제네바에 있는 성경학교에서 저녁 식사를 하고 그 밤에 묵을 수 있도록 초대를 받았기 때문에 다음 날 아침 6시 기차로 가기로 했습니다. 알렉산더 씨와 성경학교에 있는 스위스인 친구들은 우리 소식에 잠시 충격을 받았지만, 그들은 우리와 함께 기도하자고 했습니다. 그렇게 자발적으로 모여 기도한 시간은 기독교인의 연합을 체험하는 놀라운 시간이었습니다.

다음 날 새벽 5시 30분, 프랜과 나는 어두움 속에 추위를 뚫고 기차역으로 나갔습니다. 그런데 알렉산더 씨가 지은 찬송가 가사가 내 머릿속에서 떠나지를 않았습니다. '그리스도께서 사람들로부터 고소당하시고 거절당하신 것처럼, 기독교인들도 그분과 마찬가지로 거절당한다'는 내용이었습니다.

기차가 출발하자 나는 마음속 깊이 한기를 느꼈고 우울해졌습니다. 식당차에서 먹은 뜨거운 차와 롤빵도 전혀 도움이 되지 않았습니다. 우리는 나무 의자로 된 객차로 돌아가 자리를 잡고 앉아서 늘 하듯이 개인적인 성경 읽기에 들어갔습니다.

나는 계속해서 매일 이사야서 한 장씩을 읽고 있었습니다(그리고 신약과 시편에서 한 장씩을 읽었습니다. 일종의 '균형 잡힌' 독서이지요). 2월 16일이었던 그날 기차 안에서 읽은 말씀은 이사야서 30장이었습니다. 어떻게 아느냐고요? 밑줄로 다 표시가 되어 있고 날짜도 적혀 있거든요.

그때 내가 밑줄을 그었던 부분들을 몇 개만 소개해 드리지요.

"한 사람이 꾸짖은즉 천 사람이 도망하겠고 다섯이 꾸짖은즉 너희가 다 도망하고 너희 남은 자는 겨우 산꼭대기의 깃대 같겠고… 그러나 여호와께서 기다리시나니 이는 너희에게 은혜를 베풀려 하심이요… 그를 기다리는 자마다 복이 있도다… 너는 다시 통곡하지 아니할 것이라 그가 네 부르짖는 소리로 말미암아 네게 은혜를 베푸시되 그가 들으실 때에 네게 응답하시리라… 너희가 오른쪽으로 치우치든지 왼쪽으로 치우치든지 네 뒤에서 말소리가 네 귀에 들려 이르기를 이것이 바른 길이니 너희는 이리로 가라 할 것이며… 너희가 거룩한 절기를 지키는 밤에 하듯이 노래할 것이며… 마음에 즐거워할 것이라."

그 본문을 읽자 차갑고 울렁거리고 우울하던 기분은 사라지고, 하나님께서 우리를 인도하실 것이며 불가능한 일도 가능하게 하시며, 우리에게 '길'을 보여 주실 것이라는 기대와 믿음으로 온 몸과 마음이 훈훈해졌습니다. 하나님께서 우리에게 당신이 일하시는 것을 정말로 볼 수 있는 기회를 주신 것에 대해서 감사하는 마음이 넘쳤습니다. 나는 이렇게 기도했습니다.

"오 하나님 아버지, 오늘 우리에게 당신의 능력을 보여 주소서. 이 모든 문제에 대해서 우리가 기도할 때 당신께서 그 기도를 들으신다는 사실의 징표를 보여 주소서."

나는 확신과 기쁨을 안고 베른에 도착했습니다. 프랜도 성경의 다른 본문을 읽으면서 확신을 얻었습니다. 우리는 얼굴을 따갑게 찌르는 가느다란 눈발을 맞으며 대사관 앞에서 문이 열리기를 기다리면서 좋은 일이 일어날 것이라는 확신을 서로 나누었습니다.

8
하나님께서
해결하실 수 있을까?

우리는 젊은 영사가 있는 사무실로 안내되어 들어갔습니다. 그는 자신의 직책상 상임 영사가 사소한 일들로부터 방해받지 않도록 방패막이의 역할을 맡고 있는 것이 분명했습니다. 우리의 이야기를 듣는 그의 자세는 예의 바르나 거만함이 엿보였으며, 우리가 처한 상황에 대해서 미국이 해 줄 수 있는 일은 거의 없다고 분명하게 말했습니다.

"그러니까 스위스는 미국과 이러한 일을 해결할 만한 계약을 체결하지 않은 몇 안 되는 나라 중 하나예요. 그리고 그들은 법률상 아무런 설명 없이 누구라도 추방할 수 있는 권리가 있어요. 연방이 최고 기관이고, 각 연방은 외국인을 체류하게 할 것인지 추방할 것인지 마음대로 결정할 수가 있지요. 한 연방의 결정이 스위스 전역에 적용되도록 되어 있다는 사실이 이상하기는 하지만, 발레 주가 그렇게 결정한 것에 대해서는 어떻게 할 수가 없습니다. 그냥 다른 나라로 가시는 것이 어떻겠습니까? 프랑스 같은 데로요."

우리가 상임 영사(서열상으로 보면 대사 바로 아래 사람입니다)에게 가는 소개
장을 가지고 있었기에 그는 마지못해 말했습니다.

"상임 영사와 만나실 시간은 십 분을 드리지요."

우리는 그 어느 때보다 더 버림받은 느낌을 가지고 그를 따라 계단을 올
라갔습니다.

영사는 일어나서 우리를 반갑게 맞이하더니 소개장을 받아서 읽기 시작
했습니다. "어!" 그는 프랜을 보면서 말했습니다.

"필라델피아에서 태어나셨군요. 저도 그런데요. 필라델피아 어디입니
까?"

"저먼타운이요."

"저도 그래요."

"학교는 어디를 다녔습니까?"

"저먼타운 고등학교요."

영사가 대답했습니다.

"저도 그런데…. 몇 년도에 졸업하셨습니까?"

"오래됐습니다. 1930년도지요."

프랜의 얼굴이 알아보겠다는 표정으로 환해지면서 이렇게 외쳤습니다.

"저도 그해에 졸업했어요!"

영사는 소개장에 써 있는 이름을 다시 한 번 들여다보더니, "이런, 프랜
시스 쉐퍼!" 하며 정겹게 프랜의 등을 두드렸습니다.

"로이 멜번… 세상에!"

"프랜시스는 우리 반 반장이었어요. 몇 년간 같은 학교를 다녔지요…. 세상에 이런 일이!"

놀라서 쳐다보는 그 젊은 영사를 보며 로이가 말했습니다.

"벌써 25년이 되었군. 그래 프랜, 그동안 어떻게 지냈나? 나는 세계 각지를 돌아다녔지. 스위스에 온 지는 몇 달 안 됐어."

이렇게 두 사람은 서로 아는 사람에 대한 이야기며, 옛날 이야기며, 그 이후의 삶에 대한 이야기들을 나누었습니다. 그러더니 드디어 영사가 말했습니다.

"도대체 무슨 일이야?"

이쯤 되면 여러분도 짐작하시겠지만, 로이 멜번은 우리가 처한 상황에 대해서 동정적으로 들어줄 준비가 되어 있었습니다. 우리는 한 번 더 우리가 처한 상황을 이야기했고, 우리가 진리라고 믿는 것과 관련해서 우리 삶에 기초가 되는 것들에 대해서도 이야기할 수 있었습니다. 우리가 베른까지 오게 된 것은 바로 그 믿음 때문이기도 했습니다.

로이는 관심을 가지고 들었습니다. 로이는 다 듣고 나더니 자기 집에 가서 점심을 하자며, 자신이 오전 근무를 마저 하는 동안에 우리가 편지를 쓸 수 있는 사무실을 내주었습니다.

점심 식사 후 그는 우리가 대사와 면담을 할 수 있도록 주선해 주었습니다. 대사인 미스 윌리스는 아주 정중하게 우리를 자신의 멋진 사무실로 맞

하나님께서
해결하실 수 있을까?

아들였고, 두 친구가 이러한 때에 그렇게 우연히 만난 것에 감탄했습니다. 그 대사도 우리 이야기를 듣고 놀라움을 표했지만 어느 미국인도 공식적으로 도움을 줄 수 없다는 사실은 분명히 했습니다. 그러나 그 대사는 이렇게 덧붙였습니다.

"오늘밤에 칵테일 파티에 가요. 가서 외국인 사무국 국장에게 영사의 친구가 스위스에서 추방을 당하게 된 것은 좀 이상하다고 넌지시 비칠게요."

로이 멜번도 그 문제에 대해서 몇 가지 질문을 하겠다고 말했습니다. 우리는 이 모든 것이 살아 계셔서 자녀의 기도를 들으시는 하나님께서 우리에게 주시는 기도의 응답이라고 믿었습니다.

물론 영사와 만났던 그 사건으로 우리의 문제가 해결되지는 않았습니다. 그것은 구름을 뚫고 들어오는 한 줄기 빛이었습니다. 우리에게 그 사건은 하나님께서 우리의 기도를 들으셨다는 사실과, 우리의 상상을 초월해서 일하시는 당신의 능력을 상기시켜 주는 징표였습니다. 그것은 그 순간에 우리가 받은 격려이기도 했지만, 그것보다 더 중요한 것은 앞으로 힘이 들 때 우리가 되돌아볼 수 있는 분명한 사건이었습니다. 사람이 가는 길에 그어진 이러한 '이정표'는 다음의 분명한 이정표를 발견할 때까지 위로가 되지요.

우리는 업무 마감 시간인 오후 6시 30분이 되기 전에 로잔으로 돌아와 몇 가지 일을 처리했습니다. 여행사에 갔더니 B 씨가 우리 이야기를 듣고 매우 격분했습니다.

"여기 보(Vaud)에 외국인 사무국 국장으로 있는 제 친구에게 전화를 하겠어요."

잠시 후, 베른에서 쓴 편지를 로잔 우체국에서 부치고 있는데 프리실라가 다녔던 여학교의 교장 F 씨를 우연히 만났습니다. 우리 소식을 들은 그역시 충격이 컸던지 흥분해서 말했습니다.

"제가 보에 외국인 사무국 국장으로 있는 친구에게 전화를 하지요."

그 국장은 바로 하루 전에 A 씨가 우리에게 온 공문 두 장을 보여 준 그사람이었습니다. 아주 짧은 시간 안에 국장의 '친구' 세 명이 그에게 이 일에 대해서 이야기를 하게 된 것입니다.

그 국장은 우리가 항소할 수 있는 방법은 한 가지밖에 없다는 말을 전해왔습니다. 그리고 옅은 녹색 양식 한 뭉치를 보내 주면서 기입해 넣으라고했습니다. 그러나 그 양식에는 단순히 기입해 넣는 것만으로는 되지 않는사항 한 가지가 있었습니다. 그건 우리가 보 주(州)에 집을 한 채 얻어서 그집에서 살겠다고 신청을 해야 했습니다. 그 집의 이름을 적어야 했고, 그 집은 우리가 분명하게 살기로 한 집이어야 했습니다.

이는 우리 가족이 자기네 마을 혹은 자치구에 살기를 원한다는 승인을그 마을이나 자치구로부터 얻은 후에, 그들이 그 문제를 다루는 연방 최고사무관에게 요청하고, 연방이 베른에 요청해서 원래의 명령을 취소하게해야 했기 때문입니다. 그것 외에는 항소를 할 길이 없었습니다.

정말 불가능한 일처럼 보였습니다. '도대체 어디서 집을 구하지? 어디를

하나님께서
해결하실 수 있을까?

다녀 보아야 하지? 이런 귀찮은 일을 도와주려고 하는 마을이 있기나 할까?' 그날 밤, 삐걱거리며 힘겹게 어둠을 뚫고 산을 올라가는 기차 안에서 우리 마음은 낙담이 되는 질문들로 가득했습니다.

집에 와 보니 프리실라는 혼자서 어린 동생들과 집을 책임지고 돌보아야 하는 책임감 탓에 지치기 시작하고 있었습니다. 전화가 여기저기서 많이 걸려 왔고, 마을에서 우리 소식에 대한 반응이 들려오기 시작했습니다. 온갖 소문과 이야기들이 돌아다녔습니다. 그중에서 프리실라에게 가장 큰 충격을 주었던 것은 이미 로잔에서 "쫓겨났다"는 거짓 보고였습니다.

로잔에서 사 온 새로운 음식들과, 베른에서 있었던 이야기는 아이들 모두의 기운을 북돋아 주었습니다. 아이들에게 베른에서 있었던 일을 이야기해 주는 것은 우리가 막 지나온 이정표를 되돌아보는 것과 같았습니다. 이제는 다음 단계로 넘어가서 집을 찾아보아야 했습니다.

다음 날 아침 일찍, 우리는 든든하게 스키복을 차려 입고 매서운 눈보라 속을 뚫고 기차를 타러 집을 나섰습니다. 떠나라는 통보를 받은 나라에서 집을 찾고 있다니, 정말 묘한 기분이었습니다. 우리는 지도를 보고 어느 방향으로 갈지를 정했습니다. 바로 그때가 이사야서에서 내가 읽은 말씀이 딱 들어맞는 순간이었습니다. 프랜과 나는 우리 샬레가 스키를 타러 산에 온 학생들과 또 그 외의 사람들을 위한 피난처가 되기를 바라는 꿈을 서로 이야기했습니다. 비쥬가 그렇게 하기에 가장 이상적이라고 생각했지만, 그렇지 않다면 분명히 또 다른 산 어디쯤이 되지 않을까 생각했습니다. 보 주

안에서, 그것도 샹뻬리와 가장 가까운 곳에서, 또 스키 유원지에 인접한 지역을 찾으면서 우리는 시간과 돈 모두를 고려해야 했습니다. 그렇게 해서 찾은 곳이 바로 빌라스(Villars)였습니다.

우리는 호기심에 찬 눈으로 둘러보며 빌라스의 중심거리를 걸어 내려왔습니다. 얼마나 많은 학교들이 이곳에 있을까? 우리가 샹뻬리에서 드렸던 것과 같은 예배를 이곳에서도 시작할 수 있을까? 관광국에 문의를 해 보니 호텔을 소유하고 있는 어느 영국인 부인이 우리가 궁금해하는 것을 알려 줄 수 있을 것이라고 했습니다.

잠시 후 우리는 그 부인의 호텔에 있는 아름다운 거실에서 커다란 펠트 천 슬리퍼를 신고 앉아 있었습니다. 그 슬리퍼는 스키 부츠 위에 신도록 입구에 마련되어 있었는데, 페르시안 카펫을 보호하기 위한 것이었습니다. 차를 마시면서 우리는 그때까지의 일을 이야기하고 샬레를 찾는 데 조언을 해 달라고 부탁했습니다.

그 부인은 우선 우리에게 자기 호텔에서 묵으라고 강력히 권했습니다. 그리고 짐꾼을 불러 우리 가방을 객실로 가져가게 시키고는, 우리가 보려는 그 길목을 다 둘러보고 난 뒤 아무 때나 와서 저녁 식사를 하라고 했습니다. 저녁 시간에 맞춰 오느라고 소중한 시간을 낭비하지 않게 하기 위한 따뜻한 배려였습니다.

우연이었을까요? 운이 좋았을까요? 낯선 사람에게 선물로 그런 친절을 베푸는 호텔 주인은 그 후로 한 번도 만난 적이 없다는 말씀만 해 드리지

하나님께서
해결하실 수 있을까?

요. 그것은 인격적인 하나님께서 우리에게 주시는 선물이었습니다. 하나님께서는 우리가 기운을 차릴 필요가 있다는 것을 아셨고, 그것이 단지 먹을 것과 잠자리만으로는 안 된다는 것도 아셨던 것입니다.

잠시 후 우리는 허리까지 쌓인 눈 속을 헤치며 임대를 얻을 샬레를 찾아다녔습니다. 가능성이 있는 집은 얼마 없었고, 샬레 중에서 가장 작은 것, 우리 가족이 쓰기에 너무 작은 것도 샬레 비쥬의 임대료보다 두 배나 비쌌습니다. 이곳은 샹뻬리보다 훨씬 더 번화한 유원지였던 것입니다.

우리는 근처에 있는 다른 곳도 알아보았습니다. 아베이즈(Arveyes), 세지에르(Chesières), 그리고 그리용(Gryon)까지, 소개받은 곳은 다 가 보았지만 마땅한 샬레를 찾지 못했습니다. 다시 터덜터덜 걸어서 중심가로 돌아와 빌라스로 왔을 때는 늦은 밤이었고, 불가능이라는 말을 부각시키는 것밖에는 아무것도 얻은 것이 없었습니다. 호텔로 돌아와 보니 저녁 식사가 차려져 있었을 뿐만 아니라, 우리가 도착하면 뜨거운 수프와 차도 내놓으라는 지시를 받은 종업원이 기다리고 있었습니다. 커버가 젖혀진 두 개의 깨끗한 침대 위로 우리를 환영하듯 램프가 따뜻한 불빛을 비추고 있었습니다. 예수님이 신약성경에서 당신의 이름으로 찬 물을 한 잔 주어도 그것을 잊지 않으시겠다고 하신 말씀이 참으로 위로가 되었습니다.

다음 날 아침도 여전히 실망할 거리밖에 없었고, 우리는 주말을 보내러 샬레 비쥬로 돌아갔습니다. 마치 벽에 부딪힌 기분이었습니다.

돌아와 보니 기독교인 사업가가 우리를 만나러 와 있었습니다. 교회에서 예배를 드린 후에 그 사업가와 함께 식사를 하고, 집에서 만든 아이스크림과 함께 커피를 마시니 그날도 그냥 평범한 주일 같았고, 우리가 처한 상황의 악몽은 잠시 사라졌습니다. 그는 "앞으로 필요할 때 사용하세요"라며 수표가 든 봉투를 두고 갔고, 로잔에 있는 친구는 전화로 우리 사건과 관련해서 (몇몇 마을 사람들이 우리를 위해서 서명을 하고 있는 탄원서와 같은) 몇 가지 일을 해 줄 변호사를 선임했다고 알려 주었습니다. 하지만 그 녹색 용지들은 여전히 남아 있었고, 거기에 써 넣어야 할 '집의 이름'에 대해서 기대를 걸어 볼 만한 것은 하나도 없었습니다.

"이틀만 더 찾아보고 그때까지 못 구하면, 포기할 수밖에 없겠어요."

이번에는 빌라스에 가자마자 C 교수와 그 부인을 만나게 되었는데, C 교수가 우리에게 도움을 청했습니다.

"함께 차를 마시면서, 우리 문제를 좀 도와주시겠어요?"

처음에는 빨리 샬레를 찾아야 하는 우리의 상황이 더 급박하다고 생각했지만, 프랜이 내게 속삭였습니다.

"이디스, 만약 저분들이 우리를 필요로 한다면, 한 시간 정도는 시간을 내는 것이 좋겠어요."

C 부부는 매우 슬픈 과거를 가지고 있었습니다. C 교수는 강제노동 수용소에서 도망쳐 맨발로 스위스까지 온 체코슬로바키아 난민이었습니다. 그의 아내는 스위스인이었는데, 히틀러 시절에 부모가 독일로 가기 위해서 14살이었던 그녀를 버렸습니다.

우리가 그 부부를 알게 된 계기는 특이한 사건을 통해서였습니다. 그 사건은 프리실라가 혼자서 고등학교 2학년 대수학을 공부하며 좌절감에 연필을 물어뜯던 어느 겨울날로 거슬러 올라갑니다. 프리실라는 우리가 미국으로 돌아가게 되면 스티븐스에 있는 고등학교에 3학년으로 편입하려고 준비를 하고 있었습니다.

"도저히 할 수가 없어요. 아무도 못할 거예요. 선생님 없이는 2학년 대수학을 공부할 수가 없어요."

"하지만 프리실라, 그 문제에 대해서 하나님께 기도했니?"

우리는 하나님께서 프리실라 앞에 닥친 이 문제에 명쾌한 해답을 주셔서 프리실라가 이 장애물을 넘어서게 해 주실 수 있을 것이라고 생각했습니다.

"제 공부 전반에 대해서는 기도했지만, 특별히 대수학에 대해서는 기도하지 않았어요."

그날 밤 우리 모두는 프리실라의 대수학에 대해 하나님께서 특별한 도움을 주시기를 기도했습니다. 다음 날 전화가 왔습니다. 외국인의 억양이 강하게 묻어나는 목소리였습니다.

"저는 남학교의 교수입니다. 당신들이 마련한 예배에 제 아내와 함께 참석하고 있습니다. 그런데 지금 제 아내가 영적인 도움을 필요로 하고 있습니다. 제 아내를 만나 주시겠습니까?"

우리는 그 부부가 차를 마시러 올 수 있도록 시간을 냈습니다. 그런데 막상 만나고 보니 그 아내는 영어를 하지 못하는 것이었습니다. 그래서 그 후로 두 시간 동안 프리실라가 그 부인의 질문을 영어로, 그리고 프랜의 대답을 프랑스어로 통역했습니다. 7시가 되자 그 부부는 저녁 식사 때 학생들을 감독하러 가야 한다며, 다시 와도 되겠느냐고 물었습니다. 물론 우리는 저녁 식사를 하고 다시 와도 된다고 했습니다.

그날 밤 프리실라의 통역은 새벽 1시까지 계속되었고, 그때가 되어서야 C 부인은 갑자기 "아, 이제 알겠어요!" 하고 말했습니다. 그것은 부인이 이해도 하고 믿기도 한다는 뜻이었습니다. 몇 가지 질문을 더 한 후에 그 부인은 하나님께서 그리스도의 죽음을 통해 자기를 위해 해 주신 일에 대해 감사하는 기도를 드렸고, 30분쯤 후에는 그 남편도 비슷한 기도를 드렸습니다.

"인생의 해답을 찾고 또 찾았었는데 이제 분명해졌어요. 정말 감사를 드립니다."

그리고 프리실라를 보면서 말했습니다.

"마드모아젤 프리실라, 내가 무엇을 해 드리면 좋을까요? 내 아내에게 이 모든 것이 가능하게 해 주었어요. 안 그랬으면 내 아내는 알아듣지 못했을 거예요."

"저요? 전 괜찮아요. 통역해 드릴 수 있어서 기뻤습니다."

"하지만 나는 수학 교수입니다. 도울 일이 무엇인가는 있을 텐데요."

그때 프리실라가 거의 소리치다시피 "어머, 엄마, 제 대수학이요!" 하고 말했을 때 그 아이의 놀라움을 상상하실 수 있겠지요?

C 교수는 프리실라의 책을 가져다가 금세 개요를 작성하더니, 두 달 안에 정해진 분량을 마칠 수 있도록 일주일에 두 번씩 수업을 해 주겠다고 했습니다. C 교수가 프리실라를 가르치러 올 때면 그 부인도 늘 같이 와서 수선이나 다림질이나 그 외 다른 일들을 도와주었습니다. 프리실라만이 그해 봄에 체스넛 힐에 들어갈 수 있도록 도움을 받은 것이 아니라 내가 해야할 일도 생각지 못했던 방식으로 도움을 받은 것입니다.

빌라스에서 그 부부를 우연히 만난 이야기를 계속해 드리지요. 우리가 그 부부를 만난 기숙학교의 로비에서 약간 망설이며 서 있을 때였습니다. C 교수는 앞으로의 진로에 대한 결정을 내리기 전에 우리와 상의를 하려한 것입니다. 그런데 찻집을 찾기 위해 그 건물을 나서려고 하는데 C 부인이 내 귀에 다급한 목소리로 속삭였습니다. 나는 놀라서 그 부인을 옆으로 데려가 좀더 자세히 이야기를 들었습니다. 부인은 임신 7개월째였는데, 그 부인이 짧게 말해 준 정보만으로도 내가 그 학교의 교장실로 뛰어가기에 충분한 것이었습니다.

"실례합니다. C 부인이 좀 누워야겠어요. 즉시요! 발을 머리보다 높이고요. 그리고 전화 좀 쓸게요. 응급상황이에요!"

나는 로잔에 있는 그 부인의 담당 의사에게 전화를 했습니다. 그 의사는 내게 부인을 누워 있게 하고 의사 메앙 씨에게 전화를 하라고 해서 그에게 전화를 하니 즉시 달려왔습니다. 그는 자기 생각에 그날 밤 안으로 아기가 나올 것 같다며, 택시를 부르고 입원 수속을 해 달라고 했습니다. 전화를 하고 택시 뒷좌석을 임시 앰뷸런스로 만들 준비를 하느라 두 시간이 순식간에 지나갔습니다. 드디어 5시에 모든 것이 준비가 되었고 C 부인은 베개, 담요, 시트, 타월 등과 함께 택시 뒷좌석에 자리를 잡았고, 나는 부인을 살피며 불안하게 서 있었습니다. 그러자 의사가 "자, 쉐퍼 부인, 당신은 여기 앉으세요"라고 말하는 것이었습니다.

순간 나는 너무나 당황했습니다. '저요? 제가 가야 한다고요? 하지만 집을 찾는 건 어떻게 하고요? 난로 위에 놓인 아이스크림처럼 녹아 없어지는 소중한 시간은 어떻게 하고요!'

"하지만, 선생님…."

"예, 부인, 당신은 거기 앉으세요. 당신이 가야 해요. 아무도 없잖아요. C 씨는 앞좌석에 앉아야 해요. 지금 상태로 봐서 C 씨는 무용지물이니까 당신이 가야만 합니다."

다른 방도는 없는 것 같았고, 망설일 시간도 없었습니다. 마치 얼음 위를 미끄러져 가듯 택시는 천천히 산허리를 타고 내려가기 시작했고, 나는 당황해하는 남편에게 손을 흔들며 이상한 나라의 앨리스와도 같은 기분으로 여행을 시작했습니다. 모든 것이 꿈만 같았습니다. 택시 기사는 자기 평생의 사명이 마치 최대한 천천히 가는 것인 양 운전을 했습니다. 보통 때 같으면 한 시간 이십 분이면 갈 거리가 세 시간이나 걸렸으니까요.

나는 C 부인과 같이 밤을 지냈습니다. 다른 '가족'이 없었던 부인은 내게 매달렸고, 나 역시 도저히 뿌리칠 수 없었기 때문입니다.

아기는 다음 날 새벽 4시에 태어났고, C 부인이 다시 들것에 실려 입원실로 돌아가자 나는 같이 가서 날이 밝을 때까지 고리버들로 만든 긴 의자에 앉아 있었습니다. 나는 깜깜이 졸면서 하나님께 기도했습니다. "마감 시간 안에 그 용지에 샬레의 이름을 기입할 수 있도록 하나님께서 샬레 찾는 일을 도와주시기를" 간절히 기도했습니다.

아기의 몸무게는 4파운드가 되지 않았고, 안타깝게도 2주밖에 살지 못했습니다. 그 후로 C 부부는 다시는 아기를 가지지 못했습니다. 그 어느 때보다 더 그 부부에게 '가족'이 필요한 순간이었는데, 그 부부에게 닥친 위기에 내가 그러한 역할을 감당할 수 있었던 것에 감사했습니다. 그날 그 부부를 만난 것은 우연이 아니었습니다.

병원을 나와서 로잔 역으로 서둘러 가면서 나는 집을 알아볼 시간이 얼마나 남았는지 머릿속으로 재빨리 계산해 보았습니다. 벡스(Bex)를 거쳐서 우회해 가는 길로 빌라스에 도착하니 점심 시간이었습니다. 샹뻬리에 전화를 해서 그곳의 상황이 어떠한지 알아보았습니다. 프랜은 시간 안에 샬레를 찾을 가능성은 그날 우리가 쓴 하루가 '마지막 기회'였다고 보고, 한창 책을 싸고 있었습니다. 이 나라를 떠나야 할 경우 두고 갈 책과 가지고 갈 책을 분류하면서 말입니다.

"하지만 내가 오늘 혼자서 샬레를 찾으면, 내일 나랑 같이 와서 볼래요?"
내가 물었습니다.

"당신이 만약 찾는다면 그렇게 하지요. 하지만 찾을 수 있을까요?"

이 말을 들은 나는 반드시 찾고야 말겠다는 결의를 다지고 거리로 나섰습니다. 물론 기도도 했습니다. 그러나 거의 명령하는 듯한 어조로, 겸손하지 못한 채로, 그리고 내가 포기하지 않고 계속해서 시도할 믿음을 가졌다는 영적인 교만으로 기도했습니다. 물론 그 순간에 그런 마음을 다 분석했던 것은 아닙니다. 간밤에 한숨도 자지 못했지만 내 속에서 분비되는 아드레날린에 힘입어 그냥 눈 속을 헤치고 걸었습니다. 심지어 부동산 중개인의 도움도 없이 혼자 하겠다고 마음먹었습니다. '내가 꼭 찾고야 말리라.'

내가 무엇을 기대했는지는 모르겠습니다. 하지만 그 지역에 있는 모든 샬레를, 말 그대로 다 다녀 보면 딱 알맞은 곳을 찾을 수 있을 것이라고 생각했습니다. 사람이 살고 있는 집을 들여다보는 내 기분은 마치 길 잃은 아이가 안전하게 자기 집에 있는 다른 아이들을 부러운 눈으로 바라보는 것 같았습니다. 눈물이 날 지경이었습니다.

그러다가 갑자기 낡고 소박한 샬레에 '임대'라고 하는 간판이 있는 것을 보았습니다. 매우 컸지만 가능성이 있어 보였습니다. 그 집의 주인이 어디에 사는지 물어 보고는 다시 2.5킬로미터를 걸어서 아베이즈에 있는 학교로 갔습니다. 집주인은 그 학교의 여교장이었습니다.

매우 기품 있어 보이는 그 부인은 값을 제시하더니, 그랜드 피아노며, 골동품이며, 페르시안 카펫 등을 언급하기 시작했습니다. 하지만 가격을 들은 나는 나머지 말은 들리지도 않았고, 갑자기 눈물이 쏟아졌습니다. 그 샬

하나님께서
해결하실 수 있을까?

레의 한 달 임대 가격은 샬레 비쥬의 1년 임대 가격과 같았기 때문입니다.

나는 손수건으로 눈물을 찍으며, 이렇게 감정을 통제하지 못하는 이유를 설명하려고 했습니다.

"이런, 죄송합니다. 보통 때는 이러지 않는데. 하지만 제가 지난 밤에 한숨도 못 잤거든요. 출산을 돕느라고요. 그런데 지금은 샬레를…(제 시계를 보았습니다)…한 시간 안에 찾아야 해요. 안 그러면 우리는 스위스에서 쫓겨나게 돼요."

그 여교장은 동정하는 눈빛으로 나를 쳐다보았지만, 그 눈에서 나는 그녀의 생각을 읽었습니다. '이 여자 약간 정신이 나갔나 보군. 잘 구슬려서 내보내야겠어.' 그녀가 실제로 한 말은 이랬습니다.

"지금 차 한 잔을 마시면 참 좋겠는데…. 하지만 죄송하게도 지금은 프랑스어 수업을 하던 중이라서요."

그러더니 순식간에 나를 정문 쪽으로 밀어붙이면서 밖으로 내보냈습니다. 나는 바보 같은 짓을 했다고 후회하며 천천히 학교를 나와 깊은 눈 속을 걸었습니다. 이제는 갈 곳이 없었습니다. 그 순간 나는 기도하기 시작했습니다.

"오 하나님 아버지, 오늘 제가 고집을 부린 것을 용서해 주세요. 정말로 당신의 뜻을 따르기를 원합니다. 제가 이 문제를 진지하게 받아들이게 도와주세요. 당신이 우리 인생의 다음 단계에 전적으로 다른 계획을 가지고 계실 수 있다는 가능성에 제 스스로 문을 닫아 버린 것을 용서해 주세요.

오 하나님, 당신의 뜻이라면 도시 빈민가에서도 살겠습니다."

이 기도를 하는데 갑자기 내 마음에 엘리야의 하나님, 다니엘과 요셉의 하나님에 대한 믿음이 솟아나기 시작했습니다. 나는 기도했습니다.

"그러나 하나님, 당신이 우리가 스위스에 남아 있기를 원하시고, 라브리에 대해서 당신이 제게 주신 말씀이 우리가 이 산에 남아 있는 것을 의미한다면, 당신께서 집을 구해 주실 수 있으며, 앞으로 30분 안에 저를 그곳으로 인도해 주실 수 있다는 것을 압니다. 당신에게는 불가능이 없습니다. 하지만 당신께서 하셔야 합니다. 저는 눈물을 흘리지 않고는 누구하고도 이야기를 할 수가 없습니다."

그러고는 빌라스의 중심가를 향해 걸어 내려갔습니다. 그때 마침 스키를 타고 돌아오는 사람들이 웃고 떠들면서 찻집으로 우르르 몰려 들어가고 있었습니다.

9
인격적인 하나님,
그리고 특별한 응답

    어깨에 스키를 메고 뜨거운 음료를 마시러 서둘러 가고 있는 그 즐거운 무리 사이를 뚫고 지나가면서 나는 눈을 내리깔고 길바닥만 쳐다보면서 내가 부딪힐지도 모르는 스키에는 신경도 쓰지 않았습니다. 내가 울었던 흔적이 눈에 나타날지 모른다는 생각도 했고, 아무도 보고 싶지 않았기 때문입니다. 그런데 갑자기 누군가가 내 이름을 불렀습니다.

    "쉐퍼 부인, 뭘 좀 찾으셨나요?"

    눈을 들어 보니 G 씨였습니다. 그는 부동산 중개인이었는데, 며칠 전에 만난 적이 있었습니다. 그는 자기가 가지고 있는 물건은 다 '호화용'이라서 우리가 제시한 가격대를 훨씬 웃돈다며, 우리에게 샬레를 한 채도 보여 주지 않았습니다. 그가 내 이름을 기억하고 있다는 사실이 놀라울 정도였습니다.

    "아니요, 못 구했어요."

    그러자 그는 자기 차로 가더니 문을 열면서, "올라타세요. 관심을 가지실 만한 것이 하나 있습니다"라고 했습니다. 그는 차를 몰기 시작했고, 도중에 멈춰서 두 군데 정도 통화를 하더니 빌라스를 지나 산허리를 타고 내려갔습니다.

"위에모(Huémoz)에서 사는 것은 어떠세요?"

"위에모, 거긴 어딘가요?"

그러자 그는 우리가 가고 있는 방향으로 손을 가리키더니 "저기 아래요" 하고 말했습니다.

우리는 조금 더 산허리를 타고 내려갔습니다. 안개가 경치를 가리고 있었고, 피로는 내 의욕을 가리고 있었습니다. 차는 우체국 버스 정류장과 우체통 바로 옆에 멈추었습니다. 차에서 내린 우리는 눈 속에 파묻힌 두 개의 긴 통나무 계단을 올라가서 대문을 열고 아무도 밟지 않은 눈길을 걸어 올라가, 샬레 정면에 땅과 수평을 이루는 계단 위에서 열리게 되어 있는 문으로 갔습니다. 나는 창마다 덧문이 단단히 닫혀 있고, 위의 두 층은 가로 전체가 한 발코니로 되어 있는 이 커다란 샬레를 한번 올려다보고는, G 씨를 따라 곰팡내가 나는 어두운 방으로 들어가 보았습니다.

G 씨는 오랫동안 휴가철 말고는 아무도 살지 않은 집이라고 설명을 했습니다. 샬레는 3층으로 되어 있고, 공간이 세 구역으로 분리되어 있으며 각 구역에 작은 부엌이 하나씩 있었습니다. 비록 차를 마시고 토론을 할 거실은 없지만 크고, 정말이지 알맞은 곳이었습니다. 그곳에 '30분 안에' 내가 서 있었습니다. 그 집을 찾을 만한 지혜가 있거나 똑똑해서가 아니라 하나

인격적인 하나님,
그리고 특별한 응답

님께서 내 기도에 응답하셨기 때문입니다. 나는 그것만이 유일한 설명이라고 믿습니다.

다음 날 아침 프랜과 함께 만나기로 G 씨와 약속을 했습니다. 다시 빌라스로 올라가려고 차를 돌리는 그를 보면서 문득 떠오르는 것이 있었습니다.

"아, 깜빡 잊었는데요, 임대료가 얼마입니까?"

"그건 임대할 집이 아니라, 매매할 집이에요."

그는 이렇게 대답하더니 차를 휙 몰아 길을 올라가기 시작했습니다.

"매매할 집이라…."

나는 혼자서 느리게 말했습니다.

"매매할 집이라고? 우리는 돈도 없고, 혹 우리가 백만장자라 하더라도 체류 허가도 받지 못한 나라에서 누가 집을 산단 말이지?"

그 사실은 치명타 같았습니다. 게다가 그때쯤 나는 잠도 못 자고 감정적으로도 긴장했다가 갑자기 풀린 탓에 멀미가 날 지경이었습니다.

그러나 버스를 타고 내려와 기차로 갈아타고 가면서 최근의 며칠과 그날의 마지막 몇 시간에 대해서 생각해 보기 시작했습니다. 내가 보기에 응답받은 기도의 '이정표' 혹은 '표지판'은 분명히 하나님께서 여기까지 인도하셨다고 말해 주고 있었습니다. 하나님께서 막다른 길로 인도하실 리는 없고, 여기서 내가 가야 할 다음 단계는 다음 날 돌아와서 이곳을 다시 보는 것이었습니다. 나는 샬레 비쥬에 도착하기 전에 하나님께서 내게 분명한 징표를 주셨으며, 하나님께서 데려다주신 그 샬레에 다음 날 다시 가 봐야 한다는 확신을 가지게 되었습니다. 집에 도착하니 프랜이 새로운 소식을 전해 주었습니다.

"베른에서 우리에게 시간을 연장해 주었어요. 이 문제가 검토될 때까지는 스위스에 머물러 있어도 된다고. 하지만 씨옹에서는 시간을 연장해 주지 않겠다고 하더군요. 이 샬레, 이 마을, 그리고 이 주(州)를 3월 31일 자정까지 떠나야 된대요. 프랭키의 의사가 씨옹에 전화를 해서 아이들이 아파서 지금 움직여서는 안 된다고 했지만 소용없었어요. 우리와 아이들이 이 샬레 안이든 바깥에서든 사람들에게 종교적인 문제에 대해서 이야기하지 않겠다는 서류에 서명을 하지 않았기 때문일 거예요."

그날 저녁 로잔에 있는 변호사에게서 전화가 왔습니다. 그는 마을 사람들이 우리를 위해서 쓴 편지와 탄원서 등을 모으고 있었습니다.

"서둘러서 집을 찾으셔야 해요. 이제 하루나 이틀이면 그 서류를 제출해야 하거든요."

이러한 소식들이, 다음 단계는 프랜과 함께 위에모에 있는 샬레 레 멜레즈를 보아야 한다는 제 확신을 굳게 해 주었습니다. 나는 프랜에게 그 샬레를 설명하면서, 방이 12개이고 경치는 원래 아주 좋다는 것 등을 이야기했지만, 그것이 매매용이라는 사실은 말하지 않았습니다. 솔직히 프랜이 매매용으로 나온 집은 시간과 차비를 들여서 가 볼 필요도 없다고 말할까 봐 두려웠던 것입니다.

인격적인 하나님,
그리고 특별한 응답

나는 다시 기도했습니다. 하나님의 뜻을 따르기를 원하는 나 자신의 정직성에 대한 두려움과 불안을 진지하게 말씀드리고, 내가 처한 이 상황에 대해서 하나님께 열심히 고했습니다. 한 시간 동안 하나님과 대화한 것을 한 문단으로 표현해 낼 수는 없지만, 내가 하나님께 기도한 것이 단순히 한 문장이 아니라 한 시간이었다는 것, 그리고 기도에는 쌍방향의 의사소통이 있다는 것, 그리고 기도하는 그 시간 동안에 성령님께서 믿는 자 안에서 역사하신다는 사실은 여러분이 반드시 아셔야 합니다. 그날 오후에는 너무도 흥분되는 기도의 응답이라고 생각했으나 이제는 불가능한 일로 보이는 그 샬레에 대해 하나님의 인도를 구하면서, 나는 나 자신의 논리적인 사고의 흐름에 따라 그 샬레의 주인이 마음을 바꿔서 임대를 놓게 해 달라는 기도를 할 참이었습니다.

하나님의 뜻을 따르기 원하는 내 마음의 진정성에 대해서 내적으로 한참 씨름을 하고 난 후에 그 샬레에 대해서 이러한 특별한 요청을 할 생각이 났던 것입니다. 그런데 그때 갑자기 하나님은 무엇이든 하실 수 있으며, 하나님께 불가능한 일은 없다는 확신이 밀려오기 시작했습니다. 내 기도는 중간에 말이 바뀌었고, 확고한 간청으로 그 기도를 마치게 되었습니다. 나 자신도 내가 내뱉는 말에 놀랐습니다.

"내일 이 집에 대한 당신의 뜻을 우리에게 보여 주세요. 우리가 그 집을 사야 한다면 저뿐만 아니라 프랜도 설득할 수 있는 분명한 징표를 보내 주세요. 내일 아침 10시 전까지 천 달러를 보내 주세요."

다음 날 아침 기차를 타려고 간밤에 새로 쌓인 눈을 헤치고 지나가는데, 썰매 위에 가방과 짐을 실은 우체부가 우리에게 편지 세 통을 건네주었습니다. 아침 해가 순식간에 산 위로 솟아오르면서 옅은 색의 나무 의자 위로 빛과 온기가 쏟아내는 기차 안에서 우리는 그 편지를 열어 보았습니다. 하나는 파리에서 온 것이었고, 또 하나는 벨기에 그리고 세 번째 편지는 미국에 사는 부부로부터 온 것이었습니다.

쏠즈버리 부부는 우리 사역에 관심과 기도로 동참해 온 부부였습니다. 어떤 수양회에 참석해서 프랜의 설교를 듣고 영적인 도움을 받은 후부터 그렇게 했으니 벌써 꽤 오래되었지요. 그러나 우리 사역에 재정적인 도움을 준 적은 한 번도 없었으며, 우리도 그들이 경제적으로 넉넉하지 않다는 것을 알고 있었습니다. 그들은 우리가 스위스를 떠나라는 명령을 받은 것을 알고 있었고, 그 후의 일들을 계속해서 듣고 있었습니다.

편지를 쓴 사람은 쏠즈버리 부인이었습니다.

"당신이 흥미 있어 할 만한 이야기를 하나 해 드릴게요." 편지는 그렇게 시작되고 있었습니다.

"3개월 전에 아트가 퇴근하면서 예상치 못했던 액수의 돈을 집으로 가져왔어요. 아트의 회사가 직원들의 보험 할증금을 대신 내 주기로 했는데, 회사에서 일정 기간 동안 근무한 사람들에게는 소급해서 지급해 주기로 했대요. 아트가 받아 온 돈은 우리 부부에게는 매우 많은 액수였어요. 처음에는 차를 새로 살까 생각했는데, 지금 새 차가 필요한 것은 아니라는 결

인격적인 하나님,
그리고 특별한 응답

론을 내리게 되었지요. 그다음에 든 생각은 자그마한 집을 하나 사서 세를 놓자는 것이었어요. 그래서 우리는 집을 보러 다니기 시작했고, 마침 아주 괜찮은 집을 하나 둘러보고 있는데 갑자기 기둥에 있는 흰개미의 흔적이 제 눈에 들어왔어요. '저기 좀 봐요, 아트. 저걸 보니 마태복음에 있는 말씀이 생각나지 않아요? 너희를 위하여 보물을 땅에 쌓아 두지 말라. 거기는 좀과 동록이 해하며 도둑이 구멍을 뚫고 도둑질하느니라. 오직 너희를 위하여 보물을 하늘에 쌓아 두라. 거기는 좀이나 동록이 해하지 못하며 도둑이 구멍을 뚫지도 못하고 도둑질도 못하느니라는 말씀 있잖아요.' 그리고 내가 아트에게 물었지요. '아트, 이 돈을 가져다가 말 그대로 하늘에 투자하는 것이 어때요? 더 많은 수입을 위해 땅에서 집 한 채 더 사는 데 투자하는 대신 말이에요. 어딘가 주님의 일을 위해서 쓸 생각은 없어요?' '그래, 헬렌, 그렇게 합시다.' 아트가 대답했지요.

그게 3개월 전이었어요. 그리고 그 3개월 동안 우리는 하나님께서 이 돈을 어떻게 쓰기를 원하시는지 보여 달라고 기도했지요. 그 사이에 두 번이나 세 번 어떤 사역에 그 돈을 줄 뻔했지만 매번 그 길을 막으신다는 생각이 들었어요. 그런데 오늘 밤 우리는 분명한 결정을 내리게 되었고, 저희 두 사람 모두 이 돈은 당신들께 보내야 한다고 확신합니다. 젊은이들에게 언제나 열려 있을 집을 어딘가에 사도록 말입니다."

그 액수는 정확히 천 달러였습니다!

갑자기 내 혀가 풀리면서 내가 했던 기도의 내용과 그 집이 사실은 매매로 나왔다는 사실을 털어놓는 내 모습이 상상이 가시겠지요? 기차가 올롱 (Ollon)에 도착해서 노란 버스로 갈아타면서 우리는 하나님께서 샬레 레 멜레즈를 사도록 인도하신다는 확신이 들었습니다.

나중에 알게 된 사실이지만, 헬렌이 그 편지를 다 썼을 때는 이미 잠자리에 들 시간이었기에 아트에게 다음 날 아침 출근하는 길에 부쳐 달라고 했습니다. 그러나 아트는 그날 밤에 부쳐야겠다는 생각이 너무도 강하게 들어서 헬렌이 침대 곁에서 기도를 마치고 일어나자 아내에게 말을 하고 그 부부는 편지를 부치려고 차고에서 차를 꺼내어 시야를 가리는 폭우를 뚫고 중앙 우체국까지 갔던 것입니다.

그 편지가 도착한 시기의 완벽한 타이밍, 내가 기도할 때 얻었던 확신과 편지를 부쳐야겠다는 확신의 타이밍은 참으로 절묘한 것이었습니다. 게다가 그 돈을 '젊은이들에게 언제나 열려 있을' 집을 사는 데 쓰라는 부인의 말은 우리가 나중에 하게 될 사역에 대한 예언과도 같았습니다. 그 부인도, 그리고 우리 부부도 그것이 얼마나 정확한 예언인지 그 당시에는 몰랐습니다.

운이라고요? 우연의 일치라고요? 행운이었다고요? 우리에게 그것은 참으로 놀라운 기도의 응답이었고, 자기 자녀를 개인으로, 의미 있는 인격체로, 그리고 개별적으로 다루시는 인격적인 하나님의 실존이 놀랍게 입증된 사건이었습니다.

우리는 그 마을의 버스 정류장에 내렸습니다. 그 정류장은 앞으로 수많

인격적인 하나님,
그리고 특별한 응답

은 다양한 사람들이 도착하고 떠날 친숙한 자리가 될 터였습니다. 그러나 그날 아침 그곳은 황량했고, 그 위로는 빈집이 하나 있었고, 다른 한 쪽으로도 커다란 빈집이 있었습니다. 그날도 안개가 경치를 가리고 있었습니다. G 씨가 덧문을 열어 놓았고, 우리는 하나님께서 우리에게 어떤 집을 준비해 주셨는지 호기심을 가지고 그 샬레를 둘러보기 시작했습니다. 우리가 선택을 한다는 생각은 하나도 들지 않았습니다.

"예, 사도록 하지요."

그날 아침에는 그 말을 하기가 쉬웠습니다. 이것이 우리의 기도 응답이라는 틀림없는 징표를 하나님으로부터 받았다는 흥분과 확신으로 말했습니다. 우리의 기분은 최고조였고, 그 순간에는 어떠한 장애도 그리 심각해 보이지 않았습니다. 만 달러를 저당 설정해야 하고, 7천 달러를 현금으로 내야 한다는 말을 들었을 때도 우리는 걱정하지 않았습니다. 그날 아침에는 그랬습니다. 우리는 빨리 가서 용지를 작성하고 항소문을 보낼 생각밖에 없었습니다.

우리는 언덕을 내려오는 첫 버스를 잡아타고 역으로 가서 로잔으로 가는 기차로 갈아타고는 변호사와 경찰과 공증인을 만나러 갔고, 그들은 우리가 샬레를 찾는 데 하루만 더 걸렸어도 늦었을 거라고 말했습니다. 외국인 사무국 국장이 우리가 제대로 용지를 작성할 수 있도록 도와주었고, 그 서류를 먼저 올롱의 총리에게 보내야 한다고 알려 주었습니다(위에모가 속한 연방이 올롱이었습니다). 그 총리의 이름을 본 프랜은 전에 그를 만난 적이 있으며 그가 Ex 씨의 친구라는 것을 생각해 냈습니다. 그래서 그 서류는 Ex 씨가 직접 그 연방의 총리에게 제출했고, 설명까지 곁들였습니다.

며칠 후 A 씨의 삼촌인 D 씨가 로잔에서 전화로 이렇게 말했습니다.

"샬레를 사기로 하셨다고요? 외국에서 집을 사는 것은 아주 위험한 일입니다. 그 나라 재산 구조에 대해서 잘 모르니까요. 저는 공증인입니다. 그리고 부동산은 제가 관심을 갖는 일 중 하나구요. 당신이 사려고 하는 그 샬레를 한번 가서 보고, 그것이 재산으로서 어떤지 제 생각을 좀 말씀드려도 되겠습니까?"

솔직히 말해서 이 제안에 대한 나의 반응은 두려움이었습니다. '잘못 샀다고 하면 어떻게 하지? 그때는 어떻게 되나? 그 집을 사도록 인도받은 것이 아니었나?'

하지만 프랜은 그 제안이, 하나님께서 우리에게 분명하게 길을 보여 주신 또 한 번의 징표를 확인할 수 있는 기회라고 생각한다고 했습니다.

"우리가 이 일을 계속 진행하는 것이 옳다면 그분이 잘 샀다고 말하게 해 달라고 기도합시다."

그날 밤 D 씨의 목소리가 수화기 저편에서 들려오는 것을 들었을 때 나는 그의 대답을 듣고 싶지 않았습니다. 그 집이 아닐까 봐 너무나 걱정했던 것입니다. 그러나 그의 굵은 목소리를 들으면서 나는 안도의 한숨을 쉬었습니다.

"쉐퍼 부인, 그 샬레는 제가 한동안 보지 못했던 최상의 매입입니다. 하

인격적인 하나님,
그리고 특별한 응답

지만 다른 사람이 거의 그 집을 살 단계에 있기 때문에 내일 '선불금'을 내야만 합니다. 8천 프랑인데, 그만한 돈이 있습니까?"

나는 수화기를 막고 프랜에게 말했습니다. "프랜, 우리에게 돈이 얼마나 있어요? 내일 선불금을 내야 한대요."

우리 사무실 책상에는 클립이 끼워 있는 작은 종이 더미가 있었습니다. 헌금이 들어 있는 작은 편지 더미였지요. 그 사업가가 두고 간 돈, 천 달러의 돈과 그 외 다른 헌금들이 같이 묶여 있었습니다.

이 헌금이 들어온 시기가 단순한 우연의 일치가 아니라고 우리가 생각했던 이유를 하나 말씀드리지요. 몇 년 전에 샹뻬리에서 살 때 우리를 방문했던 노르웨이인 크리스천은, 우리가 간혹 소식을 전했음에도 자기가 왜 로잔 대학으로 돌아가지 않았는지 한 번도 소식을 전해 온 적이 없었습니다. 그 주간에 크리스천으로부터 긴 편지가 왔는데, 자기의 모든 계획을 바꾸고 3년 동안 학업을 중단할 수밖에 없었던 사연이 적혀 있었습니다. 이제 그는 스코틀랜드에서 학업을 계속할 수 있는 길이 열렸기 때문에 우리에게 그간 있었던 일을 이야기하고 싶다고 했습니다. 계속해서 그는 이렇게 적어 내려갔습니다.

"스위스에서 추방당했다는 이야기를 들었습니다. 기도를 해 드리고 싶은데, 그저 기도만 하고 싶지는 않습니다. 제가 로잔에 있을 때 은행에 돈을 저축해 둔 것이 있습니다. 은행에 이야기를 해서 그 돈을 당신께 보내려고 합니다. 그 돈으로 저와 같은 사람들에게 언제나 열려 있을 문을 하나

사 주세요."

문이라고? 지금이 아니라면 우리 인생의 어느 때에 이 말이 의미가 있었을까요? 크리스천의 편지와 쏠즈버리 부부의 편지 모두 우리의 미래 사역에 대한 예언을 담고 있었고, 시간이 갈수록 그 의미는 더 분명해졌습니다.

프랜은 다양한 방법으로 우리에게 들어온 돈을 금세 더했습니다. 총 액수는 정확히 8천 11프랑이었습니다.

"예, 그만한 돈이 있습니다!"

내가 대답했습니다.

다음 날 선불금을 지불하는 자리가 마련되었고, 우리는 확실한 구속력을 가진 서류에 서명을 했습니다. 우리는 5월 31일에 나머지 금액을 지불하겠다고 약속했고, 상대방은 우리가 4월과 5월 동안, 그러니까 마지막 '분할금'과 저당 금액을 합해서 주인에게 전액을 지불할 때까지 '임대료 없이' 그 집으로 이사해서 살게 해 주겠다고 약속했습니다.

우리는 8천 프랑(약 2천 달러)을 지불했고, 나머지 5천 달러는 5월 31일까지 지불할 것이며, 지불하지 못할 경우 선불금은 물론 위약금까지 물어주겠다고 했습니다. 이것이 선불금의 확고하고 구속력 있는 협약입니다. 서명하는 것이 겁이 날 정도였습니다. 딱 알맞은 액수의 돈이 들어왔다는 사실에 대한 경이감과 D 씨가 "잘 샀다"고 내려 준 평가를 통해서 확인한 하나님의 인도 덕분에 큰 확신을 가지고 그 서류에 서명을 하고 돈을 넘겨줄 수 있었습니다. 나중에 가서야 우리가 얼마나 큰일을 저질렀는지 깨닫게 되었

인격적인 하나님,
그리고 특별한 응답

지만, 우리가 가는 길의 이정표, 또는 우리가 지나온 길의 표지판은 서서히 늘어나고 있었습니다.

예배당의 벽난로

10
세밀한 것에 대한
하나님의 관심

그 후로 3월의 짧은 몇 주간은 매우 정신없는 시간들이었습니다. 짐 싸는 틈틈이 우리를 찾아와 일이 어떻게 되었는지 물어보는 마을 사람들과 이야기했고, 마을 사람들과 이야기하는 틈틈이 끼니를 챙겼습니다. 끼니를 챙기는 틈틈이 프랭키의 특별 치료도 계속해야 했으며, 프랭키의 치료 틈틈이 커튼을 뜯고, 책장에서 책을 꺼내는 등 방을 치웠습니다. 집을 치우는 틈틈이 수도 없이 걸려 오는 전화를 받았는데, 그러한 전화들은 또 다른 '불가능'했을 법한 것들을 가져올 때가 많았습니다. 전화를 받는 틈틈이 일주일에 세 번 찾아오는 학교 팀들을 위해 다과를 준비하고 거실을 정리했습니다. 학교 팀들이 오는 틈틈이 끊임없이 도착하는 우편물에 답장을 하느라 수도 없이 많은 편지를 썼습니다.

정규적인 교회 예배는 3월 마지막 주일까지 계속되었습니다. 로잔에서 C 부부 아기의 장례식도 있었습니다. 주일학교 교안과 삽화도 챙겨서 보내야 했습니다. 우리의 일상적 생활과 일들은 우리가 따라잡을 수 있을 때까지 기다려 주지 않았습니다. 누구나 자기 삶에 격변이 일어날 때면 경험하게 되지만, "급한 일을 위해 특별히 써야 할 시간임. 다른 모든 의무는 중지!"라고 이름표가 붙은 깔끔한 시간은 결코 없습니다. 음식도 준비해야 하고, 설거지도 해야 하고, 빨래도 해야 하고, 이도 닦아야 합니다.

'진리'와 '의미'에 대한 탐구는 많은 사람들이 '언젠가는' 시간을 내서 해 보리라고 마음먹는 것이지만, "우주의 의미에 대한 상고와 탐구를 위해 앞으로 모든 일은 중지됨"이라는 이름표를 붙이고 당신 손에 떨어지는 깔끔한 시간은 없습니다. 인생의 끝은 어느 날 갑자기 찾아와서 당신이 한눈팔고 있는 사이에 당신을 덮칩니다!

이러한 와중에 우리는 로잔에 있는 변호사로부터 체류 허가가 나오기까지 샬레 레 멜레즈가 아닌 '중립적인 장소'에서 기다려야 한다는 연락을 받았습니다. '중립적인 장소'란 바로 다른 주에 있는 호텔을 의미한다는 것이었습니다. 그래서 며칠 동안은 짐을 어떻게 싸야 할지 매우 불확실한 채로 지냈습니다. 곧바로 다른 샬레로 들어갈 짐을 싸야 하는지, 아니면 반은 보관하고 나머지는 트렁크에 넣어서 '중립적인 장소'로 챙겨 갈 짐을 싸야 하는지 알 수가 없었습니다. 그 소식 때문에 악몽 속에서 사는 것 같은 불안감이 고조되었던 우리의 심정을 이해하시겠어요? 다행히 이삿날, 아니 '방출되는 날' 이틀 전에서야 그 문제에 대한 기도의 응답을 받았습니다.

"새로운 샬레로 이사해서 그곳에서 최후 판결을 기다려도 좋습니다."

이 대답은 로잔에 있는 부셸 씨가 베른에 있는 국장에게 이야기를 하고,

또 이 일에 관련된 여러 사람들과 이야기를 해서 그 허가를 공식적인 것으로 만들어 우리에게 전해 준 것이었습니다. 인간의 관점에서 본다면 그 결정은 어느 쪽으로도 날 수 있었습니다.

'이사 업체' 사람들이 이삿짐을 보러 왔던 그날 밤의 광경은 코미디를 찍어도 될 지경이었습니다. 심지어 그 사람들은 외모까지 로렐과 하디(20세기 초 미국 코미디 극의 두 주인공. 한 명은 뚱뚱하고 한 명은 홀쭉한데, 둘이서 콤비로 연기를 했다 – 옮긴이) 같았습니다. 키가 크고 마른 사람과 키가 작고 뚱뚱한 사람이 돌아다니면서 짐을 살펴보았는데, 전혀 일하는 사람 같지 않은 태도로 엉뚱한 말을 던지는가 하면 다른 샬레로 이사를 해 주는 것이 아니라 마치 그 짐을 박물관에 넣을 생각이라도 하는 것 같은 질문들을 했습니다.

그들은 냉장고, 난로, 책 상자, 트렁크 같은 짐 밑에 손가락을 넣고 마치 무게라도 재는 것처럼 가만히 대고 있다가 의미심장하게 고개를 한 번 끄덕였습니다. 그들이 떠나기도 전에 딸아이들은 킥킥거리며 웃음을 터뜨렸습니다. 심사숙고 끝에 이사를 해 줄 수 있겠다는 결론에 도달했을 때, 그들은 3월 31일 아침 7시에 오겠다고 약속을 했습니다. 그런데 이사하기 이틀 전에 전화벨이 울렸습니다. 이사 업체로부터 온 전화였습니다.

"미안하지만, 이사를 해 드릴 수 없게 되었습니다. 적어도 지금은 안 됩니다. 눈사태를 잊고 있었어요. 도로가 파손되었고, 다리도 지탱하지 못할 거고, 들판도 얼음이 녹으면서 진흙투성이예요. 그래서 이사를 해 드릴 수가 없어요."

어떤 말도 그들의 마음을 돌이키지 못했습니다. 그 사람들은 이사를 해줄 수가 없었고, 그걸로 끝이었습니다. 이제 에일린은 무슨 새로운 문제가 생길 때마다 거실에 다 같이 모이는 일에 익숙해져 있었고, 이번에도 우리를 따라 거실로 들어왔습니다. 이제 막 31일에 어디로 이사를 가야 할지 문제가 해결된 것에 대해 하나님께 감사를 드렸는데, 우리는 다시 한 번 한 사람씩 돌아가며 기도해야 했습니다. 기도를 마치기 전에 전화가 울렸습니다. 쿠오니 여행사의 부셸 씨였습니다.

"잘되고 있습니까, 쉐퍼 부인? 이사할 준비는 되셨어요?"

"아, 부셸 씨, 새로운 문제가 생겼어요. 이사 업체가 눈사태 후 도로 상태 때문에 이사를 해 줄 수가 없대요. 어떻게 해야 할지 모르겠어요."

"그래요? 그럼 슈나이더라고 이제 막 이사 업체를 시작하려는 친구가 있는데, 그 친구한테 전화를 해 볼게요. 재주가 좋은 친구니까, 어떻게든 할 거예요."

그날 저녁 슈나이더 씨가 어린 아들과 커다란 개를 데리고 왔습니다. 그는 메모를 해 가며 샬레의 짐을 빠르고 효율적으로 훑어보았습니다. 그러다가 잠을 자려고 침대에 이불을 덮고 누워 있는 프랭키를 보더니 그에게 말을 걸었습니다. 그가 프랭키에게 한 말은 또 하나의 기도 응답이었습니다. 아주 작은 사람을 위한 아주 '부드러운' 응답이었지요.

프랭키는 잘게 자른 종이가 들어 있는 상자에 그릇이 조금씩 채워지는 (내가 다른 일들을 해 가며 그릇을 싸느라 한 번에 조금씩밖에 싸지 못했거든요) 것과 자기 방의 커튼과 그림들이 뜯기고 책장도 옮겨지는 것을 보면서 불안해하고 있었습니다.

"안녕, 프랭키? 혹시 지프 좋아하니?"

프랭키는 눈을 동그랗게 뜨면서 "예, 지프차 정말 좋아해요"라고 대답했습니다.

"내 지프차에 한번 타 볼래?"

다시 한 번 프랭키의 눈은 흥분으로 동그래졌습니다.

"너희 가족의 짐을 위에모로 옮길 구상을 해 보았거든. 이 샬레 밑에 있는 길은 트럭이 올 수가 없어. 하지만 나한테 랜드로버 지프가 있는데, 그 차는 아무 데나 갈 수 있어서 지프에 짐을 싣고 들판을 지나서 트럭을 세워 놓은 데까지 나를 거야. 트럭은 큰길에 둘 수밖에 없거든. 그래서 지프로 여러 번 왔다 갔다 해야 되는데, 네가 앞 좌석에 앉아서 나를 도와주렴!"

그때부터 프랭키는 이사를 기대하게 되었습니다. 이것을 우연의 일치나 기회 또는 행운으로 부를 수도 있겠지만, 나는 이것이 사랑이 무한하며 인격적인 하나님께서 매우 특별한 세밀함으로 응답하신 것이라고 생각합니다. 하나님은 아주 작은 것까지도 돌볼 수 있으실 뿐만 아니라 그 방법 또한 한없이 다양합니다.

일주일간 비가 내렸는데, 이사하는 날은 유난히 하늘이 맑았고 하루종일 비 한 방울 내리지 않았습니다. 건장한 일꾼들은 땅딸막한 지프에 짐

상자와 가구를 싣고 울퉁불퉁한 들판을 지나 큰길에 세워 둔 트럭까지 두 번을 왕복한 후에야 커피, 빵, 버터, 치즈, 젤리로 아침 식사를 했습니다. 마지막까지 남아 있던 접시와 컵 몇 개에 담아 거실 한복판에 있는 탁자 위에 차려진 상은 마치 그동안 그곳에서 해 오던 손님 접대의 '피날레'와도 같았습니다.

네 명의 뚱뚱한 남자들과 헤르만, 프랜 그리고 노버트 마클레이는 아침 내내 지프로 짐을 날랐고, 지프는 앞으로 갔다 뒤로 갔다 하면서 눈사태가 남겨 놓은 장애물을 없애려고 필사의 노력을 했습니다. 지프가 왕복할 때마다 앞 좌석에 앉은 프랭키는 중요한 자리라도 차지한 듯 으스대며 다리를 꼰 채로, 커피를 마시는 일꾼들처럼 우유를 마셨습니다.

트럭은 정오가 되기 전에 첫 번째 짐을 싣고 위에모로 떠났고, 뒤따르는 지프에는 프랜, 노버트, 데비, 프랭키 그리고 일꾼 두 명이 자리를 가득 채우고 있었습니다. 지프의 지붕은 젖혀져 있었고, 그들은 길에 나와 있는 사람들을 향해 손을 흔들었습니다. 그러자 우리 '편'인 사람들이 화답하며 열심히 손을 흔들어 주었습니다.

수잔은, 잠자리도 준비하고 필요한 것들을 미리 챙겨 놓겠다고 주장하며 떠난 플라이쉬만 부인과 함께 이미 하루 전에 위에모에 가 있었습니다. 하지만 수잔은 무리를 하는 바람에 다시 열병이 나서 샬레 레 멜레즈에서의 생활을 침대에 누워서 시작해야 했습니다.

그렇게 떠나고 나자 에일린, 프리실라, 라헬(샬레 비쥬의 주인 중 한 사람입니

다) 그리고 내가 남아서 마지막 짐을 싸고 청소를 한 뒤, 두 번째 짐을 실으러 지프와 트럭이 오기 전에 마지막 전화 통화도 하고 방문도 했습니다.

드디어 우리가 완전히 떠날 준비가 되었을 때는 이미 어두워져 있었고, 이번에는 가는 동안 조금이나마 더 따뜻하게 가려고 지프의 지붕을 덮고 갔습니다. '계란 아줌마'의 샬레를 지나가는데, 그 부인이 뛰어나와서 눈물이 그렁그렁한 채 작별 인사를 했습니다. 그리고 라헬의 샬레 앞에 오자 라헬이 잠옷이 든 자그마한 가방을 들고 뛰어나왔습니다. 라헬은 자신의 소중한 작업 시간을 희생하며 며칠간 와서 우리를 도와주겠다고 자청했고, 추방 최종 기한 불과 몇 시간 전에 그곳을 떠나는 우리와 함께 용감하게 차를 타고 갔습니다.

30분 후 아래쪽에 있는 계곡으로 론 강을 건너자 우리는 발레 주를 벗어나 보 주에 와 있었습니다. 우리의 '추방'은 구체적인 현실이 되었습니다. 강을 뒤돌아보며, 그것이 우리의 선택이 아니었다는 것과 그 당시로서는 우리가 원한다 해도 돌아갈 수 없다는 사실에 묘한 기분이 들었습니다.

다음 날 아침, 1955년 4월 1일에 우리는 일어나서 처음으로 집 주변의 '경치'를 보았습니다. 하나님께서 얼마나 놀라운 경치를 골라 주셨는지요! 우리가 선택하지 않고 우리에게 주어진 것을 바라보는 기분은 정말 황홀했습니다. 비가 내리기 직전이나 비가 많이 내린 직후, 그날과 같은 날이 종종 찾아옵니다. 공기가 굉장히 맑고 깨끗해서 모든 것이 돋보이는 그런 날 말입니다. 우리는 2층 구석에 있는 네모난 발코니에 자그마한 나무 탁자를 내다 놓고, 파란색과 흰색의 식탁보를 깐 뒤에 파란색과 흰색의 네덜란드산 접시와 컵과 그릇을 놓고 아침 식사를 했습니다. 그리고 따스한 태양을 받으며 앉아서 차와 함께 경치를 '들이마셨습니다!'

샬레에서는 론 계곡이 가로질러 보였고, 산허리 주변이나 아래쪽에서 흐르는 론 강의 이편과 저편에 점점이 있는 14개의 마을이 보였습니다. 사람이 살고 있는 곳을 넘어서 위쪽으로는 눈이 뒤덮인 바위투성이의 당 뒤 미디의 봉우리(우리의 옛 친구지요!)가 보였고, 반들반들하고 반짝거리는 빙하와 다른 많은 봉우리들이 보였습니다. 높은 봉우리 쪽에 시선을 고정시키고 있으면 들쭉날쭉한 눈 덮인 화강암 봉우리가 부드러운 푸른색 하늘 속에서 삼면으로 둘러싸인 양털 같은 흰 구름과 함께 어우러지는 모습이 보였습니다. 샬레 뒤로는 봉우리가 없었지만, 두텁고 짙은 소나무 숲으로 사라지는 풀로 덮인 가파른 들판이 있었습니다.

잔디밭을 두르고 있는 앞쪽 울타리 바로 밑으로는 도로까지 6미터 정도 급강하하는 길이 있었는데, 아침에 버스가 도착하면 아침 식사를 하는 발코니에서 차의 지붕이 보였습니다. 그 버스는 기차와 연결이 되는 버스이고, 에글르에서는 바로 로잔, 제네바 그리고 이어서 런던, 파리까지 직접 갈 수 있었고, 반대 방향으로 갈 경우 기차로 밀라노로 바로 가서 이탈리아 남부 지역까지 갈 수 있었습니다. 우리는 기차역까지 1.6킬로미터를 힘겹게 걸어가는 대신에 이제는 바로 우리 집 밑에서 교통수단을 이용할 수 있다는 사실에 기뻐했습니다. 교통수단에 관한 한 이 완벽한 위치가 앞으로 올 수많은 손님들에게도 유용하리라는 사실을 모른 채 우리는 이제 편하게 다니게 되었다는 사실만으로 기뻐했던 것입니다.

아침 식사 후 우리는 성경 읽고, 기도하고, 찬송도 부르는 순서로 진행되는 '가족 기도의 시간'을 가졌습니다. 우리 가족이 여섯 명이었고, 플라이쉬만 부인과 라헬 그리고 에일린이 있었습니다. 그것은 우리도 모르는 사이, 샬레 레 멜레즈에서의 첫 식사와 함께 라브리가 시작되었음을 의미했습니다. 독일인 음악가와 스위스인 농부 그리고 영국인 전임 해군 여자 부대원이자 전임 간호사인 여행 가이드가 우리의 첫 손님이었지요.

1층에 있는 방 두 개는 침실이었는데, 각 방마다 세면대와 가운데가 불룩한 난로, 침대, 갓의 벨벳 테두리가 좀이 먹은 전등, 그리고 지저분한 레이스 커튼이 창마다 묶여 있었습니다. 이삿짐을 옮겨 준 일꾼들은 트렁크와 온갖 짐꾸러미로 그 두 방을 가득 채워 놓았습니다.

프랜은 혼자 한 방에서 상자와 트렁크와 침대와 기타 다른 가구들을 다 치운 뒤 반듯한 의자 12개를 찾아서 세 줄로 나란히 놓고, 그 앞에다 탁자를 하나 갖다 놓고, 다락에서 오래된 나무 칸막이를 찾아내서 낡고 녹이 슨 세면대 앞에 세워 놓았습니다. 짜잔! 이렇게 프랜은 예배드릴 장소를 마련했습니다. 우리는 그렇게 그곳에서 보낸 첫 번째 주일에 우리 가족과 세 명의 손님 그리고 Ex 씨와 함께 예배를 드렸습니다. 라헬은 그날 밤 다시 만날 날을 기약하며 눈물을 흘리며 떠났고, 플라이쉬만 부인은 다음 날 아침에 떠났습니다.

세밀한 것에 대한
하나님의 관심

에일린은 월요일 아침 8시 버스로 떠날 예정이었지만, 나와 이야기하느라 아침이 거의 될 때까지 깨어 있었기 때문에 떠나는 시간을 연기했습니다. 에일린이 복음에 관심을 보이기 시작했거든요.

"가족 기도 시간에 성경에서 배우는 모든 놀라운 것들 때문에 가슴이 설레요. 저는 기독교인들은 침울하고 불행한 사람들이라고 늘 생각했는데 당신들을 보면 모두 신이 나 있고, 당신들의 생활도 침울한 것하고는 거리가 멀잖아요! 천국과 영생도 당신이 이야기하면 진짜 같고, '그냥 영접하는 것이 어떨까?' 하는 생각도 들어요. 하지만 그런 생각을 하면 저를 붙잡는 것이 있어요. 제가 제대로 이해하지 못하는 씨름이 제 안에서 일어나는 것을 느껴요. 사실 저는 절박할 것이 하나도 없거든요. 지금 이대로 사는 것이 좋고, 불행해 본 적도, 무언가 부족하다고 느낀 적도 없어요. 그냥 저 자신의 독립심이 좋은가 봐요. 저 자신의 뜻 말고 다른 누군가의 뜻을 따르는 것은 싫거든요. 또 제가 만약 이것을 받아들이면, 어쩌면 하나님이 저를 지난주에 여기 왔던 도리스처럼 아프리카 한복판으로 보내실지도 모른다는 생각이 들어서 겁이 나요. 저는 물이 부족한 곳은 싫어요!"

에일린은 나중에 영국에서 편지를 썼습니다.

"자리를 잡기가 쉽지 않습니다. 그리고 제 생애 처음으로 런던이 재미가 없네요. 성경을 읽고는 있지만 전혀 체계 없이 읽고 있어요. 주로 다른 일을 하는 중간에, 짐을 풀다가, 또는 요리를 하다가 음식이 막 타려고 할 때까지 읽지요. 그리고 여러 친구하고 긴 토론도 해 보았어요. 토론할 때는 아는 것도 거의 없으면서 당신의 생각을 굉장히 열심히 제시해요. 그러다가 갑자기 내가 도대체 누구 편이야 하는 생각이 든다니까요!"

우리 모두는 에일린을 매우 좋아했습니다. 우리는 계속해서 그녀가 그리스도를 '영접'하기를 바라고 있습니다. 아직은 영접하지 않았거든요.

다시 4월의 그 주간으로 돌아가지요. 이제 우리 가족만 있었습니다. 전화도 없고, 전자 제품도 없고(그 당시 위에모의 전압은 130볼트였는데, 저희가 가진 전자 제품은 모두 220볼트용이었기 때문에 심지어 다리미도 꽂을 수가 없었습니다), 도움을 받을 수도 없고, 모든 것이 포장된 채, 또는 '감추어진 채' 있는 것만 같았습니다. 그러자 집과 마을로부터 쫓겨난 것이 우리의 일은 제쳐 두고라도 우리의 일상생활에 얼마나 큰 장애물이 될 것인지 느끼게 되었습니다. 게다가 그때까지 체류 허가에 대해서도 아무런 말을 듣지 못하고 있는 상태였습니다.

부활절 주말에 프리실라는 성경학교에 참석하기 위해 제네바로 갔고, 나머지 식구들은 샬레에 남아 있었습니다. 데비는 자전거에서 떨어져서 다쳤고, 수잔은 다리를 질질 '끌다시피' 하며 돌아다녔고, 프랭키도 이번 이사로 충분히 들떠 있어서 당분간은 변화가 필요없었기 때문입니다.

우리가 떠나야 하는 날에 우리에게 갈 곳이 있다는 흥분은 이제 가라앉았고, 더 이상 차를 마시러 올 수 없는 샹뻬리 학생들과 부활절 예배를 기다리며 예배당에 있을 사람들을 생각하니 마음이 무거워졌습니다. 우리는 마클레이 씨가 가져온 수선화로 약간 화사해진 침실에서 소박하게 부활절 예배를 드린 후에, 훗날 우리 모두에게 너무나도 익숙해질 길 가운데 하나를 따라 산책을 하면서, 우리가 정말로 여기서 살게 될 것인지 궁금해했습니다.

또 한 가지 우울한 사건은 월요일에 우리 모두가 식중독에 걸린 것이었습니다. 평소에 내가 집에서 만들던 케이크 대신에 크림이 들어간 파이를 사 먹어서 그런 것이 분명했습니다. 수잔은 너무나 아픈 나머지 자기가 죽으면 자기 눈을 꼭 뉴욕 병원으로 보내겠다고 약속해 달라며 그 주소까지 찬찬히 불러 주면서 나에게 애원했습니다. 각막 이식을 기다리는 사람에게 기증하도록 말입니다.

화요일이 되자 프랜은 뱃멀미하는 것 같은 기분임에도 로잔으로 가서 프리실라를 만나 대학에 등록하는 것을 도와주고, 간 길에 경찰국에 있는 R 씨도 만나고 오겠다고 했습니다. 거기서 프랜은 우리의 체류 허가 건 전체가 교육·종교 위원회에 맡겨졌고, 바로 그 사람들이 우리 문제에 대해서 경찰국에 추천을 하게 되어 있다는 사실을 알게 되었습니다.

일은 더 복잡해졌습니다. 경찰국에서 우리에게 그 사실을 알려 주려고 하지 않았지만, 프랜이 직접 찾아갔더니 이 문제를 다루고 있는 위원회 회장을 가서 만나 보라고 조언해 주었습니다. 그래서 그다음 주 토요일 오후에 그를 찾아가기로 약속을 하고 나오는데 우연히 A 씨를 만나게 되었습니다. A 씨는 우리가 토요일에 회장을 찾아가서 이 문제를 설명할 때 반드시 누군가 같이 가서 도와주어야 한다고 강조했습니다.

우연일까요? 만약 그렇다면 아주 신중하게 계획된 우연이라는 생각이 들었습니다. 특히 나중에 이러한 사건들 하나 하나가 서로 맞아 들어가는 것이 얼마나 중요했는지를 알게 되면서 더욱 그랬습니다.

한편 나는 플라이쉬만 부인으로부터 편지를 받았습니다. 우리가 '쫓겨난' 첫 부활절 주일에 그 작은 예배당이 어땠는지에 대한 우리의 궁금증을 풀어 주는 편지였습니다. 그날 아침 부인은 다급한 심정으로 잠에서 깼다고 합니다.

"교회에 가서 오르간을 연주하고 쉐퍼 가족을 위해서 기도해야겠다."

부인은 일어나 먼저 우리가 부인에게 준, 독일어로 된 부활에 대한 성경 교재로 공부했습니다. 공부를 마치자 강한 의무감과 함께 '이제 시간이 됐다'는 생각이 들어서 성경과 교재와 찬송가를 집어 들고 가파른 길을 지나 교회로 향했습니다. 혼자 교회에 도착한 부인은 우리가 '비수기'에 사용했던 자그마한 옆방으로 들어가서 전기 난로 두 개를 켜고 찬송가를 반주하려고 앉았습니다. 그때 갑자기 문이 열리더니 사람들이 들어오기 시작했습니다. 그렇게 들어오기 시작한 사람이 나중에는 40명까지 되었습니다. 그들은 호텔에서 찾아온 영국인 방문객들이었는데, 그들이 묵고 있는 호텔에서 우리 예배 안내문을 게시판에서 떼지 않았던 것입니다.

한 번도 가르쳐 본 적이 없는 사랑스럽고 수줍음 많은 플라이쉬만 부인은 그러나 '이 사람들은 교회에 온 거야. 그냥 돌려보낼 수는 없어. 어떻게 해야 할지, 무슨 말을 해야 할지 가르쳐 달라고 성령님께 기도해야겠다'고 생각하고는 그 사람들에게 왜 이곳에 목사가 없는지 설명해 주기 위해 일어섰습니다. 그리고 놀라운 소식을 전해 준 후, 자기는 영어를 잘 못하지만 그 사람들이 예배를 드릴 수 있도록 도와주겠다고 했습니다.

"나는 영어로 기도한 다음에 프랑스어로도 기도를 했어요. 프랑스인 가족이 참석한 것이 보였거든요. 그러고 나서 찬송을 같이 부르고, 점잖아 보이는 영국인 부인에게 요한복음의 한 구절을 읽어 달라고 부탁했지요. 하나님의 말씀은 제대로 발음해야 한다는 생각이 들었거든요. 그러고 나서 당신이 준 부활에 대한 성경 공부 교재 두 장을 들고 그것을 영어로 그리고 프랑스어로 번역해 주었어요. 그리고 다시 찬송을 같이 부르고 기도를 했지요. 부활하신 이 예수님을 개인의 구세주로 영접하는 것이 꼭 필요하다고 이야기하고는, 독일어로 짧게 축도송을 불렀어요. 축도를 할 목사님이 없었으니까요."

나와 데비와 수잔은 이 편지를 읽으면서 말할 수 없이 기뻐했습니다. 제가 말했습니다.

"중국, 러시아 그리고 그 외 많은 곳에 이렇게 감동적인 이야기들이 얼마나 많이 숨어 있을까! 언젠가는 천국에서 이 모든 이야기를 듣게 되겠지? 그곳에서는 하나님께서 엮어 놓으신 이런 이야기들을 찾아볼 시간이 충분할 거야!"

11
왕의 마음이
주의 손에 있으니

프리실라가 대학에서 첫 주를 보내고 집으로 돌아온 날 프랭키는 좋아서 소리를 지르며 누나를 반겼습니다.

"누나, 노란 버스 타고 왔어? 나는 세 번째 버스를 타야 해."

무슨 이유에선지 모르지만 그 무렵 프랭키는 매일 세 번째 버스에 대해서 이야기를 했습니다.

그 주간에 종교·교육 위원회에서 우리 가족에 대해 호의적인 결정을 내렸다는 소식을 들었습니다. 한 발자국 앞으로 나아간 셈이었습니다. 이제는 나머지 관계 당국들이 결정을 내려서 서류 전체를 베른에 보내고, 연방 정부에서 최종 결정을 내리는 일이 남았습니다. 그 소식은 잠정적인 안도감을 주었지만, 아직도 부정적인 결론이 내려질 가능성도 충분히 있다는 것을 우리는 알고 있었습니다. 마치 도끼날 밑에 목을 대고 있는 심정이었지요.

체류 허가가 확실하게 떨어지기 전까지는 샬레에 아무런 변화를 줄 수도 없었고, 전화를 놓을 수도 없었습니다. 그래서 나는 수시로 손에 26쌍 띰(스위스의 화폐 단위 - 옮긴이)을 들고 옆집에 가서 그 집 전화를 써야 했습니다. 알고 보니 그 집에 사는 중년의 미혼 여성 두 분은 하숙집을 운영하고 있었고, 그중 한 분은 잡지에 사진으로 실리는 자수를 놓는 분이었습니다. 나는 갈 때마다 짧게 몇 마디를 나누었고, 데비는 숙제를 하다가 어려운 것이 있으면 종종 가서 도움을 청했습니다. 이제 프리실라가 집에 없으니 데비가 프랑스어에 관한 한 우리의 유일한 '권위자'였습니다.

어느 날 오후 그 두 분이 나에게 우리가 오래 머물 것인지, 그리고 왜 우리가 위에모에 왔는지 물었습니다. 나는 시간을 내서 그분들에게 사건의 전말을 이야기하는 것이 도리라는 생각이 들었습니다. 그래서 한참 이야기를 하고 나자 두 분은 고개를 저으면서 충격을 받은 표정으로 서로를 쳐다보았습니다.

"이런, 이런. 오빠한테 이야기를 해야겠어."

"맞아, 맞아. 그렇게 해야겠어. 내가 오늘밤에 전화할게."

"그런 일이 있어서는 안 되지요. 꼭 남아 있게 될 거예요."

나는 그들의 호의에 감사를 드리기는 했지만 약간 어리둥절한 채로, 그리고 그다지 감명을 받지도 않은 상태로 집으로 돌아왔습니다. '좋은 분들이네, 그래도 돕고는 싶으셔서. 아마 저분들 인생에서는 언제나 오빠가 유일한 해결사였을 거야' 하고 생각했습니다. 누군가가 나를 정말 생각해 줄 때 느끼는 그러한 따스한 감정을 느낀 것이 전부였습니다.

우편 배달부 앨리스가 다음 날 아침에 우편물을 가지고 왔을 때, 나는 물었습니다.

"그런데 말이지요, 보 씨뜨에 사는 두 분의 오빠가 도대체 누구예요?"

"어머, 모르셨어요? 국방부 장관 쇼데 씨잖아요. 일곱 각료 중 한 분이세요!"

나는 놀라움에 숨을 들이마셨습니다.

"그래요? 그렇다면 정말로 무슨 조치를 취할 수 있겠네!"

"물론이지요. 현재 스위스의 교대 대통령 중 한 분이시니까요."

스위스는 일곱 명의 각료를 선출해서 나라를 다스리도록 하기 때문에 대통령을 선출하는 일반 선거가 없습니다. 이 일곱 명은 각자 국방부나 종교·교육부, 보건부 등의 부서의 장관으로 있습니다. 일종의 내각과도 같은데, 이들은 서로 돌아가면서 대통령을 합니다. 한 사람이 1년간 대통령을 하고 그다음 사람에게 대통령직을 물려줍니다. 정말로 민주적인 제도이지요. 그런데 그 당시에는 쇼데 씨가 대통령이었던 것입니다. 그 두 여성은 태연하게 대통령에게 전화를 해서 이 사건을 이야기하겠다는 것이었습니다!

스위스에는 22개의 주가 있었는데, 그중에서 일곱 개의 주만이 일곱 명의 각료에 자기 주의 사람을 두고 있는 것이었습니다. 각 주에는 많은 도시와 마을이 있습니다. 위에모 마을에도 당시에 70여 가구가 있었습니다. 그 나라 전체에서, 일곱 각료 중 한 사람의 누이들이 사는 집 바로 옆집에 우리가 살게 되었으니, 참으로 묘한 '우연'이지요.

정말로 우연이었을까요? 기회가 좋았던 것일까요? 행운이었을까요? 이 사건은 우리에게 홍해를 가르시고, 사자의 입을 막으시는 그 하나님을 보여 주었습니다.

약간 구부정하고, 흰머리에 반짝이는 파란 눈의 노인 한 분이 날마다 우리 집 뒷길을 지나다니셨습니다. 내가 빨래를 널러 나갈 때면 으레 만났지요. 삽과 써레를 가지고 당신 샬레에서 조금 먼 곳에 있는 조그만 땅덩이에 야채 밭을 가꾸러 다니시는 분이었습니다. 우리는 서로 인사말을 주고받았고, 가끔씩은 그분이 가던 길을 멈춰 서서 조금 긴 대화를 나누기도 했습니다.

나는 앨리스로부터 그분이 은퇴한 목사님이고, 그 마을에서 존경받는 분이라는 말을 들었기에 우리가 어떻게 이곳에 오게 되었는지 말씀드리는 것이 마땅하다는 생각이 들었습니다. 이분은 오랫동안 목회를 하셨습니다. 자연을 사랑하고 온유하신 이분은 젊은 시절에 비싼 가이드를 고용하지 않고도 산을 탈 수 있도록 그 어려운 자격 시험을 통과한 스위스 공인 산악 가이드이기도 했습니다.

이 목사님은 샹뻬리에서 온 어떤 남자를 자기 짐꾼(porter)으로 훈련을 시켰고, 나중에는 그 사람을 아들처럼 사랑하고 신뢰하게 되었습니다. 우리의 이야기를 해 드리자, 이 목사님은 이제는 뛰어난 가이드가 된 자신의 옛 짐꾼에게 전화를 해서 이 문제에 대한 그의 의견을 물었습니다. 그런데 알고 보니 그 샹뻬리의 가이드가 바로 우리의 좋은 친구인 아방떼이 씨였습니다. 그는 우리 가족에 대해서 매우 호의적으로 이야기를 해 주었고, 우리가 추방당한 사실에 대해 상당히 충격을 받은 우리의 친구들이 샹뻬리에 많이 있다고 분명하게 말해 주었습니다.

그 목사님은 찬찬히 우리를 돌아보시더니, 입가에서부터 눈으로 희미하게 웃음을 띠면서 "이 문제에 대해서 제 조카한테 편지를 쓰지요. 사건 전말을 이야기해 주어서 검토해 보게 하겠습니다"라고 말했습니다.

그분의 조카는 누구였을까요? 그는 베른에 있는 외국인 사무국의 국장이었습니다. 우리의 체류 허가에 대한 모든 서류를 최종적으로 서명하게 될 바로 그 사람이었습니다. 목사님을 통해서 나중에 알고 보니, 우리 가족에 대한 명령이 그의 사무실로 전달되었을 때는 출타 중이었고, 로마 가톨릭 신자였던 그의 조수가 서류에 서명을 했던 것입니다. 그는 자기 상관이 자리를 비웠을 때 대신 서명을 할 수 있는 권한을 가지고 있었습니다. 그러나 이번 일처럼 중요하고, 평소 관례에 상당히 어긋나는 일은 마땅히 서명하기 전에 국장에게 보고해야 했던 일이었습니다.

그 목사님이 우리의 이웃이었습니다. 레 멜레즈에서 반대쪽으로 두 집 건너서 말입니다. 그렇게 영향력 있는 두 사람의 친척들이 사는 집 사이에 자리 잡고 있는 그런 샬레를 도대체 누가 고를 수 있었을까요? 우연이라고요? 기회가 좋았다고요? 행운이라고요? 다시 한 번 말씀드리지만, 우리는 그것이 인격적인 하나님께서 기도에 응답하신 기적이라고 믿습니다.

며칠 후 그 두 자매 중 한 분이 신이 나서 우리를 찾아왔는데 내가 문을 열자마자 이렇게 말했습니다.

"이제 막 오빠한테서 편지가 왔어요. 어저께 그 문제를 자세히 검토해 보았는데, 이제 해결되었다고 말씀드리래요. 당신들은 이제 여기에 있어도 돼요! 미국에 있는 친구들하고 가족들한테 그렇게 전보를 치세요. 더 이상 걱정하지 않을게요."

최고위층의 사람이 우리에게 허가를 해 준 것이었습니다. 그러나 실제로 체류 허가서가 우리 손에 쥐어지고, 여권을 돌려 받은 것은 6월 21일이 되어서였습니다. 우리 여권에는 코드 번호가 적혀 있는 페이지에 보라색 잉크로 "취소, 취소, 취소"라는 도장이 찍혀 있었습니다. 그 도장이 없었다면 우리는 스위스밖으로 쫓겨나서 2년 동안은 돌아올 수 없었을 것입니다. 취소! 이 얼마나 큰 승리입니까!

그 기간 동안의 어려움은 단지 추방 명령이 최종적으로 어떻게 판결이 날지 알 수 없고, 샬레의 잔금을 치러야 할 날이 다가온다는 불안만이 아니었습니다. 우리가 해 오던 일에 관한 한 일종의 '감옥'에 갇혀 있다는 기분이 계속되는 것도 큰 어려움이었습니다. 여권은 경찰 손에 넘어가서 6월 21일까지 그곳에 있었고, 게다가 프랭키와 수잔이 아파서 핀란드로 가기로 한 여행을 계속해서 취소한 상태로 두어야 했습니다. 그리고 그 기간 동안에는 샹뻬리로 돌아갈 수도 없었기 때문에 학교 학생들과 하던 저녁 토론 모임도 계속할 수 없었고, 주일 아침 예배도 드릴 수가 없었습니다. 이곳 위에모에서는 기숙학교와 실질적인 접촉도 없었고, 성경 공부를 하러 우르

르 몰려오는 아이들도 없었습니다. 우리의 '일'은 도대체 어떻게 될 것인지 알 수가 없었습니다.

계속해서 쌓이는 놀라운 기도 응답에도 불구하고 우리 안에는 '우리가 왜 이곳에 왔을까? 하나님께서 왜 우리를 위에모라고 하는 작은 마을에 있는 샬레 레 멜레즈로 데리고 오셨을까?' 하는 질문이 끊임없이 일어났습니다.

마드모아젤 쇼데가 베른에 있는 오빠로부터 확실한 전갈을 받았다는 놀라운 소식을 전화로 듣고 있던 프리실라는 자기 자신의 소식도 전하고 싶어서 안달을 했습니다.

"엄마, 여기서 미국인 여학생을 하나 만났는데요, 아주 세련된 앤데, 그레이스 켈리 비슷하게 생기고, 사람들에 대해서 좀 초연해 있는 듯한 그런 인상을 가진 애예요. 그런 아이를 내가 만나게 되리라고는 생각도 못했죠. 그런데 어느 날 수업을 마치고 나서 그 애가 그냥 저에게 오더니 프랑스어로 이야기를 하는 거예요. 그러더니 갑자기 '아버지가 목사님이시지?' 하고 묻더라고요. 누가 그런 이야기를 해 줬는지 모르겠어요. 그러더니 '난 종교가 없는데, 너무 혼란스러워. 그리고 우리 가족 중에서도 착실한 사람은 하나도 없어. 그래서 너희 아버지하고 이야기를 좀 할 수 있으면 좋겠는데' 하더라고요. 그래서 같이 커피를 마셨는데, 이야기를 해 보니까 동양인 선생님에게서 힌두교와 불교를 배우며 생긴 질문들인데, 그 질문에는 아빠의 대답이 필요하다는 생각이 들었어요. 주말에 그 애를 집으로 데려가도 돼요? 샬레가 아직 정리가 안 된 것은 알지만, 그런 것은 별로 상관 안 할 친구 같아요!"

'그레이스'와 프리실라가 도착한 금요일에는 천둥번개가 치고 있었고, 샬레의 전기도 나가 버렸습니다. 그 아이들이 오기 직전에 다른 여학생 두 명도 도착했습니다. 로스앤젤레스에 사는 내 친구의 딸인 도로시 제이미슨과 도로시하고 같이 히치하이킹을 하고 있는 대학 친구 루스였습니다.

그 금요일 밤 우리는 초가 다 탈 때까지 식탁에 앉아 있었습니다. 식사를 나르는 사이사이 나는 2층에 있는 프랭키의 방에서 프랭키만 따로 밥을 먹였습니다. 이때부터 시작된 이러한 습관은 그 후로 2년 동안 계속되었는데, 저녁 식사를 하면서 가지는 토론 시간은 수다스러운 이 작은 아이 때문에 자주 방해를 받았고, 프랭키도 조용하게 이야기책을 읽을 필요가 있었기 때문입니다. 그리고 후식을 먹고 난 후에 나는 프랭키를 재우고 설거지를 했습니다. 하지만 그 일을 다 하고도 토론에 '끼어들' 시간은 충분했습니다. 토론은 바로 그 자리에서 새벽 2시까지 계속되었기 때문입니다.

토요일 정오의 점심 시간에도 전날 밤과 거의 비슷한 일이 일어났습니다. 토론이 시작되고, 자발적으로 그리고 자연스럽게 질문이 쏟아져 나오고(동양 종교와 여러 철학들 그리고 현대 연극과 예술에 깔린 철학 등으로부터 나오는 질문들이었습니다), 신중하고 사려 깊게 대답이 주어졌습니다. 프랜은 우선 다양한 철학들의 논리적인 결말을 제시하고, 여러 세대 동안 철학자들이 씨름해 온 문제들에 대해서 성경은 어떠한 대답을 주고 있는지를 이야기해 주었습니다. 그레이스는 우리가 성경이 진리라고 정말로 믿는 것에 충격을 받았습니다.

"중세 시대 이후로는 아무도 성경을 믿지 않는다고 생각했어요. 그것을 진리라고 믿는 사람이 있는 줄 몰랐어요. 적어도 오늘날에는 말이에요."

토론 외에도 하이킹도 하고 식사도 하며 주말을 보냈습니다. 토요일 밤에는 집 바깥에 있는 자갈 언덕에 불을 지폈습니다. 이 자갈 언덕 주위로는 반원 모양의 풀밭이 자연스럽게 층을 이루고 있어서 쭈그려 앉아 핫도그를 구워 먹고, 나중에는 불가에 둘러앉아 이야기하기에 딱 알맞았습니다. 조약돌이 깔려 있는 탁 트인 베란다에 뷔페 형식으로 상을 차렸습니다. 우리는 '날이 좋으면, 이곳에서 이야기를 나눌 수 있고, 주말에 적어도 한 끼 정도는 저 작은 스토브에서 요리하는 어려움을 해결할 수 있겠구나' 하고 생각했습니다.

다시 대학으로 돌아간 그레이스는 자기 세계가 완전히 뒤집어진 충격으로 프리실라를 피했습니다. 그러다가 다시 프리실라를 찾아서 좀더 많은 질문을 하고 다른 학생들과도 이야기를 하기 시작했습니다. 그러자 다른 학생들도 프리실라에게 기독교에 대해서 궁금한 것들을 질문하기 시작했고, 또 한 명의 여학생이 주말에 우리 집에 오고 싶어 했습니다. 그 여학생은 미국 남부에서 왔는데, 개신교 가정에서 자랐음에도 불구하고 스페인에 있는 무슨 성지를 찾아다니면서 마음의 평안을 구하고 있었습니다. 그 다음에 우리 집에 온 여학생들은 독일에서 온 학생들이었습니다. 그렇게

왕의 마음이
주의 손에 있으니

손님은 계속되었습니다.

한편 어떤 대회에서 유럽 여행권을 상으로 받은 두 명의 젊은 여성 화가가 우리 집에서 일주일간 머물렀습니다. 그들은 마을과 산에서 스케치를 하는 사이사이에 프랜과 산책을 하거나 부엌에서 나를 따라다니며 질문을 하고 대답을 듣는 데 시간을 보냈습니다. 그리고 간혹 수잔과 하는 토론도 그들에게는 놀라운 경험이었습니다.

5월 말이 다가오자, 한 가지 사실이 분명해지기 시작했습니다. 하나님께서 고도 945미터에 있는 이 작은 마을로 우리를 데리고 오셔서 라브리, 즉 피난처가 될 샬레에 살게 하셨는데, 그것은 우리가 샹뻬리에 있을 때 상상한 것처럼 저녁 때만 사람들이 찾아오는 곳이 되게 하기 위해서가 아니라, 어느 가정에 손님으로 와 있는 것처럼 주말에 또는 며칠 동안 머물면서 충분한 시간을 가지고 질문도 하고 산책도 하고 식사 시간이나 부엌에서 격식 없이 보내는 시간에 그 대답들을 곰곰이 생각하는 곳이 되게 하기 위해서라는 사실이었습니다. 그것은 우리의 계획이 아니었지만, 우리를 위에모로 데리고 오신 이유를 보여 달라고 하나님께 기도하면서 날마다, 주말마다 하나님께서 우리에게 그 대답을 참으로 보여 주신다고 확신하게 되었습니다.

5월 30일이 되기 8일 전 우리 '온도계'에는 정확히 4,915달러 69센트가 표시되어 있었습니다. 이 온도계는 프리실라와 수잔이 마분지 위에 그린 온도계 그림이었습니다. 프리실라와 수잔은 이 샬레의 값을 지불해 달라는 명목으로 들어오는 헌금을 그 도표에 표시를 했고, 우리 모두는 '하나님께서 하실 일'을 보는 데에 갈수록 더 많은 관심을 가지게 되었습니다. 하나님께서 하시리라는 점에 대해서는, 지금까지 지나온 표지판이나 이정표의 확실성에 기초한 믿음으로 우리 모두 확신을 가지고 있었습니다. 우리를 샬레로 인도하셨을 뿐만 아니라, 이 샬레를 사겠다는 약속을 하도록 인도하시고, 체류 허가를 얻는 데에 필요한 도움을 받을 수 있는 곳에 놀랍게 자리 잡게 하신 분은 하나님이심이 분명했습니다.

딱 알맞은 액수의 돈이 필요한 이 긴요한 순간에 '설마 우리를 저버리시지는 않겠지?' 하고 우리는 생각했습니다. 하나님께서 특별한 목적을 가지고 우리를 이 샬레로 데리고 오셨다고 하는 우리의 믿음이 옳다면, 정확히 7,366달러를 주셔서 집값을 지불할 수 있게 해 달라는 이 '불가능'한 요청도 응답을 받을 것이었습니다. 가끔씩 다소 긴장되는 때도 있었지만, 정말이지 그 당시에는 어떠한 큰 의심도 들지 않았습니다. 하나님께서 이미 이 모든 일이 우리 손에 있지 않다는 것을 보여 주셨다고 우리는 생각했습니다.

그 마지막 며칠 동안은 편지가 올 때마다 온도계의 눈금이 올라갔고, 그때마다 우리는 기뻐했습니다. 솔직히 어떤 편지가 아주 조금밖에 눈금을 '올리지' 못했을 때는 불가능해 보이기도 했습니다. 그러나 그 특별한 시기에 응답을 보기 전에도, 우리에게는 놀라운 내적 평안이 있었습니다. 성경에서 말하는 '모든 지각에 뛰어난 하나님의 평강'은 참으로 놀라운 경험입

왕의 마음이
주의 손에 있으니

니다. 그것은 참으로 우리의 평강이 아닌 하나님의 평강이며, 초자연적인 것입니다. 사실 '초'라는 말은 '위에'라는 뜻이고, 따라서 초자연적인 것은 '위의' 것 혹은 평범을 넘어서는 것이지요.

토요일은 수잔의 생일이어서 자갈 언덕에서 핫도그를 구워 먹으며 축하를 했습니다. 마을 아이 두 명이 파티에 참석했는데, 그런 것을 한 번도 보지 못한 아이들은 눈이 휘둥그래지며 즐거워했습니다.

그리고 주일에는 저녁 식사를 마칠 무렵 노란 버스가 도착했는데, 세 명의 부인이 내려서 우리 집 쪽으로 올라왔습니다. 한 사람은 소중한 유가 증권이 들어 있는 가방을 들고 온 플라이쉬만 부인이었습니다. 그것은 '과부의 쌈짓돈'이었지요.

"내일 혹시 돈이 필요하시면 빌려 드리려고요."

나머지 두 사람은 플로리다 주 레이크랜드에서 온 사람들이었는데, 350명의 다른 여성들과 함께 여성 클럽 대회에 참석하고 유럽 여행을 하기 위해 이제 막 비행기로 제네바에 도착한 것입니다.

상을 다시 한 번 차릴 만큼 음식은 충분히 남아 있었습니다. 프랭키가 잠이 들어 나는 식사를 하고 있는 두 부인과 좀더 편안히 이야기할 수 있었습니다. 그리고 프리실라는 화가 중 한 명과 이야기를 했고, 수잔은 플라이쉬만 부인과 이야기를 했고, 프랜은 다음 버스로 떠나는 또 다른 화가인 필리스와 그 주간에 나눈 대화의 결론을 짓고 있었습니다.

"전에는 기독교가 제게 어떤 의미가 있었는지 잘 몰랐지만, 이제는 그 의미를 확실히 알아요."

필리스는 그리스도를 구세주로 영접하고 기도를 하면서 진심으로 말했습니다. 버스를 올라타는 필리스의 얼굴에는 빛이 났습니다. 그러나 그 빛은 잔금을 지불하기 불과 24시간 전에 샬레 레 멜레즈에서 있었던 이 '새로운 탄생'을 보면서 우리가 흥분했던 그 기분만큼 빛나지는 않았을 것입니다. 이런 사실들을 경험하며 하나님께서 라브리를 당신의 목적을 위해 사용하시겠다는 것을 우리에게 보여 주신 것과, 그 일에 필요한 집을 살 수 있게 해 주실 것이라는 사실을 우리가 어떻게 의심할 수 있었겠습니까?

WEDNESDAY AUGUST 14, 1968
L'ABRI DAY of PRAYER

JESUS ANSWERED AND SAID UNTO THEM, VERILY I SAY
UNTO YOU, IF YE HAVE FAITH AND DOUBT NOT, YE SHALL
NOT ONLY DO THIS WHICH IS DONE UNTO THE FIG TREE,
BUT ALSO IF YE SHALL SAY UNTO THIS MOUNTAIN, BE
THOU REMOVED AND

SIGN UP FOR YOUR TIME OF PRAYER

PRAYER ROOM	TIME	OTHER PLACES
	8:30 – 9:00	J.S.S
Gracia	9:00 – 9:30	
AYM	9:30 – 10:00	Nancy
	10:00 – 10:30	
JPS	10:30 – 11:00	Frankey S
Christina	11:00 – 11:30	Claire
Andy R	11:30 – 12:00	Abby
NB	12:00 – 12:30	OG
B.C.	12:30 – 1:00	
Michael V.	1:00 – 1:30	John S.
E.S.S.	1:30 – 2:00	
Connie	2:00 – 2:30	Roy Kramer
Cynthia	2:30 – 3:00	
	3:00 – 3:30	FAS
J.D. Wysor	3:30 – 4:00	Ds
Sylvia	4:00 – 4:30	
Larry	4:30 – 5:00	D.S.M.
Barbara	5:00 – 5:30	
UwH	5:30 – 6:00	
Cora	6:00 – 6:30	
	6:30 – 7:00	

BE THOU CAST INTO THE SEA;
IT SHALL BE DONE. AND ALL THINGS, WHATSOEVER
YE SHALL ASK IN PRAYER, BELIEVING, YE SHALL RECEIVE.
MATT. 21:21,22

라브리 '기도의 날' 시간표

12
응답 받은
믿음

1955년 5월 30일 아침에 태양이 마음까지 밝게 비추어 주었습니다. 아침에 먹을 신선한 빵을 사기 위해 프랭키와 함께 마을로 내려가면서, 나는 속에서 흥분이 일어나는 것을 느꼈습니다. '마지막 우편물'이 도착할 시간이 다 되었기 때문입니다. 프랭키가 남부식 발음으로 '메리컨 걸스'라고 부르는 플로리다에서 온 두 부인이(이 분들은 프랭키가 그렇게 부르는 것을 좋아했답니다) 발코니에서 늦은 아침 식사를 하고 있는데, 앨리스가 우편물을 가지고 왔습니다.

"이것 좀 봐요, 이것 좀 봐요, 편지가 많아요. 보세요!"

상기된 볼에 눈을 반짝이며 앨리스가 외쳤습니다. 앨리스는 우리가 집값을 지불하기 위해서 기도하고 있다는 사실을 알고 있었고, 프랜과 프리실라가 돈을 내기 위해 오후 2시 버스를 타고 에글르에 갈 것이라는 사실을 알고 있었기 때문에 흥분하고 있었습니다. 앨리스가 왔을 때가 아침 11시였습니다.

발코니로 서둘러 올라가, 우리는 플라이쉬만 부인과 플로리다에서 온 두 부인이 보는 앞에서 그 신나는 내용물들을 열어 보았습니다. 수표들이 쏟아져 나왔고, 편지에는 그 사람들이 어떻게 특정 액수를 보내도록 인도받았는지에 대한 이야기들이 적혀 있었습니다. 그날 아침에 도착해서 전체 액수에 추가될 15개의 헌금은 총 814달러였습니다. 이제 플라이쉬만 부인의 유가 증권을 빌릴 필요도, 마지막 액수를 채우기 위해 그 누구도 희생할 필요가 없었습니다.

우리는 다 같이 1층으로 내려가서 당시 임시 거실로 쓰고 있던 침실에서 감사 기도 모임을 가졌습니다. 결코 가능한 일이 아니었습니다. 그런데 그 일이 일어난 것입니다! 두 달 전에 프리실라는 헨델이 〈메시야〉라는 작품에서 곡을 붙인 "그의 이름은 기묘자라, 모사라"(사 9:6)라는 말씀을 그 온도계 위에 적어 놓았었습니다. 그날 아침에 우리가 그 노래를 불렀더라면 굉장한 감정을 실어서 불렀을 것입니다. 정말로 큰 감동의 순간이었습니다.

그날 오후에 있었던 일들을 다 들은 것은 저녁 시간이 되어서였습니다. 프랜과 프리실라가 에글르에 내려서 공증인의 사무실로 가려고 했을 때, K 부인이 프랜에게 매우 진지하고 자연스럽게 "당신이 하라는 대로 그리스도를 영접했어요"라고 말했습니다. '꾸며 낸' 이야기처럼 들릴지 모르지만 전혀 그렇지 않습니다. 그것은 우리가 정직하게 하나님의 인도를 위해 기도했을 때 하나님께서 때로 그런 사건들을 부각시켜 주시는 하나의 증거일 뿐입니다.

그 부인의 회심 사건은 마치 하나님께서 우리에게 "내가 이 샬레를 선택했고, 내가 그것을 구입하도록 인도했고, 내가 오늘의 거래를 위해서 필요한 돈을 보내 주었고, 나는 이 집을 이렇게, 즉 영적인 도움이 필요한 사람들을 돕는 일에 사용할 것이다"라고 말씀하시는 것 같았습니다.

프랜과 프리실라가 공증인 사무실에 도착했을 때 처음으로 받은 것은 특별 배달 우편이었습니다. 거기에는 Ex 씨가 쓴 격려의 편지와 함께, 자신이 영적으로 받은 모든 것에 대한 감사와 헌금이 들어 있었습니다. 세금과 공증인 수수료를 포함한 모든 비용을 합산한 총 액수는 우리가 가진 돈과 불과 3달러 이내의 차이밖에 없었습니다.

돈이 많이 남지 않았다는 사실은 돈이 충분했다는 사실보다 놀라운 것이었습니다. 한번 생각해 보세요. 2개월 정도의 기간 동안 널리 흩어져 있는 세계 곳곳에서 157회의 헌금이 들어왔습니다. 자신의 헌금이 전체 액수에 어느 정도 도움이 될지 다른 누구에게 물어볼 수 있는 사람은 한 사람도 없었습니다. 가장 적은 헌금은 1달러였고, 제일 처음에 들어온 그 천 달러를 제외하고 가장 큰 헌금이 225달러였습니다. 헌금의 전체 액수는 정확히 7,343달러 30센트였습니다.

우리는 모든 비용을 포함해서 7,366달러가 필요할 것이라고 생각했지만, 결산 비용 중에서 우리가 예상했던 것보다 조금 적게 드는 비용들이 있었고, 따라서 모든 계산이 끝나고 나니 3달러 이내의 차이밖에 나지 않왔던 것입니다. 은행에서 저당권을 설정해 대출을 해 주었고, 우리가 매달 내야 하는 대출금은 그 지역에서 임대를 얻을 경우 내야 하는 최소한의 임대료보다 더 적었습니다. 놀랍게도, 모든 헌금이 제시간에 도착했습니다. 그때 이후로는 집을 사는 데 쓰라고 보내오는 헌금은 하나도 없었습니다.

그 몇 주간의 경험들과 이 마지막 결론은, 하나님께서 기도의 응답으로 어떤 일을 하실 수 있는지를 우리에게 보여 주는 확실한 증거가 되었습니다. 그러나 그것으로 그 증거가 끝난 것은 아니었습니다. 증거는 우리가 그냥 과거를 돌이켜 보면서 "그래 알아. 그때 특별한 기도의 응답을 받았거든. 그때 그 시절에 말이야"라고 말할 수 있는 성질의 것이 아니었습니다.

주말마다 젊은이들이 찾아왔습니다. 그 행렬은 끊임이 없었고, 오히려 매주 늘어났습니다. 이 젊은이들은 인생의 답을 찾고 있었습니다. '인생에는 목적이 있는가?' '우주에는 의미가 있는가?' '인격의 근원은 무엇인가?' 그들은 다양한 배경을 가지고 있었지만, 거의 한 사람의 예외도 없이 그들이 처음 올 때는 신자가 아니었습니다. 그들 대부분은 하나님이 없다고 생각하거나, 하나님이 있는지 없는지 잘 모르는 이들이었습니다.

우리는 그 젊은이들의 질문에 대답해 주었습니다. 지적 사고에 기초해서 신중하고, 길고, 철저한 대답을 해 주었습니다. 그리고 나서 성경에 기초해서 적극적인 가르침도 주었습니다.

그러나 이러한 대화와 토론 이외에 또 다른 일이 일어나고 있었습니다. 우리가 무엇인가를 위해 기도하고 있을 때 그들은 우리와 함께 있었고, 그 기도가 응답받았다는 것을 그들은 나중에 알게 되었습니다. 마치 우편 배달부인 앨리스가, 우리가 매우 긴장하면서 체류 허가와 집을 구입하는 문제에 대한 응답을 기다렸던 때에 우리와 함께 긴장하고 기다렸던 것처럼 다른 사람들도 그렇게 하게 되었던 것입니다.

그들은 하나님께서 존재하신다는 증거, 하나님이 실제로 계신다는 사실의 증거를 우리를 통해서가 아니라 기도에 대한 하나님의 응답을 통해서 보게 되었습니다. 이러한 요소들의 배합은 우리가 계획하거나 생각해 낸 것이 아니라 하나님께서 주신 것이었습니다. 그것은 결코 '계획'되거나 전시용으로 '상연'될 수 있는 것이 아니었습니다. 그것은 진짜여야 했습니다.

우리는 하나님께서 단지 그 당시에 우리 집을 오고 가던 젊은이들을 돕는 것만이 아니라, 우리의 미래에 대해서 무엇인가를 말씀하시려고 그것을 사용하신다는 생각이 들었습니다. 하나님께서는 우리가 가는 길에 일련의 표지판과 이정표를 주셨습니다. 그러나 그 이정표들은 단지 우리가 다른 곳으로 이사를 해서 스위스에서 머물도록 인도한 것이 아니라, 완전히 새로운 길로 인도했습니다. 이제 와서 우리가 깨닫는 것은, 우리가 모든 면에서 완전히 뿌리째 뽑히지 않았다면, 그리고 그러한 상황 속에서 알지 못하는 곳으로 가는 그 길을 하나님께서 한 걸음씩 해결해 주시고 인도해 달라고 기도하지 않았다면 라브리가 지금 하고 있는 일을 결코 하지 못했을 것이라는 사실입니다.

집값을 지불한 지 불과 닷새 후인 6월 4일이 다가오면서 우리는 한 가지 결정을 하게 되었습니다. 샬레를 사게 된 그 일은, 한 장(章)의 마지막 문단을 마감하는 '마침표'가 되는 것이 아니라, 전적으로 새로운 장의 시작이 되어야만 한다고 생각했습니다. 그래서 우리는 그동안 우리가 섬기면서 매달 월급을 받았던 선교회에 사표를 제출했습니다. 하나님께서 라브리를 하나의 단체로 설립하도록 인도하신다고 믿는다는 것을 그쪽에 설명했습니다.

우리가 미쳤던 것일까요? 대출금을 지불해야 할 부담도 이제 막 떠안았고, 딸 하나는 대학에 다니고 있고, 집에는 세 명의 아이들이 있는데 무엇으로 먹고살 생각을 했을까요?

우리는 하나님께서, 우리의 일과 우리의 삶이 하나님이 참으로 존재하신다는 사실을 증명하는 것이 되게 간구하라고 인도하신다는 생각이 들었습니다. 단지 6주 간이나 3개월 동안만이 아니라 하나님께서 우리를 그러한 방식으로 살도록 인도하시는 한은 계속해서 말입니다. 우리는 '라브리 펠로십'(L'Abri Fellowship)을 설립하는 데에 기초가 되는 원칙들을 아래와 같이 세웠습니다.

1. 우리는 하나님께서 당신이 선택하신 사람들을 우리에게 보내 주시고, 단지 스키를 타거나 개방된 가정을 '이용하려는' 사람들은 오지 않게 해 달라고 기도하겠다고 했습니다. 오직 하나님만이 사람의 마음을 보실 수 있기 때문에, 오직 하나님만이 와야 할 사람들을 선택하실 수 있다고 생각했습니다. 이

것은 하나님께 물질을 간구하는 것만큼이나 기적을 요구하는 것이었습니다.

2. 우리는 하나님께 매주 그리고 매달, 우리가 가족으로서 살아가는 데 필요한 돈과 하나님께서 도우라고 보내 주시는 사람들에게 먹을 것 등을 공급하는 데 필요한 돈을 보내 달라고 기도하겠다고 했습니다. 우리는 가정에 찾아온 어느 손님에게나 그렇게 하듯이, 영적인 음식과 함께 물리적인 음식도 아낌없이 주어야 한다고 생각했습니다.

조금 더 설명을 해 드리지요. 당신의 가족이 주말에 누군가를 집으로 초대할 경우, 나중에 돌아갈 때 청구서를 내밉니까? 물론 그렇지 않겠지요. 라브리에 오는 사람들도 모두 프리실라의 손님으로서 온 사람들이거나, 이미 몇 번 왔었던 사람들 중에서 '집처럼' 편안함을 느꼈던 가족 같은 사람들이었습니다. '개방된 가정'이 가지는 격식 없는 편안함은, 우리가 '가격'을 매겨서 일종의 호텔이나 유스호스텔이나 무슨 종교 단체의 수양관처럼 만드는 순간 사라지고 맙니다. 우리는 사람들이 느꼈던 느긋한 기분이나, 쉽게 질문을 할 수 있게 만드는 열려 있는 분위기는 우리 집에서 공공시설 같은 냄새가 전혀 나지 않았기 때문이라고 생각했고, 가능하다면 그리고 가능한 오랫동안 그렇게 유지하고 싶었습니다.

3. 우리는 우리가 계획을 세우지 않고, 하나님께서 이 일에 대한 당신의 계획을 우리에게 알려 주시도록, 다양한 방법으로 우리를 직접 인도해 달라고 기도하겠다고 했습니다.

우리는 언제까지나 몇 명의 사람만이 와서 열심히 질문하고 진지하게 생각하는 것에 만족할 수 있었습니다. 하지만 이 일이 어떠한 방식으로든 더 커지거나 달라져야 한다면, 하나님께서 20세기에도 새롭고 독창적인 계획을 우리에게 주실 수 있다는 사실을 보여 달라고 말했습니다. 그렇게 되면 다른 무엇보다도 이 일이 단지 과거의 필요를 충족시키는 것만이 아니라, 미래의 필요를 위해서 준비될 수 있다고 확신했습니다.

4. 우리는 또한, 만약에 이 일이 커진다면 우리가 광고를 하거나 사람들을 끌어들이는 대신 하나님께서 선택하신 간사들을 보내 달라고 기도했습니다.

대개의 경우 기독교 사역은 그 일을 하기 위해서 모인 위원회와 이사회가 세밀하게 계획을 세웁니다. 그리고 집중적인 광고나 홍보 전단이나 라디오 방송 등을 통해서 사람들을 모읍니다. 또한 어디에서건 가능한 한 많은 사람들을 모으려고 애를 씁니다. 그리고 숫자를 중요하게 여깁니다.

따라서 광고를 하지 않고, 그저 하나님께서 당신이 선택하신 사람들을 보내 주시고 그렇지 않은 사람들은 막아 달라고 기도하는 것은, 다른 방식으로 일을 하는 것입니다. 물론 모든 사람이 그렇게 일을 해야 한다는 것은 아닙니다. 우리는 단지 하나님께서 어디로든 사람들을 불러 모으실 수 있으며, 당신의 목적을 위해 당신이 오기를 원하는 사람만 오게 하실 수 있다는 사실의 증거가 되게 하기 위해 우리를 그렇게 인도하신다고 느꼈을 뿐입니다.

대개의 경우 기독교적인 명분을 가진 일을 하기 위해서는 교회나 선교사

회의를 통해서 필요에 따라 또는 각자의 책임에 따라 돈을 거둡니다. 사람들은 헌금을 하도록 강요받게 되고 필요한 금액을 알게 됩니다. 때로는 압력을 받기도 합니다. 여러분도 아마 어떤 식으로 돈을 요청하는지, 심지어 빌기까지 하는지 알 것입니다. 종교 단체들뿐만 아니라 자선 단체들도 사람들이 돈을 내겠다는 약속을 하게 만드는 방법들을 다양하게 알고 있습니다. 그 사람들이 틀렸다는 것이 아니며, 그들을 비판하는 것도 아닙니다. 단지 돈을 위해 기도하는 것은 기금을 마련하는 일반적인 방법과는 다르다는 것을 말하는 것뿐입니다.

그렇다면 기도를 하면 어떤 일이 일어날까요? 하나님은 모든 영역에서 전능하십니다. 하나님은 다양한 방법으로 일하실 수 있지만, 그 가운데서도 하나님께서 일하시는 한 가지 방법은 사람의 생각을 '움직이시는' 것입니다. 하나님은 사람의 머릿속에 어떤 생각을 심으실 수 있습니다. 어떤 사람이 무엇인가를 해야겠다는 강한 '충동'이나 '확신'을 느끼게 하실 수 있습니다.

따라서 우리가 어떤 특정 액수의 돈을 위해 기도할 때, 하나님께서는 어느 한 사람을 움직이셔서 지갑을 열어 그 액수의 돈을 보내게 하시거나, 12명의 사람을 움직이셔서 각자 얼마씩 보내게 하셔서 전체 액수가 정확하게 그 금액이 되게 하실 수 있습니다. 하나님께서 이렇게 하신다는 것을 믿지 않을지 모르지만, 제가 하려는 말은 돈을 위해서 기도한다고 할 때 그 의미는 바로 이것이라는 것입니다.

그렇습니다. 대개의 경우 이러한 기도의 결과는 다른 사람들이 '기부금'을 주는 것입니다. 그러나 그들은 그렇게 해 달라는 요청을 받은 적도 없고, 채워야 할 봉투를 받은 것도 아니고, 돈을 내야 한다는 인간적인 압력을 받은 적도 없습니다. 그 사람들이 주는 것은 하나님께서 그렇게 하도록 인도하셨다고 생각하기 때문이며, 그렇게 인도를 받았다는 사실은 종종 그들에게 자신이 하나님과 교제를 하고 있다는 기쁨을 가져다줍니다.

그건 마치 기도에 대한 '응답'이 오는 것을 보고, 하나님께서 우리의 기도를 들으시고 시간과 공간과 역사 속에서 행하셨다는 것을 알았을 때 느끼는 것과 같은 기분입니다. 그럴 때 우리는 우리의 기도가 무슨 공상처럼 허공에다 대고 한 심리적인 의사소통이 아니라, 우리가 한 인격을 만났으며 그 인격이 대답했다는 것을 알게 됩니다.

많은 경우, 어떤 일을 하기 위해서 체계적인 '계획'을 세우는 것은 좋은 습관입니다. 사람들은 몇 년 후의 일까지 미리 계획을 세웁니다. 인간 사회에서는 어디서나 미리 똑똑하고 현명한 계획을 세우는 것이 '합당한 일'이라고 말할 것입니다.

다시 한 번 말씀드리지만, 계획에 따라서 일하는 사람이 잘못하는 것이라고 생각하지 않습니다. 단지 우리의 일이 하나님께 사용되기를 원하는 우리의 열망 때문에 우리의 삶은 하나님께서 존재하신다는 사실을 증거하는 것이 되어야 했고, 거기에는 이 원칙도 포함되었다는 것뿐입니다. 사실 그것은 기본적으로 '포함되는 것' 중 하나였습니다.

하나님이 존재하신다면, 그분은 무한한 지적 능력과 무한한 지혜와 무한한 지식과 무한한 판단력을 가지신 분이십니다. 그분은 그 어떤 사람보다도 뛰어나게 일을 계획하는 방법도 아실 것이고, 사람들을 사용하는 방법도 아실 것입니다. 그렇다면 우리 개인의 삶과 우리 미래의 '일'을 하나님의 계획에 맡길 수 있다고 생각했습니다. 그리고 하나님께서 매일, 매주, 매월 당신의 계획을 우리에게 알려 주실 수 있을 것이라고 생각했습니다.

우리가 청사진을 가지기를 기대했을까요? 그렇지 않습니다. 그 몇 주간 동안의 이야기에서 여러분도 보셨다시피, 때로 우리는 몇 주 후의 일은 고사하고, 몇 시간 후의 일도 알지 못했습니다. 그때는 평상시보다 더 긴장했지만 라브리에 대한 하나님의 계획에는 우리가 깜짝 놀랄 일이 많았습니다. 우리가 전혀 상상하지도 못했던 성장이 이루어지는 것을 보았습니다. 하나님께서 도움이 필요한 사람들을 우리에게 보내시기 시작했다고 생각한 것 이외에는, 정말이지 앞으로의 일에 대해서 전혀 아는 바가 없었다고 거듭 강조해서 말씀드립니다.

1955년 6월, 여섯 명의 가족이 있었습니다. 성인 남자 한 명, 성인 여자 한 명, 18세가 되어 가는 여학생 하나, 이제 막 14세가 된 여학생 하나, 열 번째 생일을 보낸 여학생 하나, 그리고 8월이 되어야 세 살이 되는 남자 아이 하나가 위쪽에 있는 스키 유원지로 차들이 쌩쌩 달려 지나가는 아주 작은 마을의 샬레에서 살고 있었습니다.

그들은 이제 막 모든 단체의 도움을 끊었습니다. 그들의 일은, 하나님께서 선택하신 사람들을 보내 달라고 기도하고, 그 사람들을 맞이하고, 손님으로 오는 그 사람들을 돌보는 것입니다. 그들은 자신들의 재정적인 필요를 채워 달라고 기도할 것입니다. 그들은 오랫동안 돌보지 않은 땅에서 수백 개의 깡통과 병들을 골라내고 밭을 일구었습니다. 그 밭은 8월쯤에 얼마간의 식량을 낼 수 있을 것입니다. 그것 이외에는 그들에게 아무런 공급원도 없었습니다.

이제 어떻게 될까요?

13
계획이
드러나다

바로 그 주에 C 씨 부부가 며칠간 쉬러 왔습니다. 우리는 그 당시 그들에게는 특별한 피난처가 필요하다고 생각했기에 초대했었습니다. 아이를 잃은 데서 오는 충격과 슬픔은 체코슬로바키아에서 살고 있는 C 씨 어머니의 방문 허가가 취소된 사실로 인해 더욱 커졌습니다. 손자를 보러 가는 것이 방문의 목적이었는데, 이제는 볼 손자가 없으니 당국에서 허가를 취소했던 것입니다.

그 한 주간은 얼마나 분주했는지 모릅니다. 금요일 점심 시간에는 식당의 식탁이 꽉 찼습니다(당시에 꽉 찬 식탁과 식당이란 열 명에서 열한 명 정도를 말하는 것이었습니다. 나중에는 그것이 '적은 수의 가족'이 되었지만 말입니다). 사람들이 수프를 먹는 동안 오믈렛을 만들려고 달걀과 우유 섞은 것을 프라이팬에 붓고 있는데, 버지니아에서 온 두 여학생이 문을 두드렸습니다.

"나랑 같이 부엌으로 가요. 내가 오믈렛을 만드는 동안 같이 이야기할 수 있으니까. 이름이 어떻게 된다고요? 앤과 메리?"

그날부터 지금까지 두 사람의 이름은 언제나 붙어 다녔습니다. 그때도 앤과 메리였고, 지금도 앤과 메리랍니다.

앤과 메리는 스위스 바젤에 있는 커다란 병원에서 작업요법 학교를 시작하기 위해서 스위스로 온 것입니다. 기독교인인 두 사람은 단지 작업요법 (作業療法, occupational therapy, 치료를 목적으로 환자가 일·놀이·자가간호 등의 활동을 하는 것-편집자)만을 가르치는 것이 아니라, 학생이든 간호사든 자신들이 만나게 되는 모든 사람과 진지한 대화를 나누고 싶은 열망이 있었습니다. 그 두 사람도 우리처럼 하나님의 진리를 중요한 것이라고 믿었고, 또한 성경이 진리라고 믿었기 때문입니다. 마음이 통한 우리는 서로 자신이 무슨 일을 해 왔는지, 그리고 무슨 일을 하고 있는지, 각자의 '역사'를 나누었습니다.

"8월에 다시 오고 싶은데, 기독교인은 아니지만 관심이 있는 간호사 한 사람을 데리고 와도 될까요?"

그 사건은 한 뭉치의 '실타래'가 되어서 우리의 일은 물론 예수님을 통해 변화된 사람들이 곳곳에서 수행하고 있는 다양한 프로젝트들을 누비어 나갔습니다. 8월에 앤과 메리와 함께 온 간호사 한 명이 기독교인이 되었습니다. 앤과 메리는 같이 공부하는 학생들도 데리고 왔는데, 그들은 덴마크인, 영국인, 스위스인, 독일인, 미국인, 유태인들로 모두 무신론자였습니다. 앤과 메리가 올 때마다 한 차 가득 학생들을 데리고 와서 우리는 그 첫 해 내내 거실 바닥에 매트리스를 깔고 지내다가, 주일이면 서둘러 침구들을 치우고 방을 재배치해 '교회'를 만들곤 했습니다.

앤과 메리는 우리 가족이 이곳에 살고 있고, 자신들이 하고자 하는 일을 위해 꼭 필요한 때에 라브리가 생겼다는 사실은 자신들의 기도가 응답된 것이라고 생각했습니다. 반면 우리는 그 두 사람이 우리를 찾아오고, 그들을 통해서 의료계 사람들을 만나게 된 것이, 하나님께서 선택하신 사람들을 보내 달라고 했던 우리의 기도에 대한 응답이라고 생각했습니다. 우리가 이것을 계획한 것이 아니라, 이것이 계획되었다는 사실이 얼마나 명백한지 우리는 참으로 놀라워했습니다.

내 말이 무슨 뜻인지 설명하기 위해 이 복잡한 실뭉치 중에서 핵심적인 한 가닥을 따라가 보지요. 3년 후 앤과 메리, 그리고 로즈마리(라브리에서 기독교인이 된 작업치료사입니다)는 작업요법 학교의 지도권을 스위스인에게 넘겨주어야겠다고 생각했습니다. 그 일을 이어 갈 준비가 된 스위스인들이 있었기 때문입니다. 로즈마리는 일자리를 얻어서 캘리포니아로 돌아갔고, 앤과 메리는 잠정적으로 라브리 간사가 되었습니다. 자신들이 다음에 무엇을 해야 할지 하나님의 인도를 구하며 기도할 시간이 필요했기 때문입니다. 두 사람 모두 다른 나라에서 대우도 좋고 돈도 많이 벌 수 있는 좋은 조건의 일자리 제의가 들어왔지만, 하나님의 뜻을 확인하고 싶어 했습니다.

그 두 사람이 우리와 함께 지내는 동안 옆집에 있는 커다란 샬레, 내가 처음 레 멜레즈를 보러 왔을 때 비어 있었다고 말한 그 집이 매매로 나왔습니다. 그 집이 계속해서 비어 있지는 않았습니다. 로마 가톨릭 단체에서 그 집을 사서 어린이 요양소로 이용하고 있었는데, 우리가 핫도그를 구워 먹으며 토론을 하고 있을 때면 미사를 드리는 성가 소리가 들려올 때가 많았습니다. 그래서 우리는 그 문제로 기도해 오고 있던 중이었는데 그 집이 매매로 나온 것입니다.

작은 호텔로 시작했던 집이라서 건물이 제법 컸습니다. 앤과 메리는 그 집을 둘러보며 굉장히 놀라워했습니다. 스위스에 꼭 필요하다고 생각하는 어떤 특정한 일을 두고 기도해 왔기 때문입니다. 그들은 소아마비 어린이들을 위한 요양소를 세우는 일을 위해 기도하고 있었습니다. 그들은 자신들이 알고 있는 새로운 치료법이 아이들의 신체 발달에 큰 도움이 될 것이라고 생각했으며, 또한 장애 어린이들을 영적으로 돕고 싶은 깊은 열망도 있었습니다.

"그런 일을 라브리 근처에서 시작할 수 있을까 생각했어요. 그래서 아이들뿐만 아니라, 우리와 같이 일하는 간호사들과 다른 도우미들도 라브리로부터 영적인 도움을 받을 수 있게 말이에요. 그런데 이렇게 바로 옆집에 있는 샬레가 매매로 나왔으니, 일종의 징표라고 봐도 되지 않을까요?"

그들은 비록 돈이 한 푼도 없었지만, 하나님께서 그들이 이 일을 시작하기 원하신다면, 그리고 우리 집 바로 옆에 있는 샬레 벨뷔에서 하기를 원하신다면, 이 일을 가능하게 하실 것이라고 확고하게 믿었습니다. 그러나 그들이 단지 앉아서 기다리기만 한 것은 아닙니다. 진심으로 기도하면서, 그런 요양소를 시작하는 데 요구되는 의학적인 필요 조건과 관련 법률들에 대해서 여러 가지를 자세히 알아보았습니다. 그들의 이야기를 여기서 다 할 수는 없습니다. 그렇게 되면 책 속의 책이 될 테니까요.

그저 작은 예로 어느 봄날 오후를 한번 들여다보지요. 그동안 앤과 메리는 선금을 지불하는 데 필요한 일정 액수의 돈을 어느 날까지 보내 달라고 기도했습니다. 그리고 간사 일을 그만두기 전에 자신들을 대신해서 라브리의 간사가 될 사람을 보내 달라고 기도했습니다.

그 봄날 오후에 정말 필요한 돈이 도착했고, 앨리스가 가져온 우편물에는 영국에 있는 극장의 매표소에서 쓴 편지가 들어 있었습니다. 한 해 전에 이 샬레에서 기독교인이 된 발레리나 리네트가 보낸 편지였습니다. 그 편지는 이렇게 호소하고 있었습니다.

"간사로서 샬레에 있으면 안 될까요? 부탁입니다. 무엇이든 할게요. 바닥도 닦고… 무엇이든지요. 저는 이곳이 제가 영적으로 성장하고 깊어질 수 있는 곳이 아니라는 결론을 내리게 되었어요. 이곳에서 계속 있으면 다른 사람들에게 진정으로 복음을 전할 수 없을 것 같아요."

앤과 메리는 자갈밭에 서서 돈이 들어온 사실에 대해서 이야기하고 있었습니다. 우편 배달부 앨리스도 잠시 이야기를 하려고 막 멈춰 서고 있는데, 나는 리네트의 편지를 흔들며 뛰어나갔습니다.

"이것 좀 봐요, 이것 좀 봐. 여기에 기도 응답이 왔어. 리네트가 오고 싶대요. 리네트가 바로 당신들 자리를 대신하기 위해서 하나님께서 움직이신 사람이에요. 물론 리네트는 당신들이 사람을 보내 달라고 기도한 것에 대해서는 전혀 모르지만 말이에요.”

그렇습니다. 그들의 이야기, 즉 그 큰 집을 준비한 일과 많은 수고, 출퇴근 없이 하루 종일 환자들과 붙어 지내면서 그들을 돌보았던 희생적인 삶은 또 한 권의 책이 될 것입니다. 미국으로 갔던 로즈마리도 샌프란시스코에서 제안해 온 아까운 일자리를 거절하고 와서 이 일을 시작할 수 있도록 도왔습니다.

그 세 사람은 여러 간호사들과 치료사들 그리고 도우미들과 함께 아직도 그곳에 있습니다. 그들은 스위스뿐만 아니라 다른 나라에서도 온, 6개월에서부터 20세에 이르는 17명의 소아마비 어린이들을 돌보고 있습니다. 아이들은 신체적인 도움은 물론 영적인 도움도 받고 있습니다. 그리고 다 함께 ‘가족’이 되었습니다. 시간이 지나면서 시설이 좋아지기도 했지만, 수고로운 일은 계속되고 있습니다.

결코 돈이 되는 일은 아닙니다. 그런데 왜 그 두 사람은 이 일을 하고 있을까요? 그 이유는 도움이 필요한 어린이들에 대한 따뜻한 관심과 사랑도 있겠지만, 하나님께서 자신들을 위한 계획으로서 이 일을 하도록 인도하셨다고 진정으로 믿기 때문입니다.

그러나 그날, 우리의 일이 하나님의 존재를 증거하게 해 달라고 하나님께 간구하기로 결심한 지 불과 며칠 후, 부엌에 서서 앤과 메리의 도움을 받으며 오믈렛과 샐러드를 내놓고 상을 다시 차리고 있던 우리에게 그러한 사실은 전부 숨겨진 ‘미래’였습니다. 앤과 메리가 약속에 늦을까 봐 서둘러

차를 타러 나갈 때, 나는 그저 "8월에 다시 봐요!" 하고 말하고는 설거지를 하러 들어왔던 것입니다.

앤과 메리가 떠난 지 두 시간 후에 프리실라가 대학생 네 명을 데리고 들이닥쳤습니다. 주말을 보내러 온 그들은 리자, 그레이스, 마가렛 그리고 이블린이었는데, 이들과의 저녁 식사 시간의 대화는 자정이 넘도록 계속되었습니다. 그렇게 우리의 첫 주는 시작되었습니다.

6월 말경에 노란 버스를 타고 동행처럼 절친해 보이는 두 남자가 도착했습니다. 그러나 그 두 사람은 에글르에서 만났을 뿐이었습니다. 독일에 있는 미군 기지에서 이곳으로 오고 있던 칼이 위에모로 가는 표를 사려고 하는데 스위스 프랑은 하나도 없고 프랑스어도 할 줄 몰라 어려움을 겪고 있을 때 존이 다가와서 대신 표 값을 지불해 주겠다고 했고, 같이 기차를 타러 가는데 알고 보니 두 사람의 목적지가 같았던 것입니다.

칼 우드슨은 세인트루이스에 있는 우리 교회의 청년이었는데, 유럽에 있는 동안 처음으로 우리를 방문하러 온 것이었습니다. 그리고 존은 뉴욕의 스카즈데일에서 자란 미국 시민권을 가진 스위스인 청년이었는데, 그레이스로부터 아주 가볍게 "이번 주말에 나랑 같이 위에모에 갈래? 아주 좋은 미국인 가정이 거기에 있는데, 그냥 가족 모임 같은 분위기야. 네가 좋아할 걸"이라는 말로 초대를 받았다고 했습니다. 그러고는 기차에서 그레이스를 만나기로 했는데, 그레이스는 기차가 막 떠나려고 하는 순간에 급히 올라타더니 "너 먼저 가. 나는 나중에 딕이랑 같이 오토바이 타고 갈 거야"

하고 말하고는 내려 버렸다는 것입니다. 그래서 존이 우리 가족에 대해서 알고 있는 것은 그것이 전부였습니다.

프랜은 정문에서 그 두 사람을 만났고, 두 사람 모두 라브리에 대해서 잘 알고 왔다고 생각하여 같이 산책하면서 이야기하자고 말했습니다. 자연스럽게 기독교에 대한 이야기가 나왔고, 존은 순진한 질문을 했습니다.

"기독교는 지적으로 자신을 지탱해 줄 만한 받침대가 없다고 생각하는데요. 그렇지 않습니까, 쉐퍼 선생님?"

존은 그 질문에 대한 대답을 두 시간 동안 들어야 했습니다. 그것은 분명 존을 놀라게 했을 것입니다. 어쨌거나 미래의 장인에게 존이 처음으로 한 질문이 바로 이것이었습니다.

주말이 지나면서 짙은 속눈썹에 싸인 존의 푸른 눈이 생각에 잠기기 시작하더니 기독교에 관심을 보이기 시작했습니다. 그리고 그날 밤 핫도그를 구워 먹으면서 어느 무신론자가 한 질문에 대한 대답도 유심히 들었습니다. 이야기 도중에 간간이 성경을 찾아 읽어 볼 수 있을 정도의 불빛만 간신히 내비치는 낡은 기름 랜턴 아래, 모닥불 주위로 헤진 담요를 깔고 앉아 있던 그들을 내려다보던 기억이 납니다. 나는 프랭키가 잠이 들었는지 확실히 몰랐기 때문에 프랭키가 부르는 소리가 들릴 만한 거리에서 그들을 위해서 기도했습니다. 사람의 생각과 마음을 꿰뚫어 보시는 하나님께서 이해의 눈을 뜰 수 있는 '빛'을 비춰 달라고 말입니다. 그리고 그 '눈'은 바로 다음 날 저녁 존이 방명록에 쓴 내용에서 발견되었습니다.

"제 눈은 새로운 세계를 보게 되었습니다. 앞으로는 믿음으로 그 세계 속에 머물고 싶습니다!"

존은 철저한 사람이었습니다. 그는 25개 과정의 기초 성경 공부를 한 뒤, 그해 여름에 본격적인 성경 공부와 연구를 시작했습니다. 그래서 가을이 될 때까지 우리는 그를 보지 못했습니다. 존은 11월이 되어서야 같은 대학의 학생들과 함께 왔고, 소나무가 우거진 파넥스(Panex) 거리를 걸으면서 프랜에게 이렇게 말했습니다.

"저의 행보를 정했습니다."

이 말은 그가 확고한 결심을 했다는 뜻이고, 실제로 자신의 발을 '죽음'의 영역에서 빼내어 '생명'의 영역으로 들여놓았다는 뜻입니다. 성경은 주 예수님을 믿는 것이 영생을 얻는 것이며, 그것은 죽음과 반대되는 것이라고 말하기 때문입니다.

존이 지금 어떻게 지내는지 잠깐 말씀드리지요. 존과 프리실라는 로잔대학을 졸업했고, 그 뒤 존은 세인트루이스에서 공부하면서 신학 학위 두 개를 땄습니다. 그때쯤 존의 아내가 되어 있었던 프리실라는 여학교에서 프랑스어를 가르쳤지요. 이제 두 사람은 어린 딸 엘리자베스, 레베카와 함께 우리 집 뒤에 있는 샬레에 살면서 라브리 일을 도와주고 있습니다. 그들의 집도 우리 집처럼 거의 꽉 차 있습니다.

하나님의 계획이 드러나면서 거기에는 연속성이 있는 것을 보게 되었습니다. 만약 우리 스스로 그러한 일을 계획하려고 했다면 도저히 생각하지도 못했을 연속성이었습니다. 나는 기도에 대한 개인적인 응답뿐만 아니라 이 모든 일이 전체적으로 발전해 나가는 방식 역시 주관하시는 하나님, 그리고 당신의 말씀을 통해서 자녀들에게 약속한 것을 반드시 지키시는 하나님의 일하심을 보여 준다고 생각했습니다.

칼은 유럽에서 임기를 마치는 동안 군부대에서 다른 사람들을 계속해서 데리고 왔으며, 제대 후에는 여름 한철 동안 라브리에서 간사로 일할 정도로 우리 일에 매우 적극적이었습니다. 그해 여름은 네덜란드인 목사의 딸인 알리다 미에스터가 간사로 있었습니다. 칼과 알리다는 콩 줄기를 묶으며, 상추밭에서 잡초를 뽑으며, 같이 마을로 우유통을 나르며 라브리의 로맨스 중 하나를 엮어 내었습니다. 그 로맨스는 이듬해 봄에 네덜란드에서 있었던 결혼식으로 이어졌습니다. 두 사람은 현재 미국에서 라브리를 대표하고 있으며, 칼은 라브리의 회계인 존과 함께 부회계로 재정을 맡고 있습니다.

그 첫해의 6월 말, 우리가 그 샬레로 이사한 지 3개월이 되었을 때에도 여전히 전압을 바꾸지 못하다가 9월이 되어서야 냉장고와 세탁기 돌아가는 소리를 들을 수 있었습니다. 다리미를 꽂았을 때 온기가 돌던 그날, 무용지물이던 모든 전기 제품이 갑자기 쓸모 있는 물건들로 변했습니다.

우리의 첫 간사는 도로시 제이미슨이었는데, 도로시는 프리실라가 그레이스를 데리고 왔던 그 첫 주말에 라브리에 있었습니다. 대학을 마쳤고 심리학 석사 과정을 공부하고 있던 도로시는 다시 돌아와서 토론들을 좀더 자세히 듣고 싶어 했고, 우리가 그때 시작한 '기도로 사는 삶'에 참여하고 싶어 했습니다. 몇 달 동안만 머물겠다고 생각하고 왔지만, 결국에는 2년이나 머물게 되었습니다.

도로시가 우리와 함께 있은 지 2년째 되던 해에 칼의 형제인 허비 우드슨이 1년간 라브리 간사로 지내기 위해서 왔습니다. 그는 자신이 하고 있던 신학 공부를 잠시 중단하고, 다양한 환경과 철학을 가진 사람들이 나누는 살아 있는 토론을 들으며 자신이 직접 사람들에게 이야기하기도 하고, 라브리의 실제적인 일도 돕는 것이 시간을 더 유익하게 사용하는 것이라고 생각한 것입니다.

그해는 정원처럼 보이게 하려고 500개의 커다란 데이지로 장식한 거실에서 올린 매우 행복한 결혼식으로 마무리가 되었습니다. 도로시와 허비는 서로 사랑하고 있었지만, 두 사람 모두 상대방이 자기를 좋아하지 않는다고 생각해서 서로 멀어져 다시는 만나지 못할 뻔했던 만남이었습니다. 그러나 다행히도 그것이 오해였음이 밝혀졌고, 아름답고 조용한 결혼식을 올린 후 두 사람은 같이 미국으로 돌아갔습니다.

도로시가 온 것이 7월이었고, 우리가 미국에서 우리를 대표할 사람을 두고 공식적으로 라브리 펠로십이 된 것도 7월이었습니다. 중국내지선교회 소속으로 중국에서 선교사로 일했던 나의 아버지 조지 H. 세빌 박사는 그 당시 신학교 교수 자리를 막 은퇴하려던 참이었습니다. 아버지는 우리에게 편지를 써서 아무런 보수도 받지 않고 비서의 일을 하겠다고 자청하셨습니다. 아버지는 그것이 당신이 라브리를 위해 드리는 헌금이었으면 좋겠다고 하셨습니다. 그 당시 아버지는 비록 80대이셨지만, 이런저런 법적인 문제를 해결하는 일과 헌금을 받거나 전달하는 일을 다 책임지셨습니다. 어머니는 편지 봉투에 주소를 쓰는 일을 하셨고, 가까운 이들에게 편지를 필사하도록 시켜서 매달 우리 일이 어떻게 진행되는지를 사람들에게 알렸습니다. 그 편지는 가족을 염두에 두고 '가족 여러분께'로 시작되었지만, 그 '가족'이 커 가는 동안에도 편지는 계속되었습니다.

내 부모님이 이러한 일들을 하실 수 있는 자리에 있었다는 사실과 스스로 무슨 일을 해야 하는지를 알고 계셨다는 사실은, 우리가 무엇이 필요한지 생각하기도 전에 이미 그 필요에 대한 특별한 응답이 주어진 또 하나의 경우라는 생각이 들었습니다. 부모님이 그 일을 해 주신 덕분에 그런 일들을 처리하러 우리가 미국까지 갈 필요가 없었던 것입니다.

기도가 응답되고 확신이 주어졌던 감사의 순간들만 이야기하고, 그에 따르는 어려움과 고뇌에 대해서는 전혀 언급하지 않는다면 정직하지 못한 것이겠지요. 하나님이 존재하신다는 실재성 속에서 온전히 살기로 결정했다고 해서 근심 없이 행복하고 괴로운 문제가 없는 삶일 것이라고 생각한다면, 그 사람은 정말로 실재성을 체험하지 못한 것이라고 할 수 있습니다.

현재 이 세상을, 이 우주를 살면서 우리는 두 개의 인격이 서로 전투를 벌이고 있다는 증거들을 보게 됩니다. 그 두 인격은 하나님과 사탄입니다. 또한 성경은 이 우주 속에 두 인격의 전투가 있다고 말합니다. 물론 미래의 어느 날 그 전투는 하나님의 승리로 끝날 것입니다. 그러나 그날은 아직 오지 않았습니다. 사탄은 어떠한 방식으로든 가능한 한 많은 인간을 자신의 능력 아래 두고 싶어서 수단과 방법을 가리지 않습니다. 따라서 공개적으로 하나님의 실존을 바탕으로 살겠다고 하는 사람은 다양한 방법으로 도전을 받을 것입니다. 그 도전은 큰 것일 수도 있고 사소하고 작은 것일 수도 있습니다. 그런데 의외로 큰 위기들은 견디기 쉬울 때가 많은 반면, 작고 사소한 것들은 마치 앵앵거리며 달려드는 모기 같아서 나중에는 도망치고 싶게까지 만듭니다.

사람들은 계속해서 찾아왔습니다. 놀라운 일이었습니다. 그러나 그것은 가족끼리의 생활은 거의 없다는 것을 의미했습니다. 오직 '확대된 가족'으로서의 생활만이 있을 뿐이었습니다. 여러분도 이 사실이 우리에게 일종의 사소한 위기로 작용하기도 했다는 것을 짐작하실 수 있겠지요?

프랭키는 세 번째 생일을 맞이했고, 자신이 요구한 것을 다 받아서 만족해하고 있었습니다.

"파란 케이크랑, 나팔이랑, 고대(고래)랑 갖고 싶어."

고래 장난감을 구할 수가 없었던 우리는 목욕탕에서 가지고 놀 수 있는 빨간 물고기 장난감을 주었습니다. 그걸 본 프랭키는 약간 의아해하는 얼굴로 "이게 고대야?" 하더군요.

생일 파티가 끝나기 전에 버스가 도착했고, 스위스에서 공부하고 있는 태국에서 온 불교 신자 푸키가 계단을 올라왔습니다. 동양인의 아름다움을 잔뜩 지닌 매혹적인 푸키는 이름 있는 가문 출신으로 부모님이 스위스로 보내서 이곳 기숙학교를 다니고 있었습니다. 그런데 로마 가톨릭의 가르침과 불교의 가르침이 생각 속에서 막 뒤섞이게 된 푸키는 거의 울먹이면서 이렇게 말했습니다.

"정말로 진리를 알고 싶어요. 언니는 미국에 있는 대학에서 무신론자가 되었어요. 하지만 언니의 이론에도 만족할 수가 없어요. 정말로 무엇이 진리인지 알고 싶은 마음이 간절하지 않았다면 여기에 오지 않았을 거예요!"

다음 날 저녁, 푸키와 또 다른 손님과 프랜은 산책을 하면서 이야기했고, 프리실라와 도로시는 설거지를 하고 있었고, 나는 좀처럼 기회가 주어지지 않는 일을 하기로 했습니다. 일찍 잠자리에 들어 책을 읽는 것이었지요! 그런데 전화가 와서 미국인 남자 대학생 네 명이, 어둠을 뚫고 올롱에서부터 숲을 헤치며 '지름길'을 따라 걸어와서 이제야 마을에 도착했다고 했습니다. 일행 중 한 명이 프랑스어가 서툴어서 '50분'을 '5분'으로 잘못 알아들었기 때문입니다. 그리하여 '걷는 토론 팀'이 돌아왔을 때는, 또 한 번 '확대된 가족'이 식탁에 둘러앉아 쿠키를 먹고 있었습니다. 결국 그날도 긴 밤이 되고야 말았습니다.

라브리가 쉽지 않을 것이라는 사실을 우리는 곧 알게 되었습니다. 그러나 우리는 쉬운 삶을 살게 해 달라고 기도했던 것이 아닙니다. 우리는 실재의 삶을 살게 해 달라고 기도했습니다.

14
역사적인
첫해

그 첫해 여름, 우리는 식당과 조금 있으면 너무 추워질 야외 이외에 가정적인 분위기 속에서 토론을 할 수 있는 또 하나의 장소를 달라고 기도했습니다. 정말로 필요한 것은 벽난로가 있는 거실이었습니다. 그런데 그 기도에 대한 응답은 우리가 기다리기도 전에 왔습니다.

라브리에 대해서 이야기하고 있는 '가족 편지'를 미국 남부의 어느 시골에 사는 한 결핵 전문의가 몇 편 읽게 되었습니다. 그 사람의 사촌이 그가 기독교 사역에 관심이 있는 것을 알고 그 편지들을 건네주었던 것입니다. 그 사람은 자기 삶에서 하나님의 실재를 좀더 많이 경험하기를 갈구하고 있었습니다. 그 후 얼마 되지 않아 그에게 두 가지 사건이 일어났습니다. 하나님께서 라브리에 특정 액수의 돈을 보내라고 하신다는 생각을 하게 되었고(그 돈은 우리가 거실을 만드는 데 필요한 돈과 일치했습니다), 두 번째는 가족과 함께 미국 남부의 산간 지대에서 매우 헌신적으로 의료 사업을 시작하게 된 것입니다.

얼마 후 우리를 놀라게 하는 또 하나의 헌금이 도착했습니다. 그 헌금은 벽난로를 위해 지정된 헌금이었고, 미국 동부의 어느 주에 있는 어린이 병원 원장인 쿠프 박사가 보낸 것이었습니다. 그는 라브리의 이야기를 계속 듣고 있었으며, "저 없이도 하나님께서 하실 수 있다는 것을 믿어야 한다는 생각이 들면서도 집을 사는 데 헌금을 하지 않으면 제 믿음이 시험을 받을 것 같았습니다"라고 했습니다. 그러나 이제는 집이 아닌 벽난로를 위해서 헌금을 하고 싶다고 썼습니다.

그 두 헌금을 가지고 우리는 목수인 뒤비 씨를 불렀고, 그는 벽을 허물고 일층에 있는 두 개의 침실을 하나의 방으로 만들 계획을 세우는 데서부터 우리와 함께 일하기 시작했습니다. 뒤비 씨는 굴뚝이 집의 원래 구조와 맞아서 방 한쪽 끝에 벽난로를 만들 수 있다는 사실과, 하나로 트기로 한 그 두 개의 방 사이의 벽이 사실은 아무런 버팀대 역할을 하지 않는다는 사실에 놀랐습니다. 그때에는 그런 세부 사항들로 얼마나 신이 났던지 모릅니다.

천장에 판자와 대들보를 댔고, 바닥에는 나무를 다시 깔았습니다. 책장도 짜 맞췄고, 낡은 가구도 수선하거나 천으로 덮었습니다. 그릇 담는 둥그런 통은 빨간 가죽으로 싸서 의자로 만들었고, 프랜은 그 의자에 앉아서 수많은 시간을 사람들과 이야기했습니다. 샬레 비쥬의 거실에 쓰려고 만든 격자 무늬로 된 모직 천으로 덮개를 만들고, 쿠션 커버도 만들었습니다. 그렇게 서서히 개성을 가진 방이 만들어져 가고 있었습니다.

그 일을 하는 와중에도 사람들은 계속해서 왔습니다. 주말마다 로잔에서 오는 학생들도 그 방을 위해 같이 기도하고 일하면서 방이 만들어지는 과정에 동참했기에 1년 동안의 공부를 마치고 떠날 때는 마치 집을 떠나는 것처럼 아쉬워했습니다.

그 첫해에는 로잔에서 온 학생들과 바젤에서 오는 의료인들밖에 없었냐고요? 얼마나 다양한 사람들이 왔었는지 지루하게 목록을 나열하는 대신 몇 가지 예를 들지요. 8월 말의 어느 날 J 부인과 열두 살 된 아들이 도착했습니다. 그 부인은 자기 아들이 앞으로 당하게 되리라고 생각되는 어려움에 대비해서 그를 견고하게 해 줄 확고한 믿음을 갖기 원하는 마음으로 온 것입니다. 그 부인은 미국에 있는 자기 도시에 교환 학생으로 와 있는 오스트리아인 대학생 한 명도 청해서 같이 왔습니다. 그리고 그 오스트리아인 학생 건터에게는 금세 룸메이트가 생겼습니다.

9월 9일, 쏟아지는 빗속에서 콩을 따고 있는데, 아주 미국적인 발음의 "안녕하세요?" 소리에 놀라서 얼굴에 빗물이 흐르는 채로 올려다보았습니다.

"내가 빌이에요. 버스를 기다리지 않고 그냥 올롱에서 차를 얻어 타고 왔어요."

건터와 같은 해에 태어났지만, 태어난 곳은 지구 반대쪽 미국 서부 해안 지방인 빌은, 몇 주 전에 자신이 군복무를 하고 있는 독일 주둔 미군 부대에서 편지를 보내왔습니다.

"사람들이 찾아오는 집이 있다는 이야기를 들었습니다. 저도 며칠간 방문하고 싶습니다."

머리가 아주 노랗고 키가 크고 푸른 눈을 가진 빌은 건터의 질문에 대한 대답을 유심히 들었고, 바젤에서 한 차 가득 사람들을 태우고 오는 팀의 대화도 진지하게 들었습니다. 그리고 라브리 도서관이 200권의 책을 기증받아 놀랍게 확장되었을 때도 우리와 함께 있었습니다.

다음 날에도 계속 비가 왔는데, 올롱에서 온 스위스 남자가 우리에게 뒷길에 있는 할아버지 할머니의 샬레를 보러 가지 않겠느냐고 했습니다. 그는 좀더 많은 공간을 필요로 하고 있는 우리가 그 샬레를 사기를 바랐습니다(그러나 그 집은 하나님께서 "아니다"라고 대답하신 경우 중 하나였습니다. 두 번째 집을 사기 위한 돈이 하나도 들어오지 않았기 때문입니다).

그는 우리에게 집을 보여 주기를 원했을 뿐만 아니라, 자기 할아버지의 기독교 서적도 기증하고 싶어 했습니다. 200권에 달하는 훌륭한 고전이었는데, 그 책들을 보며 우리는 수년 전에 이 스위스계 영국인 가족이 우리 뒷집에 살면서 우리가 믿는 것과 같은 진리를 확고히 믿으며, 성경에 대한 지식을 더 깊게 해 줄 책들을 사고, 읽고, 사람들에게 빌려 주었던 사실에 감사했습니다. 빌은 나무에서 떨어지는 빗방울을 뚫고 우리를 도와 책이 든 상자를 날랐습니다. 그 나무들은 우리 전 세대가 그 책들을 들고 올라가는 것을 보았을 것입니다. 그리고 그 사람들은 자신들이 라브리의 도서관을 준비하고 있다는 사실은 꿈에도 몰랐을 것입니다.

빌이 떠나기 전까지 산의 경치를 제대로 볼 수 있을 만큼 안개와 비가 깨끗이 사라져 준 날은 하루도 없었습니다. 그러나 빌은 그것보다 더 중요한 것들을 보았고, 떠나면서 이렇게 말했습니다.

"사람이 하는 질문에 전부 대답을 해 주는 곳을 찾아서 정말로 좋아요. 다른 사람들도 많이 데리고 올 거예요."

빌은 말 그대로 실천했고, 그 후로 수많은 미군 병사가 '사흘 휴가' 동안 빌의 차를 타고 왔다 갔고, 어떤 병사들은 기독교인이 되어 미국으로 돌아갔습니다.

11월에는 로잔 대학생들 중에서 관심 있는 소수가 주축이 되어 프랜에게 일주일에 한 번씩 와서 토론 모임을 인도해 줄 수 없겠느냐고 물었습니다. 그것은 아주 특이한 토론 모임과 성경 공부의 시작이 되었습니다.

그 모임은 어느 카페에 있는 작은 방에서 시작됐습니다. 카페는 대학 건물과 성당이 서 있는 언덕에 기대어 지어진 건물이었기 때문에 방에는 창문이 없었습니다. 주크박스에서 나오는 음악 소리로 가득 찬 토론이 벌어지던 방은 미학적인 관점에서 볼 때는 전혀 이상적인 곳이 아니었지만, 학생들의 토론을 효과적으로 이끌어 낼 수 있는 분위기였습니다.

그렇다고 해서 사람에게 거부감을 주는 교회 느낌은 하나도 들지 않았습니다. 학생들은 직접 샌드위치를 싸들고 와서, 커피나 다른 음료를 마시며 깊은 생각에 빠지거나 적극적인 논쟁을 벌이곤 했습니다. 개방 시간은 오전 11시부터 오후 2시까지였는데, 그것은 당시의 점심 시간이었습니다

(나중에는 일정이 바뀌어서 두 시간으로 단축되었습니다). 라브리에 왔었던 사람들이 먼저 참석하기 시작했고, 그 사람들이 이야기를 해서 데리고 온 사람들이 계속해서 합류했습니다.

첫 번째 달에는 미국, 네덜란드, 독일, 영국, 캐나다, 그리스, 포르투갈에서 온 사람들이 참석했습니다. 그리고 시간이 지나면서 12개국에서 다양한 종교적 또는 비종교적 배경을 가진 사람들이 왔습니다. 실존주의자, 인본주의자, 자유주의 유태인, 로마 가톨릭 신자, 자유주의 개신교 신자, 불가지론자 등 다양한 사상을 가진 사람들이었습니다. 어떤 사람들은 매우 호전적이었습니다.

"그러니까 그 신화들이 정말 일어났다고 생각하시는 거예요? 성경을 그대로 받아들이고 그냥 거기서부터 출발하는 거냐고요?"

그 질문에 대한 프랜의 대답은 때로 다음과 같았습니다.

"잠깐만요. 그것보다 훨씬 더 거슬러 올라가야 합니다. 우선은 이 우주에서 인격이 가지는 의미는 무엇인가 하는 질문에서부터 출발해야 합니다. 이 우주가 고체와 물로만 되어 있고, 공기는 하나도 없다고 생각해 봅시다. 그리고 그 물에서 수 세기 동안 살고 있는 물고기가 있다고 합시다. 그런데 그 물고기 중 하나에서 우연히 공기를 필요로 하는 폐가 발달하기 시작합니다. 이것이 진보입니까? 이것을 개선이라고 할 수 있습니까? 그렇지 않지요. 그 물고기는 자신이 사는 환경에 더 이상 맞지 않기 때문에 익사할 것입니다."

그리고 이렇게 이어집니다.

"당신은 우주에 대해서 자신에게 맞는 해석을 가지고 있다고 생각합니다. 당신은 당신이 가장 잘 알고 있는 자신의 기원을 설명해 주는 적절한 해석을 가지고 있습니까? 인격은 어디에서부터 온 것일까요? 아름다운 것을 아름다운 것으로 인정하게 하고 '이것은 옳다' '이것은 그르다'라고 말할 수 있게 해 주는 기초는 어디에서부터 왔을까요? 도덕은 어디에서 온 것일까요? 남자가 여자에게 '당신을 사랑합니다'라고 하는 말을, 단순히 생물학적으로 끌린다는 것을 넘어서서 의미가 있게 해 주는 것은 무엇일까요? 먼저 '성경은 진리인가?'를 묻기 전에, 기본적인 질문이 무엇인지부터 생각해 봅시다. 그리고 성경이 가르치는 체계가 그 질문에 대해서 어떤 대답을 주는지 살펴봐야 합니다."

그렇게 시작된 답변은 세 시간 동안 계속될 때도 있었습니다.

11월 말경, 앨리스가 가져온 오후 우편물에서 하나님의 놀라운 계획이 또 한 가지 드러났습니다. 나는 마클레이 부인이 나와 함께 거실에 쓸 덮개를 만드느라 바느질을 하고 있던 식당으로 편지를 들고 갔습니다.

"마클레이 부인, 이것 좀 보세요. 영국에 있는 여행사에서 온 편지인데, 크리스마스 때마다 샹뻬리에서 드리던 예배를 올해도 드릴 예정인지 묻고 있네요. 휴가 기간 동안 큰 그룹을 인솔해서 샹뻬리로 여행을 올 예정인데, 영어로 진행되는 예배가 있었으면 좋겠다고 하네요."

"오, 쉐퍼 부인, 꼭 오셔야 해요. 이 문제에 대해서 제 남편에게 물어보겠어요."

우리 자신은 그렇게 빨리 다시 샹뻬리로 돌아가서 예배드리게 되리라고 생각하지 못했습니다. 그러나 우리가 청하지도 않았는데, 우리가 마을에서 쫓겨난 것을 알지 못하는 여행사에서 요청이 왔던 것입니다. 우리는 그 편지를 하나님 앞에 펼쳐 놓았습니다.

그로부터 하루인가 이틀 뒤 은퇴한 목사님이 인사차 '우연히' 들렀습니다.

"쉐퍼 부인께서 지나치게 일을 많이 하고 있다고 지나가는 새가 알려 주더군요. 야단을 좀 치러 왔습니다."

그리고 그는 "요즘에는 샹뻬리에서 어떤 소식이 있나요? 새로운 일은 없나요?" 하고 물었습니다.

나는 그에게 영국에서 온 편지에 대해서 이야기했고, 그는 마클레이 부인보다 더 확고하게 말했습니다.

"꼭 가야 합니다. 갈 권리가 충분히 있습니다. 종교의 자유를 위해서도 당신이 갈 수 있어야만 합니다. 제 입장은 아주 확고하니까, 씨옹에 편지를 써서 우리 개신교 주(州)에서 로마 가톨릭 신자들이 얼마나 자유를 누리는지 상기시켜 주겠습니다. 씨옹에 저를 아는 사람들이 있으니까요."

그는 집에 가서 곧 편지를 쓰겠다는 단호한 의지로 고개를 끄덕였습니다. 우리는 이 문제에 대해서 그냥 기도만 했습니다. 그러나 여러 사람이 이 문제에 대해서 많은 이야기를 했고, 결국에는 샹뻬리 마을의 일곱 명의 위원회에 이 문제가 회부되었습니다. 다른 사람들이 더 자유롭게 토론할 수 있도록 Ex 씨는 자리를 비켜 주었습니다. 그리하여 일곱 명 중에서 여섯 명이 투표를 하게 되었습니다. 물론 반대 의견이 있었지만 결과는 만장일치에 가까웠습니다. 크리스마스 휴가 기간에는 우리가 가서 예배를 드려도된다는 결론이었습니다. 이 소식을 들은 우리 가족은 춤을 추면서 서로를 꼬집어 보았습니다.

"예배당이 이제는 한 해도 어둡지 않겠네. 이제 1949년부터 예배는 계속되는 거야. 불가능한 일이었는데, 이렇게 이루어지다니!"

아이들의 흥분에 유일한 먹구름은 수잔이 우리와 함께 갈 수 없다는 사실이었습니다. 수잔은 또 한 번의 류머티즘 열병으로 침대에 누워 있었기 때문입니다.

샹뻬리까지는 폭스바겐 택시를 타고 갔습니다. 그리고 가는 길 내내 있는 힘을 다해 캐럴을 불렀습니다. 론 강을 건너 발레 주로 들어가기 전에는 잠시 노래를 멈추고 감사의 기도를 드렸습니다. 도착해 보니 교회는 연기로 가득했고, 관리인은 여기저기 뛰어다니면서 창문을 열고 난로의 통풍구를 열었다 닫았다 하면서 연기를 줄여 보려고 애를 쓰고 있었습니다.

마클레이 부인이 기쁨으로 상기된 얼굴로 우리를 맞이했습니다. 그녀는 우리가 장식할 수 있도록 준비된 상록수 가지와 나무들을 보여 주면서, 오후 4시에 차 한 주전자와 빵 그리고 버터와 잼을 준비해 돌아오겠다고 약속을 하고는, 서둘러 티룸으로 데려가더니 우리가 작업을 하기 전에 점심을 먹게 해 주었습니다. 통나무에 촛불 장식을 하고 이곳저곳을 녹색으로 치장하는 일 등이 우리가 할 일이었습니다.

오후 5시쯤에 교회는 정돈이 되었고, 난로도 차가운 공기에는 별 영향을 미치지 못했지만 불은 활활 타고 있었습니다. 그래도 촛불이 있어서 따뜻하다는 생각이 들었습니다. 칼 우드슨이 찬송가가 인쇄된 종이를 나누어 주려고 예배당 입구에 준비하고 서 있었고, 데비와 도로시는 촛불을 켰고, 프리실라는 사람들이 들어오기 시작하면 오르간을 치려고 앉아서 준비하고 있었습니다.

선생님과 함께 그룹으로 들어오는 고등학생 또래의 영국인 청소년들, 단체로 같이 온 가족들 그리고 그들 사이사이 끼어 있는 몇몇 프랑스어권 사람들을 다시 한 번 보는 것은 우리에게 매우 감동적인 일이었습니다. 첫 캐럴송을 부를 때 마지막으로 들어온 사람까지 합해서 총 175명의 사람이 참석했습니다. 마치 기적을 보는 것 같았습니다.

크리스마스 날에는 불이 활활 타고 있는 새로 지은 회색 석조 벽난로 옆에서 선물을 뜯어 보는 가족의 전통 행사를 가질 수 있었습니다. 수잔은 거의 일어나 있는 거나 다름없이 높은 의자에 왕비처럼 자리를 잡았고, 프랭키는 장난감부터 덧옷에 이르기까지 선물이 나올 때마다 흥분하며 "내가 꼭 필요했던 거야!" 하고 토를 달았습니다.

칼은 자신이 이곳에 있는 동안 우리에게 줄 수 있는 선물을 준비한다면 군대에서 너무 지루하게 느껴지던 기분이 전환될 것이라고 했습니다. 그것

은 바로 칙칙하고 지저분한 황갈색의 부엌을 깨끗하고 밝은 노란색과 하얀
색으로 칠하는 것이었습니다. 휴가가 끝나기 전에 일을 다 마치려고 하룻
밤은 아예 꼬박 새기도 했습니다.

비바람이 치던 1월의 어느 저녁, 초인종이 울리기에 문을 열었더니 차가
운 바람과 함께 두 명의 낯선 사람이 들어왔습니다. 그들은 우리를 알고 있
는 스위스의 어느 젊은 기독교인이 보내서 왔다고 했습니다. 알고 보니 그
두 사람은 모두 빌라스에 있는 기숙학교의 선생님들이었고, 그들은 한 사
람의 아파트에서 화요일 저녁마다 모이는 성경 공부 모임을 시작했다며, 프
랜에게 도움을 요청했습니다. 그 후 불가지론자였던 한 선생은 기독교인이
되어 일주일에 한 번씩 학생들을 데리고 와서 성경을 배워도 되겠냐고 물
었습니다.

시간이 지나면서 때로는 담요가 부족할 때도 있었고, 한기를 가시게 할
뜨거운 물주머니가 모자랄 때도 있었지만, 부족하면 부족한 대로 담요 위
에 외투를 덮어 가면서 지낼 수 있었습니다. 거실에서 자는 사람들은 저녁
시간의 긴 토론 내내 벽난로가 뿜어내던 온기의 덕을 보기도 했습니다. 정
말로 신기한 것은, 그때는 침대가 일곱 개밖에 없었고 거실에 까는 매트리
스와 긴 의자가 전부였는데, 찾아오는 사람들의 숫자가 자동적으로 '조절'
되었다는 것입니다. 때로 복잡하고 힘들기도 했지만, 우리가 별도로 계획
을 하지 않아도 찾아오는 사람들은 언제든지 돌볼 수 있었습니다. 그 집에
서 9개월쯤 살았을 때부터 우리는 좀더 넓은 공간을 달라고 기도하기 시

작했습니다.

2월의 어느 토요일 새벽 4시 반에 전화가 왔습니다.

"쉐퍼 부인! 저 도로시예요. 두 명이 스키 사고가 났어요. 끌레끄 의사 선생님 사무실에서 전화하는 거예요."

내 가슴이 철렁 내려앉았습니다.

"소피하고 마뉴엘이 다쳤어요. 소피는 다리가 부러졌고, 마뉴엘은 인대가 늘어났대요. 여기 병원에 있는데, 소피는 다리에 깁스를 하고 있고, 마뉴엘은 전기 치료를 받고 있어요. 조금 있다가 앰뷸런스로 갈 거예요."

우리는 서둘러서 침대 두 개에 넣을 뜨거운 물주머니를 준비했습니다. 곧 앰뷸런스가 도착했고 운전기사와 프랜과 도로시가 소피를 데리고 들어왔습니다. 소피의 다리는 두툼하게 깁스가 되어 있었는데, 다리미판을 비스듬하게 놓아 엉덩이에서부터 받쳐서 침대 발치에 있는 책상 높이까지 올리고 있어야 했습니다.

다리가 부러진 환자를 간호하는 것은 그때가 처음이었고, 그 주에 도로시와 나는 간호사로서의 영예를 함께 나누었습니다. 끌레끄 선생님은 매일 와서 매우 특이한 기계로 마뉴엘에게 전기 치료를 해 주었습니다. 그리고 프랭키는 의사가 회진할 때 '조수'가 될 수 있는 기회를 얻어서 매우 좋아했습니다.

우리는 하나님께서 이 두 사람을 이러한 방식으로 라브리에 머물게 하시는 데에는 특별한 이유가 있을 것이라고 생각했습니다. 비록 사고 때문에 소피가 영국 여왕을 알현하기로 되어 있는 중요한 날을 놓치게 되어서 실망감이 컸지만, 언젠가는 그 실망이 자기 인생에 아주 특별한 의미를 가지게 되었다는 사실을 깨달을 수 있게 해 달라고 기도했습니다.

마뉴엘은 포르투갈인 대학생으로 귀족이었으며, 갈색 고수머리에 긴 갈색 수염 그리고 커다란 갈색 눈과 불쑥 튀어나온 짙은 눈썹을 가지고 있었습니다. 프랭키가 마뉴엘을 처음 보았을 때 "엄마, 저 사람이 '사자굴 속의 마뉴엘'이에요?" 하고 물었습니다. 그를 구약의 다니엘로 착각했던 것입니다. 그는 샬레에서 세 번의 주말을 보내고 떠났습니다. 그가 남긴 방명록에는 이런 글이 적혀 있었습니다.

"절망과 동요 속에서도 제가 안고 있는 문제가 무엇인지 명확해지고 그것에 대한 해결책을 찾으면 좋겠습니다."

우리는 그를 위해서도 기도했습니다. 예상치 못했던 이 긴 체류가 나중에는 감사한 일이 되게 해 달라고 말입니다.

다음 날 아침 우리는 좀 색다른 모양새로 예배를 드렸습니다. 2층 복도에 의자를 나열하고, 각 침실에도 의자 두 개씩을 놓아서 침대에 있는 환자들까지 예배를 드릴 수 있게 한 것이죠. 가까이 있는 부엌 오븐에서 새어 나오는 맛있는 냄새 때문에 프랭키가 가만히 있기가 힘들었지만, 프랜은 복도에 서서 여느 때처럼 설교를 했습니다.

그날 드린 예배의 결과는 예배의 장소가 중요하지 않다는 사실을 보여주었습니다. 스테인드글라스 창문과 은은한 오르간 음악과는 전혀 상관이 없는 장소였지만, 예배에 참석한 두 사람, 브루스와 앤(제네바에 있는 기숙학교에서 온 두 명의 청소년)은 하나님의 가족으로 '태어날' 수 있는 방법에 대한 성경의 핵심적인 메시지를 분명하게 깨닫게 되었고, 각자 따로 프랜과 만나서 이 문제에 대해서 이야기했습니다.

이틀 후 앤이 제네바에서 전화를 했습니다.

"쉐퍼 선생님이 목요일 오후에 제네바에 오실 수 있는지 알고 싶어서요. 여덟 명밖에 안 되지만 질문하고 싶은 게 많아요. 찻집에서 만나서 질문을 할 수 있었으면 좋겠다고 생각했어요."

그 이틀 동안에 '새로 탄생한' 이 기독교인들이 벌써 여덟 명의 관심을 끌었다는 겁니다. 자신이 체험한 실재가 감사와 기쁨으로 넘쳐서 다른 사람들도 그 신나는 소식이 무엇인지 매우 궁금하게 만드는 기독교인들이 도대체 얼마나 될까요!

그 주간에 또 한 통의 전화가 왔습니다.

"에일린이 엄마랑 통화하고 싶대요."

데비가 말했습니다.

"쉐퍼 부인, 작년 2월 어느 날 저녁에 샹뻬리로 당신을 만나러 갔던 젊은 영국인 의사 기억하세요? 그 사람이 여기에 다시 왔는데요, 쉐퍼 가족이 지금 위에모에 영적인 도움이 필요한 사람들이 찾아오는 장소를 가지고 있다고 말해 주었어요. 그 의사가 가도 괜찮을까요?"

그러더니 갑자기 제니퍼가 직접 전화에 대고 말했습니다.

"정말 제가 가도 괜찮겠어요?"

고음의 그 목소리를 들으니, 미간이 넓은 밤색 눈과 뒤로 빗겨진 가느다란 머리카락 그리고 생기 있는 소녀 같은 외모의 제니퍼가 아주 생생하게 떠올랐습니다. 몸을 곧추 세우고 우아하게 걷는 걸음걸이 그리고 빠른 몸놀림도 기억이 났습니다. 전화를 끊고 사람들이 있는 곳으로 돌아온 나는 이렇게 말했습니다.

"작년에 샹빼리에 있을 때, 십대 소녀처럼 보인다고 모두가 생각했던 그 예쁜 영국인 의사 기억나요? 내일 이곳에 온대요. 소아마비 때문에 병원에 입원해 있다가 이제 막 퇴원했대요."

제니퍼는 다리 근육에 이상이 왔을 뿐만 아니라, 허리와 오른쪽 손도 말을 듣지 않았습니다. '사랑스럽고 아름다운 새의 날개가 꺾였구나.' 제니퍼가 일을 돕겠다고 오른손을 움직이려고 애를 쓰는 것을 보면서 나는 그렇게 생각했습니다. '사고 병동에서 뇌가 손상된 환자들에게 그 손이 시술했던 그 섬세한 작업들은 이제 어떻게 될까? 외과의사였는데.'

"일자리를 찾으려면 좀 다른 종류의 일을 찾아야 해요. 물론 의료 계통의 일이겠지만…. 아홉 시부터 다섯 시까지만 일하는 자리가 필요해요."

제니퍼는 스스로의 선택으로 '자유주의자'가 된 사람이었습니다. 똑똑하고 폭넓은 지식을 기초로 그러한 선택을 한 제니퍼가 변화를 일으켜서 성경의 가르침을 있는 그대로 받아들이는 자리에 서기는 쉽지 않아 보였습니다. 그런데 불 옆에 앉아서 이야기를 하고 있던 어느 날 밤 갑자기,

"사람이 죽는 모습을 보면, 무엇인가가 빠져나갔다는 생각이 드는 건 사실이에요"라고 말했을 때, 이해의 돌파구가 생기는 것처럼 보였습니다. 마침내 제니퍼가 성경이 참으로 진리라는 것을 깊이 확신하게 되고, 어린아이처럼 단순하게 그리스도께서 자신을 위해서 이루어 놓으신 일을 받아들였을 때, 우리들은 마치 초자연적인 일, 즉 성령님의 일을 지켜보는 방관자 같은 느낌이었습니다.

제니퍼의 기도에 대한 첫 번째 큰 응답은 일자리를 얻은 것이었습니다. 옥스퍼드 대학에서 해부학을 가르치는 일이었습니다. 자신의 인생을 하나님의 손에 맡기고 나니 하나님께서 옥스퍼드에서 자신을 사용하시고, 나중에는 영국에 있는 자기 가정에서도 사용하신다는 것을 제니퍼는 보게 되었습니다. 작가인 남편 팀과 두 명의 어린 자녀가 있는 제니퍼의 가정은 아는 사람들 사이에서 상당한 영향력을 미치고 있습니다. 소아마비가 근육을 마비시키고 이전의 계획들을 바꿔 놓았는지는 몰라도, 자기 자녀들의 인생에 대한 하나님의 목적은 마비시킬 수 없었습니다. 이처럼 새로운 사람들이 계속해서 찾아오는 다른 한편으로는 매우 다양한 사람들에게 새로운 '문'이 열리고 있었습니다.

다시 2월 14일이 다가오고 있다는 것이 정말 사실일까요? 12개월 전, 스위스를 떠나라는 통보를 받았던 바로 그날 말입니다.

15
하나님께서 선택하신 사람들을
보내 주시다

때는 여전히, 하나님께서 당신이 선택한 사람들을 보내 주시고, 오고 가는 모든 사람이 먹고사는 데 필요한 재정을 보내 주시며, 하나님의 계획을 우리에게 보여 달라고 기도하면서 어떤 일이 일어날지를 실험하거나 증거하는 첫해였습니다. 물론 라브리에 왔던 사람들의 이름을 다 댈 수도 없고, 그들에게 어떤 일이 일어났는지 다 이야기할 수도 없습니다. 그러나 실제로 어떤 일들이 일어났는지 여러분이 대략이나마 감을 잡도록 몇 가지만 이야기하겠습니다.

샌디라는 아가씨가 있었습니다. 첫눈에는 그저 말 많고 머리는 안 좋은 금발머리 아가씨처럼 보였지만, 사실은 머리가 아주 '좋은' 사람이었습니다. 주말마다 참석하기 시작하더니 예수님을 믿게 되었고, 그 후로는 얼마나 다양한 부류의 사람들을 데리고 왔던지, 그 사람들 이름을 죽 나열하면 마치 유엔 기구 같을 겁니다.

머레이도 있었지요. '법 없이 살 사람'이라고 부를 수밖에 없는 사람이었습니다. 그는 뛰어난 정신분석학자의 아들로 그 자신도 명석한 두뇌를 가지고 아버지와 같은 길을 가고 있었습니다. 한번은 그가 감탄하며 이렇게 말했습니다.

"거꾸로야, 완전히 거꾸로야. 대부분의 학생들은 어느 정도의 신앙을 가지고 유럽에 왔다가 실존주의자들이 되어서 돌아가는데, 나는 신앙 없이 왔다가 성경을 믿는 기독교인이 되어서 돌아가다니…. 완전히 거꾸로야!"

스위스인 비서 리즐로뜨도 있었습니다. 존과 같은 하숙집에 있던 사람이었는데, 점심 시간에 짬을 내서 카페 토론 모임에 참석할 수 있었습니다. 어느 날 밤 리즐로뜨는 불가에 앉아서 이렇게 말했습니다.

"아, 이제 알겠어요."

그녀는 정말 알았고, 마침내 예수님을 믿게 되었습니다.

로저는 제네바에 있는 기숙학교 학생이었는데, 기독교인 과학자 집안에서 자란 학생이었습니다. 어느 날 그는 새로운 나라를 발견한 탐험가처럼 신이 나서 외쳤습니다.

"아, 다 이해가 돼요. 퍼즐처럼 다 들어맞는군요. 이거 정말 놀라운데요!"

바바라도 있었습니다. 프랭키가 디저트로 먹을 예쁜 케이크를 보고 식탁을 한번 둘러보고는 "이 케이크를 놓고 바바라의 '생일 축하' 노래해요"라고 말하자 바바라는 입가에 묘한 웃음을 띠었습니다. 노래가 다 끝나고 나자 바바라는 고백했습니다.

"프랭키가 그렇게 틀린 것은 아니에요. 사실 생일이라고 할 수도 있어요. 이제 막 제 내면의 씨름을 끝내고 그리스도를 저의 구세주로 영접했거든요. 오늘 저는 거듭났어요!"

노르웨이에서 온 헬렌은 아는 사람들 사이에서는 회의주의자로 알려진 학생이었습니다. 헬렌은 '이제 돌아가서 모든 종교를 배척하는 것이 아니라 기독교의 입장에서 논쟁을 하면 사람들이 얼마나 놀랄까'라고 생각했습니다.

네덜란드에서 온 무신론자 저스틴도 떠오르네요. 자신은 결코 믿지 않겠다고 선언했지만, 나중에는 기독교가 진리라고 확신하게 되었습니다. 이외에도 많은 일들이 1956년 3월에 일어나고 있었습니다. 불과 1년 전만 해도 너무나 극적이고 불확실했던 그달에 말입니다.

우리 삶이 결코 쉬운 것은 아니었습니다. 설거지할 그릇은 끝도 없이 쌓였고, 식사 준비도 끊이지 않았고, 침대 시트도 계속 빨아서 널어야 했고, 써야 할 편지도 끝이 없었고, 다른 모든 일보다 우선순위를 차지했던(왜냐하면 하나님께서 어떤 목적을 가지고 그 사람들을 보내셨기 때문에) 대화를 나누는 일도 계속해서 이어졌습니다.

혹시 이 글을 읽으면서 "돈을 달라고 기도하는 거, 그거 괜찮군. 이제 나도 일은 그만두고 기도나 해야겠네"라고 말하고픈 유혹을 받는 분들이 있다면, 제발 농담이라도 그런 말씀은 말아 주세요. 우리가 먹을 것과 잘 곳 그리고 생활에 꼭 필요한 물건들을 얻을 만큼만 돈을 보내 달라고 기도했다는 사실을 기억해 주시기 바랍니다.

게다가 우리의 '노동 시간'은 어떤 '노동조합 규칙'에도 없는 것이었습니다! 어떤 식으로든 결코 '쉬운' 삶이 아니었고, 지금도 그렇습니다. 그러나 하나님과 교통하는 실재를 맛보고, 물질적인 영역에서, 그리고 인간의 생각과 마음의 영역에서 하나님이 주시는 대답, 그 응답의 실재를 체험하는 것은 정말로 신나는 일이었습니다.

4월 1일은 우리가 이 샬레에 온 지 1년이 되는 날이었지만, 라브리로서의 첫해는 아직 끝나지 않았습니다. 다음의 사건들도 역시 그 첫해에 일어났던 일들입니다.

단순히 '제인'이라고만 서명이 되어 있는 전보를 통해서 우리는 이탈리아에 있는 선교사 조지아의 두 친구가 부활절 주말을 보내러 올 것이라는 사실을 알게 되었습니다. 토요일 오후, 데비와 함께 빌라스에서 장을 보고 집 안에 들어서니 안개도 우리와 함께 집 안으로 따라 들어왔습니다. 그러나 우리가 문을 채 닫기도 전에 프리실라가 나와서 놀라움을 감추며 속삭였습니다.

"그 사람들이 왔어요. 그런데요, 그냥 가수들이 아니라 오페라 가수들이에요. 가서 한번 만나 보세요."

키가 크고 아름다운 제인은 성격이 좋고 여러 가지 일에 관심과 열정이 있는 소프라노 가수였습니다. 불가에 앉아서 몸을 녹이고 있던 제인이 "여기는 아니타예요" 하며 키가 작은 사람을 가리켰습니다.

"콜로라투라 소프라노인데, 밀라노에서 발성법을 공부하고 있어요."

나중에 제인은 여기가 일종의 종교적인 성격을 띤 호텔이고, 자기 마음대로 '모임'에 참석하거나 말거나 할 수 있는 곳으로 알았다고 말했습니다. 정말로 인생의 해답을 찾고 있었기 때문에 오기는 했지만, 지루하면 곧바로 도망칠 수도 있다고 생각했던 것입니다. 그러나 와서 보니 가정집이었고, 더욱이 도망갈 길도 없었다는 것입니다.

그날 오후 내가 요리를 하는 동안 프랜이 두 사람과 이야기를 했고, 제인이 오페라를 하면서 겪었던 이런저런 재미난 이야기들을 들으며 유쾌한 식사를 했습니다. 나는 설거지를 끝낸 뒤, 불가에 앉아서 우리가 스위스에서 추방당했던 일과 이 살레를 얻게 된 기적과 라브리의 시작에 대해서 전부 이야기해 주었습니다.

제인의 체력과 관심은 끝이 없었습니다. 설거지를 도와주고, 프랭키에게 책을 읽어 주고, 누워만 있는 수잔과 이야기를 하고, 마을의 경치에 열광하고, 퇴비 냄새를 좋아하고, 숲에 대해 격찬을 아끼지 않았습니다. 아마도 이러한 낙천적인 성격 때문에 제인은 모든 종교는 선하며, 이 세상이 실제로 좋아지고 있다고 생각했을 것입니다. 그러나 제인은 예수님의 가르침을 갈수록 진지하게 들었습니다.

"내가 곧 길이요 진리요 생명이니 나로 말미암지 않고는 아버지께로 올 자가 없느니라"(요 14:6).

제인과 아니타는 월요일 오후에 떠날 예정이었지만, 제인이 프랜과 함께 산책을 갔다 오더니 바로 다음 날 돌아간다고 했습니다. 며칠 후 밀라노에서 편지를 받을 때까지 우리는 제인에게 무슨 일이 일어났는지 몰랐습니다. 편지의 일부를 인용하지요.

"위에모에 있을 때 저는 혹시 고도가 달라서 그 영향을 받는가 했습니다. 그래서 밀라노로 돌아가서도 여전히 같은 생각인지 확인할 때까지 기다리고 싶었습니다. 수요일에 제 전보를 받으시고 무척 놀라셨겠지만, 아마 저만큼 놀라지는 않으셨을 거예요. 조지아가 저희 성경 공부 모임에서 두 분에 대해 이야기를 하면서 방문해 보자고 말했을 때, 제일 관심 없어 한 사람이 바로 저였고, 나중에는 매우 단호하게 그럴 시간이 없을 거라고까지 말했습니다. 그러나 이제는 다른 어떤 힘, 지금은 그것이 성령님이었다고 믿을 수 있게 된 그 힘이, 제 인생에 대한 하나님의 계획 속으로 저를 이끌며 라브리로 인도했다고 분명히 확신합니다. 제가 정말 적절하게 버스를 놓쳐서 그동안 예수 그리스도를 저의 구세주로 영접할 수 있었던 것도 마찬가지입니다. 참으로 그리스도의 영이 제가 참된 빛을 보도록 저의 눈을 열어 주셨다고 생각합니다."

제인과 아니타의 방문과 겹쳐서 존이 부활절 방학 동안에 2주간 성경 공부를 하러 왔습니다. 존은 도착하자마자 복도의 낡은 장판을 걷어 내고 새로운 것을 깔기 전에 바닥 긁는 일을 도와야 했습니다. 그날 저녁은 한 편의 '코미디'였습니다. 복도에 있는 난로를 도로시의 방으로 옮기고, 캐비닛은 욕실로 옮기고, 문지방끼리 연결해 놓은 판자 위로 걸어다녀야 했기 때문입니다.

빌, 어브 그리고 '작은 빌'이 다음 날 바움홀더(Baumholder)에 있는 군부대에서 왔고, 제인과 아니타도 버스를 놓쳐 이곳으로 왔습니다. 그래서 우리는 도로시를 프리실라 방으로 옮기고, 제인과 아니타는 도로시 방에 있는 2층 침대에서 자도록 하고, 남자 네 명은 4인용 침실을 쓰도록 했습니다. 남자들은 모두 이미 기독교인이었기 때문에 프랜은 본격적인 성경 공부를 시작했습니다. 성경 공부는 아침 식사를 하는 발코니의 식탁에서 아침 시간 내내 진행되었고, 오후에는 밭을 일구고, 퇴비를 뿌리고, 풀을 긁어 모아 치우고, 땔감을 장만했습니다.

이와 같은 성경 공부와 밭일은 3주 동안 계속되었는데, 그 사이에 학생들은 때를 따라 갈리었습니다. 한꺼번에 15명 이상을 수용할 수는 없었는데, 우리가 계획하지 않아도 '타이밍'이 얼마나 잘 맞아떨어지는지!

5월은 미국 남부 특유의 느린 말씨와 남성 트리오의 음성이 울려 퍼지는 가운데 시작되었습니다. 미군 병사 세 명이 질문을 하러 찾아온 것입니다. 폴은 테네시에서, 짐은 미시시피에서 그리고 또 한 명의 짐은 조지아에서 왔습니다. 또 그 사람들이 떠나기 전에 애날리라고 하는, 샹뻬리에서 보냈던 첫 겨울에 샬레 데 프렌에서 여자로서는 처음으로 기독교인이 되었던 학생이 영적인 재충전을 위해 얼마간 머물러 왔습니다. 애날리가 항공사 일을 하면서 남미에서 텍사스로, 이어서 캘리포니아로, 독일로 그리고 이제는 콜롬비아로 가려 하는 6년 동안 우리는 편지로 소식을 주고받았습니

하나님께서 선택하신 사람들을
보내 주시다

다. 라브리가 이곳에서 이미 도움을 받았던 사람들과도 계속해서 관계를 맺고, 또한 전적으로 낯선 사람들이 아주 다양한 방법으로 찾아오는 장소가 된다는 사실이 우리는 참으로 기뻤습니다.

베티 칼슨도 1954년 11월에 샹뻬리를 떠난 이후로 일어난 모든 일을 듣고 우리와 함께 기뻐했습니다. 베티는 귀가 안 들리는 화가, 그 화가의 자매와 함께 유럽을 여행하는 중에 잠깐 방문을 했던 것입니다. 하지만 프랜과 나는 베티와 그 주말에 모인 다른 사람들에게 작별인사를 해야 했습니다. 프랜이 수양회 강사로 초청을 받아 이탈리아 해안 도시로 가야 했기 때문입니다.

수양회를 마치고 집으로 돌아오는 길에 우리는 밀라노에 들러서, 조지아와 마리아 테레사의 아파트에서 가지는 저녁 모임에 참석했습니다. 그곳에는 세계의 철학과 종교 그리고 그들이 대답하지 못한 질문들에 대한 성경의 대답이라는 프랜의 메시지를 듣기 위해서 20명이 넘는 사람들이 모여 있었습니다. 오페라 가수, 화가, 음악가 등 세계 각국에서 온 각양각색의 사람들이었습니다. 제인은 사람들이 다 떠난 후에도 오랫동안 남아서 자기 삶에서 일어난 모든 일과 하나님의 실존에 대해서 오페라 세계의 사람들과 나눈 대화에 대해서 이야기해 주었습니다.

바로 그 주말에 제인은 화가 친구 한 명을 데리고 다시 샬레로 왔습니다. 그다음 주말에는 아니타가 존, 디노, 로나와 함께 왔습니다. 존은 강경한 무신론적 관점에서 논쟁을 하는 영국인 오페라 가수였고, 디노는 이탈리아인 토건업자였으며, 로나는 그의 영국인 아내였습니다.

물론 그 외에도 많은 사람이 그 주말에 와 있었습니다. 그러나 나는 지금 라브리의 또 한 분야의 일이 시작되는 것을 보여 드리려고 특정한 사건만을 짚어 가는 중입니다. 이 일 또한 라브리가 존재한 지 1년이 지나기 전에 시작되었습니다.

제인과 아니타는 프랜에게 비록 샬레에는 올 수 없지만 질문을 하고 토론을 하고 싶어 하는 사람들이 밀라노에 많이 있다며 밀라노로 와서 토론 모임을 인도해 달라고 부탁했습니다. 그렇게 그 모임은 시작되어 처음에는 이미 정규적으로 성경 공부를 하고 있던 조지아와 마리아 테레사의 아파트에서 모이다가, 나중에 그들이 밀라노를 떠나고 난 후에는 오페라계의 사람들과 종교가 없는 다양한 사람들이 쉽게 드나들 수 있는 중립적인 장소에서 모이게 되었습니다.

이것이 바로 밀라노 토론 모임의 시작이었고, 2주에 한 번씩 모일 때마다 사람들이 끊임없이 찾아왔습니다. 그러나 다들 국적도 다양하고 그곳에 유학을 온 이들이었기 때문에 지속적인 모임으로 자리 잡지는 못했습니다. 그럼에도 핵심을 이루는 소수의 믿는 사람들의 모임이 서서히 형성되었습니다.

1959년 첫날, 토론 모임을 인도하러 밀라노에 다니기 시작한 지 3년이 되던 해에 도로시와 허비(앞에서 이들의 결혼식에 대해서 썼지요)는 인생의 새로운 장을 시작했고, 라브리는 사역의 새로운 장을 시작했습니다.

하나님께서 선택하신 사람들을
보내 주시다

허비와 도로시는 가방과 짐 위에 새해 만찬으로 먹을 '깜짝 피크닉 도시락'을 올려놓고 노란 버스가 오기를 기다렸습니다. 그리고 우리 모두는 작별 인사를 하기 위해 같이 서 있었습니다. 그들은 가야 할 집도 없이 밀라노로 가는 길이어서 약간 염려하고 있었는데, 다음 날 아침에 전화가 왔습니다. 또 한 번 기도가 크게 응답된 신나는 소식을 전해 주는 허비의 전화였습니다.

"불가능한 일이 또 일어났어요! 가구도 준비되어 있고 위치도 좋은 아파트를 구했어요. 우리가 본 첫 번째 집이었거든요. 디노가 그런 집을 찾을 수 없었다고 했는데, 우리가 계약을 한 거예요!"

우리는 그들이 이탈리아로 가는 것이 옳았다는 것을 알려 주는 분명한 응답이라고 생각했습니다. 그들은 이탈리아어를 공부하기 시작했고, 차를 마시며 토론할 사람들을 맞이했으며, 주일이면 소박하게 예배를 드렸습니다.

밀라노에서의 라브리 일은 그 후로도 지속적으로 성장해서 지금은 호숫가에 1년에 몇 달간 임대를 하는 별장도 가지고 있습니다. 좀더 긴 시간 동안 공부하고 토론을 할 수 있는 장소이지요. 그리고 우리 샬레에서도 '이탈리아 주말'을 가집니다. 허비가 이탈리아에서 한 그룹의 사람들을 데리고 오는 주말인데, 도로시는 같이 오거나 두 아이 데이빗과 앤을 돌보기 위해서 남아 있곤 합니다.

16
커져 가는
샬레

라브리가 시작된 첫 일 년이 끝난 것은 사실상 6월 말이었습니다. 오가는 사람들의 숫자를 세어 본 적은 한 번도 없지만, 그해 여름에 내가 편지에 쓴 것을 보면, 6월 중순에서부터 7월 말까지 6주 동안 187명의 손님들이 길게 또는 짧게 머물다 간 것으로 되어 있습니다. 그해 여름은 토론이 진행되는 동안 내가 주로 자정에 밭에 물을 주고, 때로는 손전등을 켜고 무엇인가를 옮겨 심던 때였습니다. 그즈음에 간사로 있던 제니퍼가 떠날 때 프랭키는 울면서 말했습니다.

"나 여기 곪혔어! 제니퍼 의사가 가면 이제 누가 나를 치료해 줄 거야? 다시 오라고 해!"

프랭키 못지 않게 우리 모두 제니퍼가 다시 돌아왔으면 하고 바랐습니다. 제니퍼가 떠난 다음 날 네덜란드인 미술 비평가이자 라이덴 대학의 강사인 로크마커 박사(지금은 암스테르담 자유대학의 미술사 교수입니다)와 아내 그리고 어린 자녀들이 도착했습니다. 그들은 영적인 도움을 받고 싶어 했는데, 이곳에 오려면 천상 어린아이들(6세, 3세, 2세)을 데리고 오는 수밖에 없었습니다. 로크마커 박사는 현대 미술과 기독교에 대한 강의를 해 주었는데, 그 강의는 손님들에게 또 다른 즐거움이 되었습니다.

로크마커 박사와 그 부인도 진리에 대해서 새로운 통찰력을 얻게 되었습니다. 그것이 정말 새롭고, 그에 따른 변화가 확고해서 그 부부에게 인생의 전환점이 되었습니다. 라브리는 그 부부와 만남으로써 훗날 우리가 예상했던 것보다 훨씬 더 큰 것을 얻게 되었습니다. 로크마커 박사 덕분에 알게 된 알리다 미에스터가 간사가 되었습니다. 알리다는 휴가 때 집으로 가면 네덜란드의 젊은이들과 열정적으로 대화를 나누며 진리를 알고자 하는 젊은이들을 이곳으로 보냈습니다.

얼마 후 로크마커 부부는 자기 집에서 토론 모임을 시작했습니다. 그리고 시간이 지나면서 프랜에게 네덜란드로 와서 자신이 인도하는 그룹과 함께 토론 시간을 가져 달라고 재촉했습니다. 프랜이 그 사람들에게 도움이 될 거라고 생각한 것입니다. 프랜과 내가 여건이 되어서 그 여행길에 올랐을 때, 몇 가지 일이 일어났습니다.

프랜은 로크마커 박사의 그룹과 시간을 보냈을 뿐만 아니라 다른 그룹들과도 모임을 가질 수 있었습니다. 특히 암스테르담에 있는 가구점에서 모임을 가진 적이 있는데, 그곳 주인인 반 더 비덴 씨는 네덜란드의 여러 대학생들과 관심 있어 하는 다른 사람들을 불러 모았습니다. 그날의 질문과 대답은 자정 넘어서까지 계속되었습니다.

그 후 네덜란드를 오가는 이 여행은 1년에 한두 번씩 하는 정규적인 일이 되었습니다. 미에스터의 가족은 자기 집으로 우리를 초대해서 토론 모임을 가졌고, 알리다가 미국에 가서 칼과 결혼하고 그곳에 살기 위해서 라브리를 떠나자, 미에스터 부부의 딸 마리가 그 자리를 대신해 병 때문에 떠날 때까지 같이 일했습니다.

그후 로크마커 부부는 네덜란드에서 라브리를 대표하게 되었고, 그 집에서 기독교인이 된 콕시라고 하는 네덜란드 여학생도 간사가 되었습니다. 네덜란드 학생들이 여름에 밭일을 도와주러 오기 시작했고, 그중 몇 사람은 겨울에 성경 공부를 하기 위해서 암스테르담에서 같이 만나기 시작했습니다.

물론 수많은 사람이 오가는 이 작은 집에 로크마커 씨 가족처럼 아예 한 가정을 묵게 하는 것은 정말 난감한 일이 아닐 수 없었습니다. 하지만 로크마커 씨 가족이 와 있던 그 몇 주부터 라브리의 일이 네덜란드로 확대되는 계기가 되었습니다.

힘든 시기를 보내고 있을 때는, 그 일들이 아무런 가치도 없는 아주 평범한 일처럼 보일 때가 있습니다. 신앙 때문에 고문을 당하거나 박해를 받는 순교자들의 고통은 우리에게 커다란 감동을 줍니다. 그러나 요리를 하고, 때로는 먹을 틈도 없이 상을 두 번 차려야 하고, 쏟거나 깨진 것들을 치우고, 산더미 같은 쓰레기들을 비우고, 스토브에 끓어 넘친 음식 자국이나 오븐 속에서 넘쳐서 까맣게 타 버린 딱딱한 찌꺼기들을 긁어내는 일은 도

무지 극적이지도 않고 영광스럽지도 않습니다.

토론 모임을 인도하거나 질문에 답을 하거나 가르치는 사람들 역시, 잠시 숨을 돌리며 차 한 잔 마시려는 순간에 새로운 사람들이 도착해서 그들을 돌보느라 끝내 휴식을 취하지 못하는 경우가 종종 있습니다. 라브리는 시간표대로 진행되는 곳이 아니기 때문입니다. 하나님의 계획대로 사람들이 오가고, 놀라운 일들이 생겨나고 있었지만, 기도의 응답에는 그 응답이 의미하는 모든 것(기쁨과 그 기쁨을 더욱 크게 하는 고난과 고통)을 받아들일 마음의 준비도 필요했습니다.

많은 사람들이 이렇게 말합니다. "하나님 또는 초자연적인 존재와 만나고 싶어요." 심지어 초자연적인 존재와의 만남을 열렬히 추구한 나머지 또는 '우주와의 합일'을 기대하며 마약까지 복용합니다. 하지만 그들이 원하는 것은 기계처럼 '작동'이 되어서 바로 느낄 수 있는 무엇, 돌아보고 기억할 수 있는 무엇입니다.

그러나 그들은 동시에 자신의 삶에 있어서 휴식과 놀이와 일에 관한 한 많은 자유를 누리기를 원합니다. 많은 사람이 자신의 '진리 탐험'을 주일 아침 9시에서 12시까지, 또는 수요일 밤 8시에서 10시까지, 또는 자신들이 선택하는 2주 동안에만 국한시키기를 원합니다. 그들이 추구하는 것이 색다른 '화학적 체험'이건 어떤 종교적인 만족이건 간에 마찬가지입니다. 그들은 지금까지 드러난 증거를 검토하고 하나님께서 지정하신 방법으로 하나님께 나오고 싶어 하지는 않습니다.

또 어떤 기독교인들은 다른 이들이 기도 응답을 받았다는 이야기를 들으면 괜한 질투를 합니다. 그러면서도 자신의 삶에는 변화를 주지 않은 채 자신의 특정한 요청에 대해서만 특별한 응답을 받기 원합니다. 또 어떤 기도들은 응답 받기를 원하고, 자기 삶의 특정 부분에서는 하나님의 직접적인 계시를 받고 싶어 합니다. 심지어 기도할 때 하나님 앞에 두 가지의 대안을 제시하고 그 외의 가능성들은 다 제외시키기도 합니다.

우리는 이 문제를 매우 심각하게 염려하고 있습니다. 사람이 하나님께 "당신의 뜻을 보여 주소서"라고 간구할 때 하나님 앞에서 정직하고자 하는 내적 싸움은 현실적으로 치열한 싸움입니다. 그런 만큼 그 모든 간구를 쉽게 포기하기도 합니다. 많은 기독교인이 하나님의 응답을 받는 신나는 체험은 원하지만, 그 응답을 받기 위한 씨름의 고통은 원하지 않기 때문입니다.

내가 이 이야기를 하는 이유는, 기도 응답에는 많은 것이 포함되어 있다는 것을 계속해서 상기시키지 않고 응답 받은 사건만 나열하는 것은 매우 불공정한 일이기 때문입니다. 기독교인이 되는 것은 전인(全人)을 포함하는 일입니다. 하나님과 교제하며 사는 삶은 삶의 모든 것을 포함하는 것입니다. 또한 그 삶은 실제의 삶이며, 이 생에서 우리가 내리는 결정과 선택은 영원까지 영향을 미치는 것입니다.

우리는 책을 기증한 샬레에 대해서 기도를 했습니다. 좀더 넓은 공간이 필요했기 때문입니다. 하지만 기한이 되었을 때 그 집을 살 돈은 모이지 않아 다른 사람들이 그 집을 사게 되었습니다. 프랜과 내가 숙소가 더 필요하다는 생각을 하며 집 주변을 산책하던 어느 날 오후, 샬레 레 멜레즈의 서쪽 편에 있는 자갈밭 테라스에 햇살이 쏟아지고 있었습니다.

"이디스, 저 테라스를 막으면, 이층 침대를 놓을 수 있을 것 같지 않아요?"

프랜이 말했습니다.

"다른 한쪽으로도 소파 겸용 침대를 짜 넣을 수 있는 공간이 나올지도 모르겠네요. 방이라기보다는 선실에 더 가깝겠지만, 일단 치수를 한번 재 보죠."

프랜은 초크와 줄자 그리고 큰 포장지 몇 개를 가져왔습니다. 잠시 후 바닥에 '침대 자리' 그리고 '복도 쪽으로 열릴 문의 여유 공간'이 표시가 되었습니다. 종이는 '창문'용으로 잘라졌고, 우리가 정원 저편에서 이렇게 저렇게 보는 동안 리디아와 데비가 잘 붙잡아 주었습니다.

"집의 경관을 망치지는 않겠어요. 어쩌면 오히려 더 좋아 보일지도 몰라요."

그리하여 샬레에 세 개의 침대를 더 추가하자는 생각이 구체적으로 실행되기에 이르렀습니다. 그리고 뒤비 씨가 와서 이 새 방을 만드는 데 얼마가 들지 견적을 내 주었습니다. 브랏치 씨가 같이 왔는데, 그는 기초를 놓고 시멘트 벽을 바르고, 원래 있던 테라스 대신에 밖에서 식사를 할 수 있는 공간을 만들 사람이었습니다.

그 무렵에 '기도 가족'의 한 사람에게서 편지가 왔습니다. 이미 "라브리에 좀더 넓은 공간을 마련하는 데 써 달라"고 헌금을 한 사람이었습니다. 그 편지의 핵심은, 기도를 하는 도중에 생각이 떠올랐는데, 다른 방식으로 라브리를 넓힐 수 있을 때까지 샬레 레 멜레즈에 방을 하나 더 만들면 어떻겠느냐는 것이었습니다. 우리는 이 편지가 하나님께서 방을 하나 더 만드는 것이 당신의 계획이라고 우리에게 알려 주시는 신호라고 생각했습니다.

우리는 방의 기초를 놓고 벽을 만들 정도의 돈은 있었지만, 그 외 다른 일을 할 돈은 없었습니다. 그래서 있는 돈만큼만 주문을 했고, 브랏치 씨는 10월 8일에 작업을 시작하겠다고 했습니다. 우리는 그 방의 공사를 끝내고, 가구를 들여놓고, 테라스와 진입로와 집으로 들어가는 계단을 만들고, 20명의 사람에게 나눠 줄 수 있는 담요와 뜨거운 물주머니를 구입할 돈이 들어오게 해 달라고 9월 휴가 동안 기도했습니다. 그 모든 것이 하나님의 뜻이라면 이번 겨울이 오기 전까지 준비될 수 있게 해 달라고 기도한 것입니다.

서리가 내린 10월 8일 아침에 브랏치 씨와 그의 일꾼들은 공사를 시작하고, 프랭키는 파낸 흙더미 위에서 즐거운 시간을 보냈습니다. 다음 날 오후 늦게 팀장이 말했습니다.

"쉐퍼 씨, 이 공사에 필요한 돌을 한 번에 다 주문하면 할인을 받을 수가 있는데요. 아직 결정 못하셨나요?"

우리는 그에게 "라브리는 하나님께 기도해서 모든 필요를 공급받으며, 돈이 들어왔을 때만 물건을 주문할 수 있습니다. 훗날 돈이 들어올 것을 예상해서 미리 돈을 빌려 쓰는 일은 결코 하지 않습니다"라고 설명해 주었습니다. 따라서 현재로서는 그 방의 기초를 놓을 만큼의 돈만 있기 때문에, 테라스와 진입로에 쓸 돌은 좀더 기다려야겠다고 했습니다.

"하지만 추운 날씨가 계속되면 야외 공사는 봄까지 미루어야 되고, 지금 이 일을 한꺼번에 하지 않으면 며칠 후에 저도 다른 공사를 하러 가야 되기 때문에 마무리하기가 어렵겠는데요."

"저희가 기도해 보고, 가능한 한 빨리 알려 드리겠습니다."

이것이 우리가 약속할 수 있는 전부였습니다.

다음 날 우리는 '기도의 날'을 가졌습니다. '기도의 날'은 라브리에서 자주 있는 일입니다. 우리 일의 여러 부분에 대해서 또는 우리 삶에 대해서 우리가 "기도해 보았다"고 말할 때 여러분은 자기 전에 드리는 5분간의 기도를 상상하실지 모르겠습니다. 하지만 우리가 말하는 기도는 그런 종류의 기도가 아닙니다. 우리는 살아 계신 하나님 그리고 우리의 기도를 듣기 위해서 우리를 당신의 임재로 영접하시는 하나님께 이야기하는 것이라고 생각하기에, 그것은 우리가 할 수 있는 다른 어떤 일보다 더 가치가 있는 것입니다. 물론 그것이 단지 시간을 많이 내는 것을 의미하지는 않습니다.

그 당시 우리가 가졌던 '기도의 날'은 하루의 시간을 30분 간격으로 나누어서 만든 표를 부엌에 걸어 놓는 것으로 그 일정을 짰습니다. 각 사람이 원하는 시간대를 골라서 그 옆에다 자기 이름의 약자를 적어 넣도록 하고, 방 하나를 기도의 방으로 정했습니다. 그리고 묵상할 수 있는 성경 구절과 특별한 기도 제목들을 방에 적어 놓아서, 기도하는 사람이 기도를 준비하고 우리 모두가 특별히 기도하기로 합의한 내용들을 기억하는 데 도움이 되도록 했습니다. 물론 사람들은 각자 자기 자신의 말로 기도했습니다. 그 목록은 단지 상기시키기 위한 것이지 반복하거나 읽어야 할 기도문은 아니었으니까요.

우리 모두는 그러한 날들이, 우리가 연합해서 드린 간구에 대한 응답을 가져다 주기도 했지만 개인적으로도 도움이 된다고 생각했습니다. 하나님과 교제할 수 있는 방해받지 않는 시간을 갖는다는 것은 좋은 일이었습니다. 기도의 날에는 누군가가 보이지 않으면 먼저 '기도표'를 확인하도록 되어 있었기 때문에 방해받지 않았습니다.

그날 부엌에 걸어 놓은 표에 적힌 성경 말씀은 수잔이 선택해서 적은 것이었는데, 예레미야 32장 17절이었습니다.

"슬프도소이다 주 여호와여 주께서 큰 능과 펴신 팔로 천지를 지으셨사오니 주에게는 능치 못한 일이 없으시니이다."

앨리스가 우편물을 가지고 왔을 때, 도로시는 기도하는 방에 있었지만 나머지 사람들은 전부 기대감에 차서 현관으로 달려갔습니다. 프랜이 편지 한 통을 읽더니, 사람들을 전부 소집했습니다.

"모두 식당으로 오세요. 여러분께 이야기할 것이 있습니다."

잠시 의자를 끌어당기느라 분주하더니 이내 조용해졌고, 다들 프랜의 말을 기다렸습니다. 우리 가족, 리디아, 도로시, 허비, 영국 공군 두 명 그리고 앨리스까지. 프랜은 새 방이 필요하게 된 배경에 대해서 잠시 설명을 하고는 나에게 편지를 읽으라고 건네주었습니다.

그 편지를 쓴 사람은 자신이 몇 주 전에 라브리를 확장하는 데에 쓸 헌금을 보내야겠다는 강한 열망이 생겼다고 했습니다. 자신도 이곳에 와 보았기에 그 필요를 절실하게 느꼈다고 했습니다. 부동산에서 돈이 조금 생겨 그것으로 헌금을 하려고 했는데, 그 돈을 받으려면 시간이 걸릴 것 같아서 변호사에게 전화를 걸어 이 목적을 위해서 보낼 돈을 즉시 마련해 달라고 요청한 것입니다. 그 요청이 받아들여져 돈을 동봉할 수 있었던 것입니다.

우리는 그제야 밖에서 일하고 있는 일꾼들에게 "필요한 돌을 다 주문하세요. 일을 마저 끝내셔도 됩니다"라고 말할 수 있었습니다. 이 일을 함께 경험한 우리 모두는 경외감으로 아무 말도 할 수 없었습니다. 그때 프랭키가 침묵을 깨면서 말했습니다.

"이때 우리가 어떻게 하면 좋겠는지 아세요? 모두가 박수를 치는 거예요!"

우리 모두가 살아 계신 하나님께 박수로 감사를 드리는 일에 프랭키가 앞장을 섰습니다. 네 살짜리 어린아이가 아주 실제적으로 이해하고 진심으로 드릴 수 있는 찬양이었습니다.

'기도의 날'은 특별한 감사의 시간으로 계속되었습니다. 첫해 겨울에는 거실과 벽난로가 생겼고, 이제 두 번째 겨울이 올 즈음에는 방 하나가 더 생겼고 담요와 뜨거운 물주머니 등 다른 부분도 개선이 되었습니다. 그러는 와중에도 하루하루의 필요 역시 다 채워졌습니다. 고기가 적게 들어가는 요리를 할 때가 많았지만 그만큼 많은 사람에게 맛있는 음식을 제공할 수 있었고, 개인적인 물건들은 없이 지내야 할 때가 많았지만 각종 세금을 내지 못한 적이 없었고, 먹을 것이 없어서 누군가를 돌려보내야 했던 적도 없었습니다.

그해 겨울에는 우리에게 있는 공간이란 공간은 다 필요했습니다. 로잔, 밀라노 그리고 바젤에서 더 많은 사람들이 찾아왔기 때문입니다. 그들 가운데는 기독교에 관심을 보이는 유태인 의대생도 있었고, 격렬하게 논쟁을 하는 무신론자들도 몇 명 있었습니다. 덕분에 프랭키는 어느 날 저녁 제이의 무릎에 앉아 있다가, 논쟁을 하던 제이가 자기 말을 강조하느라 다리를 들썩일 때마다 그 위에서 같이 오르락내리락해야 했습니다.

밀라노에서는 더 많은 오페라 가수들이 찾아왔고, 어느 주말에는 캘리포니아에서 온 가수 클로디와 뉴욕에서 온 가수 도리스가 차례로 기독교인이 되었습니다. 로잔 대학에서 온 두 명의 유태인 여학생도 기독교인이 되고는 자기들 생애 처음으로 "유태인인 것이 자랑스럽게 느껴진다"고 했습니다. 아브라함에서부터 이어져 오는 믿음의 사람들의 끊이지 않는 '흐름'을 보여 주는 성경의 놀라운 가르침 때문이었습니다. 그들은 메시아를 찾던 사람들이었거나, 메시아가 이 땅에 계실 때 그를 영접한 사람들이었거나, 성경이 제시하는 메시아에 대한 기록을 믿는 사람들이었습니다.

그리스인 애나는 명석한 철학과 학생이었는데, 도움이 절실했던 임신 후기에 우리를 찾아와 아기가 태어날 때까지 3개월을 같이 있었습니다. 그리고 다른 나라에 있는 대학에서 학업을 마치기 위해 돌아갔습니다. 그러나 돌아갈 때는 올 때와 달리 기독교인이었습니다.

스위스인 프리츠는 바젤과 취리히에서 신정통파 신학자들 밑에서 공부하면서 무신론자가 되었고, 전공을 신학에서 교육학으로 바꾼 후에 '성경을 있는 그대로 다 믿는 사람은 도대체 무슨 할 말이 있는지' 들어 보려고 왔습니다. 하지만 프리츠는 기독교인이 되었고, 그로부터 6년 후에 성경을 진리라고 믿으며 설교하는 목사가 되었습니다. 그의 아내 이나는 동독에서 온 난민으로 불가지론자였는데, 프랜과 내가 없었던 해의 여름에 라브리로 찾아왔습니다. 비록 우리가 없는 동안이었지만 우리를 대신해 일을 해 나가던 몇 명의 젊은이들을 통해서 예수 그리스도를 믿게 되었습니다. 이나와 프리츠는 라브리에서 만났습니다.

두 번째 겨울이었던 그해에 샹뻬리에 있는 어느 스키 선생 집에서 작은 성경 공부 모임이 시작되었고, 프랜은 2주에 한 번씩 그곳에 갔습니다. 또 다시 3월이 다가올 무렵, 끌로디라고 하는 스위스인 여학생이 라브리에 왔습니다. 교환 학생으로 미국에 가 있는 동안 라브리를 알게 된 학생이었습니다. 끌로디가 제대로 이해하고 신앙을 가지게 된 것은 라브리의 미래에 또 하나의 '중요한 사건'이었습니다.

끌로디는 프랜에게 몽트뢰(Montreux)로 와서 자기 친구들과 이야기를 해 달라고 부탁했습니다. 그렇게 몽트뢰 성경 공부는 시작되었고, 처음에는 끌로디의 친구들과 함께 시작했지만, 나중에 끌로디가 미국에 있는 대학으로 가게 되어 끌로디의 부모님이 그들의 친구들을 초대하면서부터는 그 성격이 바뀌게 되었습니다.

그해 5월에 도로시와 허비가 결혼을 해서 미국으로 떠났습니다. 그래서 우리는 그들을 대신할 사람들을 하나님이 선택해서 보내 달라고 기도해야 했습니다. 그 기도를 거의 시작하자마자 임시 간사가 왔습니다. 유럽을 여행하고 있는 조 하퍼라고 하는 여학생이었는데, 그는 잠시 와서 도우라는 '인도'를 받은 것 같다고 했습니다.

그러던 중에 레 멜레즈의 반대편 옆에 있는 보 씨뜨의 주인들이 세상을 떠났고, 쇼테 자매는 마을에 원하는 샬레를 사게 되어서 이사를 할 예정이었기 때문에 자신들의 집을 임대하기로 했습니다. 이 일은 미망인이 된 지 얼마 되지 않은 한 여성이 여름에 라브리 가까이에서 지내고 싶다고 편지했기 때문에 그녀를 위한 것 같았습니다.

그 일을 해결하자마자 짐과 조이스 휴즈로부터 라브리 간사가 되고 싶다는 편지가 왔습니다. 그래서 윌리엄스 가족과 칼드웰 부인이 보 씨뜨에서 여름을 지내고 떠난 후에는 휴즈 부부가 두 명의 어린 아들과 함께 이사를 왔고, 라브리는 집 두 채와 좀더 넉넉한 잠자리를 가지고 세 번째 겨울을 시작했습니다. 보 씨뜨는 두 개의 살림집으로 나누어져 있었고 당시에는 집의 반만 임대하고 있었기 때문에 침대가 6개밖에 늘어나지 않았지만, 그래도 그것은 상당한 이득이었습니다.

17
그래도 인생은
계속되고…

그 셋째 해 가을, 프랜은 왕복 다섯 시간을 오가며 또 한 그룹을 가르쳤습니다. 앤, 메리 그리고 로즈마리가 바젤에서 정규적인 강의와 토론 모임을 가지고 싶어 하는 몇 명의 병원 사람과 대학생을 모아 놓았던 것입니다. 그중에서 힐러리는 모일 때마다 굉장한 관심을 가지고 열심히 필기를 했습니다. 그 여학생은 라브리라고 하는 태피스트리(tapestry, 색실로 정교하게 그림을 짜 넣은 직물 – 옮긴이)에 또 하나의 영역을 엮어 나갈 '실'이었습니다.

힐러리가 로즈마리, 덴마크인 치료사와 함께 도착한 것은 7월의 어느 주말이었습니다. 핫도그를 구워 먹는 자리에 같이 모인 사람의 숫자는 25명이나 되었습니다. 주일 아침 예배를 드리고, 모든 사람이 식사하며 대화하기 위해 발코니에까지 앉아서 식사를 했습니다. 프랜이 한 그룹을 데리고 산책을 나가자 힐러리는 나와 함께 이야기를 할 수 있는지 물었습니다. 수잔과 리디아가 나를 대신해 차를 준비하기로 해서, 덕분에 나는 2층에 올라가 방문을 닫고 두 시간 동안 힐러리만 생각할 수 있었습니다.

긴 의자에 다리를 웅크리고 같이 앉자 힐러리는 희망이 가득 찬 듯한 짙은 푸른 눈으로 나를 쳐다보았습니다. 그리고 유태인인 자신의 성장 배경과 자신이 윤리학회에서 배운 것, 바이올린 연주자로 살았던 생활 그리고 인류를 도움으로써 만족을 얻고자 의학계에서 추구했던 '헛된 일'들을 모두 이야기하더니 이렇게 물었습니다.

"제가 정말로 믿는다는 것을 어떻게 확신할 수 있지요? 제가 이것을 정말 진리로 받아들인다고 말이에요. 기독교인이 되려면 어떻게 해야 하나요? 오늘 아침 설교 시간에 쉐퍼 선생님이 너무도 분명하게 말씀하셨는데, 저는 그것이 어떻게 하면 저 자신에게 개인적으로 일어날 수 있는지 알고 싶어요."

"들어 봐요, 힐러리. 우리가 소위 '네 가지 질문'이라고 부르는 것이 있어요. 그것은 사실 네 가지 질문이라기보다는 네 가지 영역이에요. 기독교인이 되는 문제에 있어서 자신이 어디에 서 있는지를 판단할 수 있는 영역이지요. 그 네 가지 영역에서 시작하는 것이 도움이 될 것 같아요. 그러고 나서 또 문제가 되는 것이 있으면 그때 또 이야기하도록 해요.

첫 번째 질문은 '하나님이 존재하신다는 것을 믿는가?'예요. 하나님이 존재하신다는 것, 하나님이 정말로 계시다는 것을 진정으로 믿지 않고는 기독교인이 될 수가 없어요. 한 용어가 여러 가지 의미로 사용되고, 서로 정반대의 의미로 사용되는 경우도 많은 오늘날에는, 성경이 인격적이고 무한하며 거룩하고 공의로우며 사랑이신 하나님 그리고 아버지와 아들과 성령의 세 격을 이루는 하나님이 존재한다고 말하는 것을 제대로 이해하는지 확인하는 것이 중요해요. 그러니까 이 세 격이 시작이라고 하는 시점도 없이 항상 존재하셨고, 그 삼위 안에서 항상 교제하고 서로 사랑하셨다는 것 그리고 그것은 이 우주에 존재하는 인격의 근원을 설명해 준다는 사실을 이해해야 해요. 사랑과 교제는 창조 전부터 성 삼위 안에 실제로 존재하던 것이에요.

또 성경은 이 하나님이 우주를 창조하셨고 사람을 '자기 형상을 따라' 지으셨다고 가르치고 있어요. 그러니까 생각하고 느끼고 의미 있는 선택을 할 수 있는 인격체로 지으셨다는 것이지요. 물론 성경의 하나님을 속속들이 다 공부하려면 많은 시간이 걸리겠지만, 우리가 하나님의 존재를 믿어야 한다고 말할 때 그 하나님은 성경의 하나님이지, 인간의 어떤 정의에 따른 하나님이 아니에요. 그것이 나무, 돌, 금과 같은 물질적인 이미지로 정의가 되든 아니면 상상의 이미지로 정의가 되든 그건 아니라는 거예요.

두 번째 질문은 '자신이 죄인이라는 사실을 인정하고, 스스로는 이 죄를 깨끗이 할 수 없다는 사실을 깨닫는가?' 하는 거예요. 죄란 무엇인가 하는 문제 전체가 바로 여기에 연관이 되어 있어요. 그 누구도 하나님이 보시는 관점으로 자신의 죄 된 상태를 완전하게 느끼거나 알 수가 없어요. 우리 자신의 죄에 대해서는 단지 어느 정도만 이해할 뿐이에요. 어떤 사람들은 그 문제를 아주 심각하게 느끼고, 또 어떤 사람들은 아예 이 영역의 실재성을 인식하지도 못해요. 그러나 우리가 하나님의 완전한 기준은 둘째 치고 우리 자신의 기준마저도 완전하게 지키지 못했다는 사실은 인정해야 돼요. 우리가 거룩하신 하나님의 존재 앞에서 죄를 지었다는 사실과, 그것이 단지 우리가 어렸을 때 어머니가 우리를 잘못 다루어서 생기는 심리적인 '죄책감'의 문제가 아니라, 진정한 도덕적 죄책감이라는 사실을 이해해야 해요. 성경이 이 영역에 대해서 하는 말을 조금이라도 이해해야 우리가 이 죄를 처리할 방법을 찾을 필요가 있음을 깨닫게 되기 때문이에요."

힐러리는 이 두 가지 질문에 대해서 계속 고개를 끄덕이더니 이렇게 말했습니다.

"그 두 질문에 대해서는 아무런 문제가 없어요. 제가 정직하게 하나님이 존재하신다는 것을 믿는다고 말할 수 있고, 제가 죄를 지었고 죄 된 존재라는 것을 아는 데에도 아무런 문제가 없어요. 사람이 자기 스스로 세우는 이상과 기준도 지키지 못한다는 것은 너무도 당연하잖아요. 그 두 가지에 대해서는 정말로 '예'라고 대답할 수 있어요."

"그렇다면 세 번째 질문은 '예수님께서 시간과 공간과 역사 속으로 오셨다는 것을 믿는가?'예요. 그러니까 신약에 기록된 대로 '동정녀에게서 나셨고, 죄 없는 삶을 사셨다는 사실을 믿는가?' 하는 것이죠. 인간이 자신의 죄 때문에 받아야 할 벌을 그들의 자리에서 대신 받기 위해 십자가에서 죽으셨고, 사흘 후 시간과 공간과 역사 속에서 부활하셨고, 그 후에 실제로 당신의 제자들에게 세상에 나가 이 복음을 전하라고 명령하셨으며, 그러고 나서 승천하셨고, 그곳으로부터 언젠가는 다시 오실 것이라는 말이 전해졌다는 사실을 믿는가? 이 모든 것이 역사 속에서 일어났고, 예수님께서 돌아가셨을 때 그분의 대속사역이 완전히 성취되었다는 사실을 믿는가? 이것이 세 번째 영역이에요."

이번에도 힐러리는 동의를 하면서 이렇게 말했습니다.

"그 모든 게 제게는 확실해요. 하지만…."

"힐러리, 사람이 이 세 가지 '영역'의 사실을 머리로는 믿어도 사실은 기독교인이 아닐 수 있어요. 네 번째 질문 또는 영역은 이 하나님께 경배하고, 그리스도께서 하신 일을 힐러리를 위해서 하신 일로, 그러니까 예루살렘 성 밖에서 죽으신 예수님이 힐러리가 받아야 할 벌과 힐러리의 개인적인 죄를 가져가셨다는 사실을 인격적이고 개인적으로 받아들이는 것이에요.

이 문맥에서 '인격적으로'라는 말이 무엇을 뜻하는지 분명히 하는 데 도움이 될 예를 하나 들게요. 내가 많은 사람을 위해서 하는 일이 하나 있는데, 그것은 바로 요리예요. 나는 멜레즈의 부엌에서 요리를 하면서, 내가 알지 못하는 사람들을 위해서 요리한다는 생각을 한 적이 한 번도 없어요. 나는 개개인을 위해서 요리를 하는 거예요. 딘은 마케도니아식 스튜를 좋아한다는 것을 기억하고 그에게는 좀더 많이 주고, 제레미는 핫도그를 싫어한다는 것을 기억하고 그의 빵에는 다른 것을 넣어 주고, 트루디는 시금치 알레르기가 있다는 것을 기억하고 대신 상추 샐러드를 만들어 주지요. 하지만 그게 전부는 아니에요. 나는 이 음식을 먹는 사람들이 식사 시간의 대화에서 종종 주어지는 영의 양식도 먹기를 바라면서 이 일을 해요. 그리고 그 한 사람, 한 사람을 위해서 기도하지요. 그들의 눈, 머리, 생김새를 머릿속에 그려 가면서 말이에요.

물론 나는 유한한 사람이고 한계가 많고 불완전해요. 나의 사랑도 완전하지 않고, 그 사랑이 이곳에 오는 사람 모두에게 공평하게 주어지지도 않지요. 하지만 내가 유한한 사람으로서, 점점 더 많은 사람의 얼굴과 성격과 필요들을 내 생각과 기도와 감정 속에, 대중으로서가 아니라 하나의 인격체로 간직할 수 있다면 예수님은 어떻겠어요? 예수님은 하나님이세요. 그분은 무한하고 한계가 없으세요. 예수님은 완전한 사랑을 갖고 계시고, 완전하게 이해하세요. 일부 사람에게만 그런 것이 아니라 모든 사람에게 그렇게 하세요. 그렇기 때문에 예수님이 수백 수천만의 개인들을 위해서 죽으신 것은 대중을 위해서 죽으신 것이 아니라, 이름으로 아시는 개별적인 인격체들을 위해서 죽으신 거예요. 우리는 이렇게 매우 실제적인 의미에서 예수님이 당신을 구세주로 영접하는 사람을 위해서 사랑으로 하신 일을 인식할 수 있어야 해요.

힐러리, 이것은 단지 몇 가지 슬로건을 붙들거나 그저 감정적인 체험만을 하는 문제가 아니에요. 이러한 것들이 사실이라고 믿는 것과, 영접하기로 분명한 결심을 하고 하나님께 '감사합니다'라고 말하는 것은 충분하고 확실한 근거 때문이에요."

두 시간 동안 나눈 대화를 세세하게 다 말씀드릴 수는 없지만, 우리는 계속해서 성경의 특정 본문들을 찾아보았습니다. 힐러리가 내적인 씨름을 하고 있는 것이 얼굴에 나타났지만, 내가 밖에서 도울 수 있는 일은 아니었습니다. 그러더니 어느 순간에 갑자기 얼굴이 환해졌습니다. 정말로 '환해졌다'는 말밖에는 설명할 길이 없습니다. 힐러리는 소리를 내어 부드럽게 기도하면서 예수님을 영접하고 하나님께 감사했습니다. 그러고 나서 금방 데비가 문을 두드렸습니다.

"엄마, 이제 힐러리가 가야 할 시간이에요."

힐러리는 나를 껴안고 감사하다고 말하고는, 계단을 뛰어 내려가 사람들이 들고 있던 자기 물건을 받아 들고는 밖으로 나갔습니다. 힐러리를 기다리던 로즈마리가 우리를 돌아보며 가장 행복한 이해의 미소를 지었습니다. 무슨 일이 있었는지 금방 알아챘던 것이지요.

프리실라와 존의 결혼식이 라브리에서 있었습니다. 결혼 예식은 450년 전 파렐이 스위스의 이 지역에서 종교 개혁을 시작하며 설교 했던 아름다운 13세기의 교회에서 했고, 런던 웨스트민스터 채플의 마틴 로이드 존스 박사가 이 기념할 만한 행사에 설교를 해 주었습니다.

그렇습니다. 라브리 일에 결혼식을 추가했습니다. 결혼식은 대체로 이번 경우처럼 결혼식 피로연이 끝나면 신랑 신부는 기다리던 어린이들에게 차창 밖으로 캐러멜을 던져 주며 신혼 여행을 떠나고, 남은 사람들은 거실에서 뷔페로 식사를 하면서 새로운 토론을 시작할 정도로 예식 자체에 큰 비중을 두지는 않습니다.

3월은 '우울한' 달로 시작되었습니다. 조이스가 전염성 단구(單球) 증가증에 걸렸고, 알리가 만성 맹장염을, 프랭키는 기관지염을 앓았으며, 수잔은 갑자기 에글르의 병원에 가서 맹장수술을 해야 했고, 존 산드리는 전염성 간염에 걸리게 되었습니다. 프랭키는 자기를 보러 온 어떤 사람에게 이렇게 말했습니다.

"저는 맹장염, 아니 간염, 아니 그러니까 기관지염에 걸렸어요. 계속 헷갈려요. 병이 너무 많아서 제가 어떤 병에 걸렸는지 기억을 못한다니까요!"

그 외에도 몇 개의 신체적 '사고'가 있었습니다. '생생한 토론'을 들으면서 많은 것을 배우기를 기대하며 1년간 라브리에 일하러 온 신학생이 스키를 타다가 다리가 부러진 것입니다. 따라서 간호해야 할 사람은 하나 더 늘고, 간사 한 사람은 일을 못하게 되었습니다. 그리고 데비는 디어드리랑 해가 아주 따갑게 비추던 날 스키를 타러 갔다가 얼굴이 빨개진 채 돌아와서는, 놀라서 쳐다보는 저에게 "햇살이 정말 좋았어요. 내일이면 아마 얼굴이 조금 타 있을 거예요"라고 말했습니다. 그러나 아침이 되자 데비의 얼굴은 평소의 크기보다 두 배로 부어 있었고, 눈은 보일락 말락 했고, 그 부은 얼굴 위로는 커다란 물집들이 잡혀 있었습니다. 나는 바로 조이스의 의학 책을 뒤지며 화상에 대해서 알아보았고, 데비는 침대에서 쇼크 치료를 받아야 했습니다.

이러한 와중에도 열 명의 사람이 오기로 되어 있었습니다. 하나님의 인도에 실재성이 있을까요? 영적 전쟁만큼은 진짜인 것 같았습니다. 우리 마음에 낙심이 찬물처럼 끼얹어졌으니까요.

이러한 일들 외에도 우편물에 아무것도 도착하지 않는다는 낙심이 또 있었습니다. '인쇄물'은 많았지만, 편지는 거의 없었고, 수표도 전혀 없었습니다. 일상 생활비 외에 진료비까지 추가되는 상황에 그 '찬물'은 우리를 얼어붙게 했습니다. 의심의 구덩이로 빠지게 만드는 낙심의 찬물이었지요.

우리는 정규적인 '기도의 날'을 가졌습니다. 그다음 날, 오페라 공연 사이에 며칠간 공부하러 온 제인이 하루 아침을 더 기도하자고 제안했습니다. "제가 두 시간을 하지요"라고 제인은 말했고, 곧 다른 30분들도 채워졌습니다. 우리는 그달의 재정적인 필요(그때쯤에는 정말 심각한 정도가 되었습니다)를 위해서 특별히 기도하자고 동의했습니다.

기도를 한 후 처음으로 도착한 편지는 우리가 그날 기대하던 응답은 아니었지만, 앞으로의 일에 대한 분명한 '이정표'라는 것을 알 수 있는 놀라운 편지였습니다. 라브리는 이제 새롭고도 예상치 못했던 발전을 할 참이었습니다.

그 편지는 옥스퍼드 병원의 치료사로 있는 앤 벤트로부터 온 것이었는데, 앤은 라브리에서 기독교인이 된 사람이었습니다. 앤은 자신이 라브리앞으로 큰 헌금을 받았는데, 영국에서 사용해 달라고 하는 지목 헌금이라고 했습니다. 보낸 사람은 힐러리였고, 영국에 있는 자기 가족과 친구들을 위해서 기도하는 도중에 우리 부부가 영국으로 가서 라브리에서처럼 사람들과 편안하게 만나서 이야기를 나눌 수 있게 해야겠다는 확신이 생겼던 것입니다.

"이 수표를 은행에 넣어 주세요. 그리고 항공권과 호텔 등 쉐퍼 부부가 런던에 얼마간 머무는 데 필요한 모든 것을 주선하는 데 사용해 주세요"라고 힐러리는 썼습니다.

힐러리는 자신이 미국을 여행하려고 저축해 둔 돈을 보냈던 것입니다. 자기가 미국을 보는 것보다 영국에 있는 몇몇 사람이 진리를 볼 기회를 가지는 것이 훨씬 더 중요하다고 생각한 거지요.

이것은 또 다른 '기도의 날'에 대한 응답이었습니다. 그 기도는 내가 영국인 여학생 디어드리, 그리고 진과 함께 드린 기도였는데, 우리는 하나님께서 그들이 걱정하고 있는 런던에 있는 친구들을 우리 부부가 만나서 함께 이야기할 수 있는 기회를 달라고 기도했습니다. 그 기도 시간은 1년 전에 있었던 것입니다.

다음 편지가 온 것은 루썬다가 기도실에 들어가 있을 때였습니다. 파란색으로 테두리가 쳐진 그 길고 얄팍한 편지지와 또박또박한 글씨로 쓰여진 짧은 문구 그리고 수표가 끼워진 또 한 장의 종이는 누구도 잊지 못할 것입니다. 그 수표는 500달러였습니다! 5분 전까지만 해도 그달의 생활비는 한 푼도 없는 것이나 다름없었습니다. 그 수표는 우리가 전혀 알지 못하는 사람이 보낸 것이었는데, 나중에 알고 보니 미국 중서부에 있는 학교 선생님이 그만한 액수의 돈을 보내야겠다는 강한 확신이 들어 보낸 것입니다.

"정말로 신나지 않아요? 오늘 아침에 제가 기도하면서 간구한 금액이 바로 500달러였어요."

제인이 말했습니다.

정말 신나는 일이었습니다. 하나님께서 여전히 우리에게 말씀하고 계시고 우리의 기도를 들으신다는 징표를 주시는 것 같았기 때문입니다. 그것은 믿음으로 계속해서 기도하고, 하나님이 응답하시는 때의 완벽한 타이밍을 기다리라는 격려였습니다. 3월에 내야 할 각종 세금 고지서가 들어올 때쯤에는 그것을 지불할 돈이 충분히 준비되어 있었습니다.

부활절은 신나는 '시작'을 더 많이 가져왔습니다. 어려운 날들의 무거운 안개가 걷혔고, 그 변화를 몸으로 느낄 정도였습니다. 처음에는 내적으로 그리고 나중에는 그것을 확증하는 일련의 사건들을 통해서 우리는 우리가 영적인 분투에서 승리를 한 것이라고 생각했습니다.

런던에서 온 디어드리가 어머니와 함께 스키 여행을 마치고 돌아가는 길에 라브리에 이틀간 머물고 싶다는 내용의 편지를 했습니다. 그 소식은 여러 번 편지를 주고받지 않고도 앞으로 있을 런던 여행을 계획할 수 있다는 사실을 의미했습니다. 디어드리는 우리가 런던으로 갈 수 있게 되었다는 사실과 힐러리의 헌금에 대해서는 전혀 알지 못한 채 라브리에 들르기로 한 것이었습니다.

부활절 주일에는 셰지에르에 있는 또 다른 기숙학교의 영어 선생인 제레미 러트랜드가 12세부터 17세 사이의 학생 12명을 데리고 예배를 드리러 왔습니다. 그분이 가져온 수선화 한 다발은 눈보라 이는 날을 봄날처럼 보이게 해 주었습니다. 그 주일의 방문은 그들이 우리와 함께 보내게 될 여러 주일의 첫 번째 주일이 되었고, 또한 그 학교에서 가지게 될 성경 공부의 시작이 되었습니다. 그때의 만남은 제레미가 그 학교에서 가르치는 동안은 물론 그 이후 시간까지도 지속되었습니다. 지금 제레미는 옆집에 있는 벨뷔에서 소아마비 어린이들을 가르치면서 여러 가지로 그 일을 돕고 있으며, 가끔씩 주일에 라브리에서 설교를 하기도 합니다.

웬디는 주말을 보내기 위해서 로잔에서 몇 번 찾아온 적이 있는 학생이었습니다. 프랑스어 자격증을 따려고 대학에서 공부를 하며 동시에 음악학교에서 작곡 시험도 준비하고 있었습니다. 참으로 특이한 시도를 하는 사람이었지요. 그 웬디가 부활절에 열흘간 머물려고 찾아왔습니다. 똑똑한 학생이었지만, 개인의 선택으로 그리고 집안 대대로 무신론자였습니다. 하지만 그 주에 웬디는 자신이 라브리에서 들은 말들이 진리라는 것을 확신하게 되었고, 내가 앞에서 말한 네 가지 영역 모두에 대해서 "예"라고 정직하게 대답할 수 있었습니다. 웬디는 우리가 영국에 가게 되면 자신의 가정을 방문해 달라고 간청했고, 그 간청은 훗날 매우 의미 있는 사건이 되었습니다.

같은 주에 알리의 여동생 마리가 왔고, 마리 역시 '이해의 눈'이 열렸습니다. 마리는 성경 말씀을 들으면서 자란 아이였지만 영의 눈은 열리지 않은 상태였습니다.

그래도 인생은
계속되고…

또한 바로 그 주에 호세가, 주말의 손님치레가 끝나자마자 의아해하는 눈으로 샬레를 쳐다보며 정원으로 걸어 들어왔습니다. 호세는 로잔 대학의 공학도였는데, 그해에 자신의 나라인 엘살바도르에서 가장 똑똑한 유망주 가운데서도 '일등'을 한 학생이었습니다. 일등상은 7년간 공학 공부를 시켜 주는 것이었습니다. 몇 개월 후 그는 확실한 기독교인이 되었고, 그의 어린 친구 마리오가 우리 삶에 들어오게 되었습니다.

마리오는 또 다른 해에 같은 상을 받은 학생이었는데, 그 나라에서 가장 똑똑한 고등학생으로 공학을 공부하고 있었습니다. 그는 마치 곰돌이 푸 이야기에 나오는 티거(통통 뛰어다니는 것이 특기인 푸의 호랑이 친구―옮긴이)처럼 활기차고 열정적인 사람이었습니다.

그는 정말로 많은 것들에 대해서 '흥분해서 뛰었고', 무엇보다도 성경에서 발견한 사실에 신이 나서 마치 자기가 그것을 발견한 최초의 사람인 것처럼 감격했습니다. 그의 반응은 우리 모두에게 매우 신선한 경험이었습니다. 비록 그가 '보고 믿게' 되기까지는 긴 씨름이 있었지만, 그는 현재 엘살바도르에서 꽤 주목받는 지도자가 되어, 기독교인이 됨으로써 자신의 인생이 참 많이 달라졌다고 간증하고 있습니다.

이 모든 일은 아주 짧은 몇 주간의 시간 동안에 우리가 경험한 극단의 대조를 보여 줍니다. 하나님을 신뢰하고 기다리면서, 하나님은 불가능한 일도 하실 수 있다는 믿음으로 기도하는 것이 중요했던 시간들을 지나자, 기도 응답과 이정표와 표지판들이 무서울 정도로 연속해서 쏟아지는 시간들이 따라오는 것 같았습니다.

　이러한 일들을 어떤 식으로든 '기회'나 '우연'으로 돌릴 수는 없습니다. 오히려 우리의 일이 20세기에 하나님의 실존을 증거하는 통로로 사용되기를 원하는 우리의 기본적인 열망이 응답을 받는다는 확신을 점점 더 많이 가지게 되었습니다.

그래도 인생은
계속되고…

18
영국 라브리
탄생

　　프랜과 내가 런던에 도착해서 디어드리를 만난 것은 1958년 6월
이었습니다. 디어드리는 우리가 런던에 머물게 될 날짜만 기록해 놓은 새
노트를 한 권 들고 나왔습니다. 디어드리와 앤은 시내 중심에 있는 마블 아
치(Marble Arch) 근처 호텔에 거실이 딸린 침실을 하나 예약해서 우리가 사
람들을 맞이할 수 있는 공간과, 개인적인 대화가 필요할 경우를 대비해 별
도의 공간을 가질 수 있도록 했습니다.

　라브리에 왔던 사람들 중에 그 지역에 사는 사람들은 우리가 올 것이라
는 소식을 듣고, 믿지 않는 친구들과 친척들에게 말을 전했습니다. 그 두
여학생은 또 하나님이 선택하신 사람들은 그 호텔로 찾아오게 해 주시고
그렇지 않은 사람들은 막아 달라고 기도했습니다. 그곳은 바쁘고 번잡한
런던 중심부에 있는 라브리의 작은 지부였습니다.

　그 주간에 75명이 넘는 사람들이 호텔을 찾아왔습니다. 어떤 사람은 여
러 번 오기도 하고, 또 어떤 사람들은 여럿이 함께 찾아와서 멜레즈의 벽난

로 주위에서 하던 것과 똑같이 토론과 질의응답의 저녁 시간을 가졌습니다. 단지 벽난로와 알프스의 경치가 빠져 있었지요. 어떤 사람들은 개인적인 질문과 문제를 가지고 혼자 찾아오기도 했습니다.

어느 날 오후 우리는 케임브리지로 초청을 받았고, 거기서 남아공 학생인 마이크를 만나 세인트캐서린 대학에 다니는 학생의 집으로 안내를 받았습니다. 그 집에는 약 12명 정도가 모여 차를 마시며 프랜의 메시지를 들으려고 기다리고 있었습니다. 그들은 이 미지의 미국인에 대해서 회의적인 태도로 왔지만 그 만남은 케임브리지에서의 여러 만남의 시작이 되었고, 여러 그룹의 학생들, 특히 과학을 공부하는 학생들과 만남을 열어 주었습니다.

그날 그곳에 있었던 사람들 중에는 휴라는 학생이 있었는데 당시에는 전혀 모르는 사람이었지만 훗날 라브리에서 얼마간 간사를 하게 되었고, 마찬가지로 전혀 안면이 없던 래널드라는 학생도 라브리 간사가 되었으며 우리 수잔의 남편이 되었습니다. 저녁에 호텔로 찾아오는 사람들을 만나기 위해 런던으로 가는 기차를 타러 서둘러 그곳을 나올 때 우리는 그날 시작된 이 미래에 대해서는 전혀 알지 못했습니다. 그날 우리는 처음으로 대학 건물 너머로 보이는 케임브리지의 아름다운 뜰과, 조용한 캠(Cam) 강과, 젖소들이 평온하게 풀을 뜯고 있는 들판을 잠시 보았습니다. 케임브리지에서 처음으로 펀트(punt, 삿대로 젓는 바닥이 평평한 배─옮긴이)를 탄 것은 그로부터 수년이 흐른 뒤였습니다.

케임브리지 학생 한 그룹이 처음으로 라브리를 찾아온 것은 크리스마스 휴가 때였습니다. 엽서 한 장이 우리에게 그 소식을 전해 주었고, 그들은 오후 3시 23분 30초에 도착하겠다고 했습니다. 그리고 정확히 그 시각, 차창에 촌스런 모양의 꽃무늬 커튼을 단 낡은 런던 택시 한 대가 요란한 소리를 내며 멈춰 섰습니다. 그리고 한 떼의 젊은이들이 웃으면서 차에서 내리더니, 자동차를 제대로 한 대 때리면 불도 켜질 수 있다는 것을 자랑스럽게 보여 주었습니다.

그들은 매우 쾌활했고, 유머 감각도 뛰어났으며, 개성도 뚜렷하고, 머리도 좋았습니다. 그 당시 성실한 학생이면서 동시에 폴로(네 명이 한 조가 되어 말을 타고 공을 치는 경기-옮긴이)팀 팀장이고 뛰어난 럭비 선수였던 한 학생은 지금 남아공에서 작지만 탄탄한 선교 단체에서 설교를 하고 있습니다.

너무 멀리까지 이야기를 따라가기에는 지면이 부족하니까 라브리에만 이야기를 국한시킨다면, 그때 이후로 케임브리지, 그리고 곧이어 옥스퍼드, 스코틀랜드에 있는 세인트앤드루스 대학교의 학생들이 라브리에 오기 시작했고, 우리가 영국에 갈 때면 비공식적인 토론 모임이나 질의응답 시간을 가지게 되었습니다. 한번은 20명의 무신론자들이 그중 한 대학에 모여 앉아서 프랜에게 세 시간 동안 질문을 퍼붓기도 했습니다. 깊이 있는 토론들이 많이 제기되었고 또한 지속되었습니다.

또 하나의 의미 있는 '시작'은 서리(Surrey)에서 일어났습니다. 웬디의 가정에서 주일에 일어난 일이었습니다. 웬디의 집은 사과나무 과수원 안에 자리 잡고 있었고, 사방으로는 훌륭한 영국식 정원이 있었으며, 자그마한 시내가 흐르면서 작은 연못을 이루고, 또 주변에 꽃나무가 무성한 좀더 큰 연못으로 흘러들고 있었습니다. 울타리가 쳐진 들판은 웬디 여동생의 말이 길을 잃지 않도록 막아 주고 있었습니다. 열악한 환경에서 구조되어 사랑 많은 15살짜리 여주인 덕분에 건강을 회복한 말과, 그 말 옆에 앉아서 같이 사과를 먹으며 공부를 즐기는 그 여주인의 이야기는 마치 동화와도 같았습니다.

점심 식사 후 우리는 두 그룹으로 나눠 응접실 양끝으로 흩어져 앉았습니다. 프랜은 웬디의 아버지와 함께 그리고 나는 웬디의 어머니와 연한 파란색 니트 원피스를 입은 젊은 발레리나와 함께 앉았습니다. 그 발레리나는 즐거운 표정을 짓고 있었지만, 이면에 깔린 초점 잃은 듯한 눈빛을 감출 수는 없었습니다.

"그러니까 당신이 스위스에서 하는 일이 정확하게 무엇이죠?"

예의를 차리기 위해서인지, 아니면 어느 정도 관심이 있어서인지 웬디의 어머니가 물었습니다. 의도야 어찌되었든 웬디의 어머니는 세 시간짜리 대답을 들었습니다. 어떻게 라브리를 10분 안에 설명할 수 있겠습니까? 나에게는 불가능한 일이었습니다. 처음부터 시작해서 모든 이야기를 다 해야 했으니까요.

웬디의 어머니가 어떻게 생각했는지는 모르지만, 발레리나는 깊은 생각에 잠긴 모습이었습니다. "어디 사세요?"라는 내 질문에 그녀는 "런던에 다시 오시게 되면 제게 꼭 연락해 주세요. 당신이 하는 토론 모임이나 공부 시간에 참석하고 싶어요. 이게 제 주소예요"라고 대답했습니다. 그리고 그 때 처음으로 우리는 슬론 가든스(Sloane Gardens) 59번지라는 주소를 보았습니다.

점심 시간 토론 모임에 맞춰 기차에서 내려 바로 로잔 카페로 가자 웬디가 우리를 맞으러 뛰어나왔습니다.

"안녕하세요? 영국에서는 어땠어요? 저희 집에서는요? 부모님들이 어떻게 관심을 보이던가요?"

"잘 모르겠어요, 웬디. 하지만 그날 발레리나가 한 사람 왔었는데, 정말로 관심이 있는 것 같던데요."

"아, 리네트요…, 리네트가 맞을 거예요. 리네트가 왔었다니 정말 잘됐어요. 리네트에 대해서 좀 말씀드릴 게 있어요."

웬디의 말을 듣고 나자 그날로 리네트에게 편지를 쓰지 않을 수가 없었습니다. 우리는 누구에게든지 라브리에 오라는 특별한 초대는 거의 하지 않는 편이었지만, 이번의 초대는 라브리의 존재와는 상관없이 한 초대였습니다.

"웬디가 내게 말해 준 것을 듣고 나니, 당신이 다른 일들을 시작하기 전에 가족적인 생활과 평화, 기쁨 그리고 고요함을 좀 누릴 필요가 있다는 생각이 들었습니다."

리네트는 곧바로 답장을 보내왔습니다.

"'가족적인 생활, 기쁨, 평화'라는 당신의 말에 꼭 가고 싶은 마음이 들었습니다. 아마 이 편지가 도착할 무렵 저도 도착하게 될 거예요."

수잔이 흥분해서 식당으로 들어와 이제 막 전화를 통해서 들은 뉴스를 전해 주었습니다(뉴스를 들려 주는 스위스의 전화번호가 있습니다).

"미국 군대가 레바논에 상륙한대요. 어쩌면 또 전쟁이 날지도 몰라요!"

식탁에 둘러앉은 사람들이 이 사건에 대해 모두 한마디씩 의견을 내놓고, 상상력에 불이 붙어서 이런저런 생각들을 쏟아 놓으면서 내용들이 더해졌습니다. 식사가 끝나고 다들 덜커덕거리며 의자를 밀고 일어나서 빈 그릇들을 부엌으로 나르고 있는데, 프랜이 사무실로 가려고 하는 나를 붙잡고 속삭였습니다.

"이디스, 리네트가 발코니에 있는데, 한번 가 봐요. 당신이 필요한 것 같아요."

리네트가 21세의 나이에 인생을 무의미하고 공허하게 여긴다는 사실은 나도 알고 있었습니다. 4년 전 어느 일요일, 아침 식사 후에 가슴에 통증을 느낀 리네트의 아버지는 잠시 누우러 방으로 들어갔다가 그대로 심장마비로 돌아가셨습니다. 그때 리네트는 집에 있다가 이런 일을 당했습니다. 너무나 갑작스럽게 닥친 슬픔은 지역 교구 목사님의 모호한 말로는 위로가 되지 않았습니다.

그로부터 약 2년 후, 리네트는 어머니와 함께 파티에 참석했는데, 리네트보다 조금 일찍 집으로 가신 어머니는 리네트가 집으로 돌아왔을 때 이미

혼수상태에 빠져 있었습니다. 경찰이 그동안 어머니가 자주 처방전을 갱신해서 수면제를 모아 두었던 것을 발견했습니다. 어머니는 의식을 회복하지 못하고 사흘 후에 돌아가셨습니다. 어머니는 남편을 잃은 슬픔과 절망 속에서 망각을 도피처로 삼았고, 죽고 싶다는 생각밖에는 아무런 생각도 하지 못했던 것입니다.

리네트는 그 공허함과 외로움과 슬픔을 혼자서 다 감당해야 했습니다. 무남독녀였기 때문에 아무하고도 그 마음을 나눌 수가 없었습니다. 이러한 상황에서 인생의 기본적인 질문에 대한 대답이 필요했다는 사실이 놀랍습니까? 그 필요는 누구에게나 동일합니다. 단지 그 필요를 깨닫게 되는 방식이 때로 좀더 날카로울 따름입니다. 충격을 흡수해 주는 인생의 푹신한 보호대가 찢겨지고 그 속이 적나라하게 드러났기 때문입니다.

리네트는 발코니의 아침 식사용 벤치에 앉아 조용히 울고 있었습니다.

"전 무서워요…. 그리고 외로워요. 전쟁을 또 겪어 낼 자신이 없어요…. 혼자서는…."

가슴이 아팠습니다. 누가 두렵지 않겠습니까? 전쟁의 소문으로 가득한 세상, 삶의 희망도 없고, 죽음 이후의 그 어느 것에 대해서도 확신이 없는 세상 속에서 혼자 있는데 말입니다. 이 세상에는 이렇게 혼자 어두움 속에서 남모르게 울며 인생은 혼돈이라고 느끼며, 자신이 아무런 안전장치도 없이 외줄을 타고 있다고 생각하는 두렵고 외로운 사람들이 얼마나 많은지요.

나는 리네트 어깨에 팔을 두르며 같이 이층에 가서 이야기를 하자고 했습니다. 나머지 가족들은 그녀를 이해하는 마음으로 우리를 방해하지 않았고, 각자 알아서 자기 일을 하며 우리가 이야기를 하는 동안 기도해 주었습니다.

훗날 리네트는 나에게, 자신이 모든 것을 분명히 깨달을 수 있게 해 준 것은 샬레에서 보낸 첫날 아침 식사 후에 우리가 예정에 없이 나누었던 이야기라고 말해 주었습니다. 그날 나는 '성경 개관'이라고 나름대로 부르는 것을 이야기해 주었습니다. 너무도 많은 사람들이 성경을 서로 연관이 없는 이야기들의 시리즈라고 생각하고 그 모든 것의 놀라운 통일성을 전혀 깨닫지 못하고 있습니다.

"봐요, 리네트. 여기에 매우 단순한 모양의 선(線)이 있어요. 이건 내가 성경의 핵심적인 내용을 처음부터 끝까지 설명하기 위해서 자주 그리는 그림이에요."

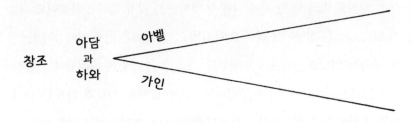

"우리는 아담과 하와가 바람이 불 때 '하나님과 대화를 했다'는 것을 성경에서 보게 되지요. 그들은 하나님과 직접 대화를 했고, 하나님의 입에서 직

접 나오는 말씀으로 가르침을 받았어요. 하나님은 그들에게 말씀하셨고, 그들은 하나님이 말씀하시는 것을 받아들였지요. 언제든지 누군가가 말을 할 때에는 그가 하는 말을 믿거나 아니면 의심하거나 둘 중에 하나를 하게 돼요. 그건 그렇게 신비하지도 복잡하지도 않은 일이에요. 계속해서 일어나는 일이지요. 어떤 말에 대해서 그것이 정확하고 옳다고 믿거나, 아니면 그것을 의심하고 그것이 틀렸다고 믿는 것에 대해서 우리가 굳이 설명할 필요는 없어요. 누군가가 '6월의 온타리오 호수는 아주 차갑습니다. 더운 날 그 차가운 물에 들어갔다가 나와서 뜨거운 태양 아래 앉아 있기를 반복하면 물집이 잡히는 화상을 입을 수 있습니다'라고 한 말에 대해서 '믿는다는 것이 무슨 뜻입니까?'라고 말할 필요가 없는 것과 같아요. 그 말이 진실이라고 믿고 경고로 기억하거나, 아니면 그 말을 의심하고 자신이 직접 해 보겠다고 생각하거나 둘 중에 하나지요.

하나님은 아담에게 그들이 살면서 거니는 땅 전체에 있는 나무의 열매들은 임의로 먹되 단 한 가지 나무의 열매만은 먹지 말라고 하셨어요. '네가 먹는 날에는 정녕 죽으리라'고 하셨지요. 그 열매는 진짜 열매였어요. 어떤 종류의 열매였는지는 모르지만요. 그리고 그 시험은 하나님이 말씀하신 것을 믿고 신뢰하느냐를 증명하는 시험이었어요. 아담과 하와는 하나님의 존재에 대해서는 전혀 의심하지 않았어요. 그것은 알고 있었지요. 누군가가 존재한다는 것을 믿는 것은 그렇게 대단한 것이 아니에요. 만약 리네트가 어린아이에게나 상대방에 대해 어느 정도의 권위를 가지는 사람에게 말을 한다고 생각해 봐요. 그들에게 어떤 사실에 대해서 이야기하고 거기에다가 명령을 덧붙였는데, 그들이 '아, 나는 당신이 존재한다는 것을 믿어요'라고 말하면 기쁘겠어요? 아니지요. 문제는 하나님의 존재가 아니라, 하나님이 진리라고 혹은 거짓이라고 말씀하신 것을 믿느냐 믿지 않느냐의 문제였어요. 하나님을 신실하다고 하느냐, 아니면 거짓말쟁이라고 하느냐의 문제였지요.

루시퍼라는, 천사들 중에서 가장 아름다운 천사였던 사탄이 하나님과 대등하게 되고 싶어서 하나님께 대항해 반란을 일으키고, 마찬가지로 하나님께 반항한 다른 천사들과 함께 천국에서 쫓겨났을 때, 그의 유일하고도 큰 목적은 하나님의 창조를 파괴하는 것이었어요. 그가 하와를 유혹한 방식은 하와가 하나님의 말씀을 있는 그대로 받아들인 것에 대해서 의심을 던지는 것이었지요. '하나님이 …하시더냐?'라고 의문을 붙였지요. '하나님이 참으로 너희에게 동산 모든 나무의 열매를 먹지 말라 하시더냐?' 하와는 하나님이 하신 말씀을 반복하면서 끝에 이렇게 말했어요. '하나님의 말씀에 너희는 먹지도 말고 만지지도 말라. 너희가 죽을까 하노라 하셨느니라.' 이미 의심이 하와의 생각 속에 흉악한 작은 씨앗으로 심겨졌던 것이지요. 하와의 말에 대한 사탄의 대답은 단호한 부정이었어요. '너희가 결코 죽지 아니하리라. 너희가 그것을 먹는 날에는 너희 눈이 밝아져 하나님과 같이 되어 선악을 알 줄 하나님이 아심이니라.'

이제 사탄의 말과 하나님의 말이 대립하게 되었어요. 사탄은 하나님이 아담과 하와를 무지 속에 내버려 두기를 원하신다고 하나님을 비난했어요. 그리고 하와의 눈앞에 우월한 지식이라는 유혹을 걸어 놓았지요. 사탄은 자기 자신의 욕망, 하나님과 같아지고자 하는 욕망을 도구로 하와를 유혹한 거예요. 여기에 분명한 선택이 나타나게 되죠. 하와는 하나님을 믿는 쪽을 택할 수도 있었어요. 그렇게 되면 그 열매를 먹지 않았겠지요. 먹게 되면 피할 수 없게 되리라고 믿는 그 결과를 원하지 않기 때문이에요. 그렇지만 사탄을 믿는 쪽을 택해서 그 열매를 먹고 자신이 확실하다고 믿는 그 결과를 얻으려고 했어요. 그 열매를 먹는 행위는 하나님보다는 사탄을 믿는다는 것을 직접 보여 주는 것이었어요.

이제 가인과 아벨의 이야기를 볼까요? 이 두 사람은 분명히 자기 부모로부터 하나님께 예배를 드릴 때는 어떻게 나아가야 하는지를 배웠을 거예요. 왜냐하면 비록 아담과 하와가 불순종과 불신앙의 결과로 즉각적인 영적인 죽음 또는 하나님과의 분리를 경험하게 되었고, 이어서 육체적인 죽음도 시작되었지만 그 후로 생기게 된 물리적인 세계의 모든 비정상성에도 불구하고 그들이 하나님과의 교제로 돌아갈 수 있는 길은 결코 막히지 않았기 때문이에요. 그들은 타락 직후에 이 땅에 올 한 사람, 여자에게서 태어나서 '뱀', 즉 사탄을 이길 어떤 사람에 대해서 듣게 돼요. 또한 우리는 그들이 하나님 앞에 어린양을 가지고 나아와 희생 제물로 사용해야 한다는 것에 대해서 어느 정도 알고 있었다고 짐작할 수 있어요. 아벨은 어린양을 가지고 왔고, 가인은 자신이 기른 채소와 열매를 가지고 와서 그것을 바쳤지요. 그런데 왜 아벨의 제사는 받아들여지고 가인의 제사는 그렇지 않았을까요? 내가 확신하기로는, 특히 성경의 나머지 부분들을 볼 때, 가인은 무시하는 태도로 나왔어요. 아마도 이런 생각을 했겠지요. '내 열매면 됐지 뭐. 내가 기른 건데. 내가 이렇게 하나님 앞에 나의 선한 일들을 가지고 왔으니까 하나님은 나를 받아 주셔야 해.' 하지만 아벨은 하나님이 말씀하신 것, 즉 예배는 어린양과 함께 드려야 한다는 것을 믿으며 하나님 앞에 나아왔어요. 그것은 단순하게 하나님을 믿는 것, 하나님의 방식대로 나아오는 것이었지요. 이것이 바로 성경적인 믿음이에요.

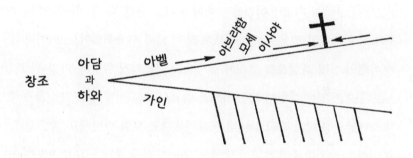

이것이 바로 이 두 개의 선 사이에 있는 매우 단순한 차이점이에요. 시간이 있었다면 성경 전체를 살펴보면서 이 신나는 연계성을 자세하게 살펴볼 수 있겠지만 말이에요.

　구약성경 내내 하나님과의 대화와 하나님께 드리는 예배는 어린양을 제시함으로써 이루어졌어요. 노아도 어린양으로 예배를 드렸고, 아브라함도 어린양을 가져왔고, 모세도 이스라엘 사람들에게 유월절에 어린양을 준비하라고 했지요. 어느 날 밤 죽음의 천사가 이집트를 지나면서 모든 가족의 장자를 죽이도록 되어 있었어요. 파라오가 이스라엘 백성을 놓아주게 하기 위해서였지요. 이스라엘 가족들은 흠 없는 어린양을 죽여서 그 피를 가져다가 문설주에 발라야 했어요. 천사는 피를 보고 그 집을 지나치게 되고 그러면 그 집의 장자는 살았지요. 그때 그 사건은 모세를 통해서 주어지는 하나님의 말씀에 대한 믿음과 신뢰를 보여 주었어요. 그러나 그것은 또한 앞으로 오실 이에 대한 그림을 완벽하게 그려 주었지요. 그의 죽음은 우리에게 영원한 생명을 줄 것이었어요.

그러나 구약성경 내내 어린양은 미래의 어느 순간, 즉 그 어린양이 될 누군가가 올 그때를 믿음으로 바라보게 하는 데에 사용되었어요. 여기에 내가 아벨의 선에 화살표를 그려서 십자가를 가리키게 했는데, 이것은 그리스도가 오기 전에 살았던 모든 사람은 앞으로 오실 이에 대한 믿음을 통해서 하나님의 자녀가 되고 하나님과 교제했다는 것을 의미해요. 앞으로 있을 그리스도의 죽음이 하나님 앞에서 그들의 죄를 씻어 주었고, 어린양은 단지 미래에 언젠가는 있게 될 일에 대한 그림에 불과했지요.

유대인 선지자였던 이사야는 앞으로 오실 이에 대해서 이렇게 말했어요. '그는 멸시를 받아 사람들에게 버림 받았으며 간고를 많이 겪었으며 질고를 아는 자라… 그는 실로 우리의 질고를 지고 우리의 슬픔을 당하였거늘… 그가 찔림은 우리의 허물 때문이요 그가 상함은 우리의 죄악 때문이라… 그가 곤욕을 당하여 괴로울 때에도 그 입을 열지 아니하였음이여 마치 도수장으로 끌려가는 어린양과 털 깎는 자 앞에 잠잠한 양같이 그의 입을 열지 아니하였도다… 그가 살아 있는 자들의 땅에서 끊어짐은 마땅히 형벌 받을 내 백성의 허물 때문이라'(사 53:3~8).

약속된 메시아가 하게 될 일에 대한 이 분명한 글은 그가 오시기 700년 전에 쓰여진 거예요. 구약의 '어린양'과 관련된 모든 것에 대해서 사람들이 기대했던 것은 바로 이분이세요. 오랫동안 기다렸던 바로 그분, 그리스도께서 태어나신 장소는 어디였을까요? 그래요, 마구간이었어요. 어린양의 탄생으로는 정말 완벽한 곳이지요! 세례 요한도 '보라 세상 죄를 지고 가는 하나님의 어린양이로다!'라고 외치며 그리스도를 '어린양'이라고 불렀지요.

신약성경은 예수님 자신의 말씀으로, 그리스도께서는 구약성경에 기록된 모든 것을 성취하러 오셨다는 사실을 매우 분명하게 말하고 있어요. '모세를 믿었더라면 또 나를 믿었으리니 이는 그가 내게 대하여 기록하였음이라'(요 5:46). '믿는 자는 영생을 가졌나니'(요 6:47). 예수님이 이 땅에 계시는 동안에 살았던 사람들은 예수님을 보고, 또한 예수님 자신에 대해서 주장하신 모든 것의 증거를 보는 기회를 가졌던 것이지요. 그러나 그 길은 그때나 예수님이 오시기 전이나 마찬가지였어요. 그러니까 하나님이 말씀하신 것을 믿고 하나님이 제시하신 방식으로 하나님께 나오는 단순한 문제였지요. '내가 곧 길이요 진리요 생명이니 나로 말미암지 않고는 아버지께로 올 자가 없느니라'(요 14:6)고 예수님은 말씀하셨어요. 예수님은 바로 당신이 사람들이 오랫동안 기다리던 '하나님의 어린양'이라는 사실을, 일찍이 에덴동산에서부터 약속되었고 아벨이 믿었고 역사의 흐름 속에서 수많은 사람들이 믿었던 그 '어린양'이라는 사실을 분명히 하셨어요.

우리는 그리스도의 지상의 삶과 죽음 이후의 시대에 살고 있어요. 우리에게는 십자가와 그리스도의 죽음이, 집안의 장자를 살리기 위해서 유대인들의 양이 죽어야 했던 것과 똑같이 우리를 위해서 일어난 일이라고, 우리의 형벌을 대신해서 일어난 일이라고 말해 주는 기록된 말씀을 가지고 있어요.

미래에는 어떻게 되냐고요? 언젠가는 '어린양의 생명책'에서 여러 이름이 불리는 것을 들을 것이라고 성경은 말해 주고 있어요. 이 책에는 하나님을 믿는 사람들의 이름이 적혀 있지요. 단지 하나님이 존재하신다는 것을 믿은 것이 아니라 하나님의 말씀을 믿은 사람들의 이름 말이에요. 그리스도, 메시아를 지칭하는 데 사용되는 것은 여전히 '어린양'이에요. 그리고 성경의 마지막 장은 우리에게 천국에는 '수정같이 맑은 생명수의 강을 내게 보이니 하나님과 및 어린양의 보좌로부터 나와서… 다시 저주가 없으며 하나님과 그 어린양의 보좌가 그 가운데에 있으리니… 그의 얼굴을 볼 터이요……'(계 22:1~4)라고 말해 주고 있어요. 이 모든 것이 영원에 이르기까지 여러 세기를 거치며 하나로 묶여 있어요. 오늘날에도 이 '어린양' 때문에 하나님과 교제를 할 수 있는 길이 있고, 미래에 대해서도 확신을 가질 수 있지요.

  그럼 이 그림의 다른 선은 어떻게 되냐고요? 그 선은 가인이 자기 자신의 방식으로, 자신이 한 행위에 기초해서 스스로 가장 적합하다고 생각해 낸 방식으로 하나님께 나아가기를 고집한 데서 나온 것이에요. 그 선을 따라서 다른 갈래의 선들을 여기에 많이 그려 놓았어요. 나는 그것이 사람들이 생각해 낸 '천국으로 가는 많은 길'을 그림으로 한눈에 보여 주는 제일 좋은 방법이라고 생각해요. 그러한 사상들은 모두 한 가지 공통점을 가지고 있어요. 우리가 행한 종교적 또는 도덕적인 선한 일, 인도주의적인 어떤 일을 기초로 하나님이 우리를 용납하실 거라고 하는 생각이지요. 인간의 사상을 관찰해 보면 그들이 정말로 이러한 공통분모를 가지고 있다는 것을 알 수 있어요. 하지만 성경에 따르면 이것은 하나님이 하신 말씀의 진실성을 부인하는 증거예요. 인간은 처음부터 자유로운 선택을 할 수 있었어요. 하지만 사람은 꼭두각시가 아니고, 아무도 누구를 강제로 믿게 하거나 그가 원하지 않는 것을 억지로 하게 할 수는 없어요. 하지만 자신이 믿은 바와 행한 바의 결과가 나타나게 되지요. 선택은 언제나 자기 자신의 것이에요."

  리네트에게 한 설명이 조금 길었나요? 하지만 성경의 모든 놀라운 가르침을 전달해 주는 것치고는 아주 간략한 설명이지요. 그러나 성경이 그저 이야기나 잠언의 모음이 아니라, 오랜 세월 속에서 한 가지 메시지만을 줄기차게 전달해 준다는 것을 보여 주는 데에는 도움이 됩니다. 그 메시지는 오늘의 현실과 아무런 상관도 없는 진부하고 무미건조한 메시지가 아니라 사람에게 필요한 사실과 희망을 주는 메시지입니다.

리네트는 자정이 되어서야 자신이 이해하는 것 같다고, 그리고 성경이 말하는 것이 진실임을 믿는다고 말했습니다. 리네트의 생각을 들여다볼 수는 없었지만, 리네트의 진지함과 정직과 그가 하는 말의 진실성을 볼 수는 없었지만, 겉으로 드러난 일은 말해 드릴 수 있습니다. 리네트는 머리를 숙이고 기도했습니다. 그리고 고개를 들고 웃었습니다. 환하게 빛나는 웃음이었습니다. 그리고 숨막히는 것 같은 놀라움으로 말했습니다.

"어머… 더 이상 두렵지가 않아요! 이제 저는 혼자가 아니에요."

리네트는 3주 동안 우리와 함께 있었습니다. 그리고 런던으로 돌아가 1년간 더 춤을 추었습니다. 자신의 세계로 돌아갔을 뿐만 아니라, 서리에 있는 마을로 돌아가서 부모님과 함께 살던 집의 가구와 자산을 경매로 팔아 정리했습니다. 그 집에는 다시 들어갈 수가 없다고 했던 리네트가 이제 인생의 모든 것을 다르게 보게 해 주는 내면의 '무엇'을 얻었던 것입니다.

"리네트가 웬일이지?" 하고 옛 친구들과 이웃들은 서로 물었답니다. "마치 신부처럼 빛이 나네! 저런 모습은 처음인걸."

몇몇 사람들이 알겠다는 듯이 머리를 끄덕이며 생각했던 '애인'이 그 원인은 아니었습니다. 이제 리네트의 아버지가 되신 하나님과의 실제적인 교제가 리네트를 변화시킨 것입니다. 리네트 안에 들어오신 성령님의 실재가 그렇게 한 것입니다. 그리고 그 성령님의 임재는 버드나무 사이로 부는 바람처럼 분명하게 보이는 것이었습니다.

훗날 리네트는 어떤 공연을 마치고 난 후 샬레로 편지를 썼습니다. 우리가 앤과 메리의 자리를 대신할 사람을 위해서 기도하고 있을 때 도착한 편지가 바로 그 편지였습니다. 편지에는 이렇게 쓰여 있었습니다.

"우습지요? 몇 년 전까지만 해도 저는 제가 춤추는 것보다 더 사랑하는 무엇이나 누군가를 만나기 전에는 결코 춤을 포기하지 않을 거라고 말하곤 했어요. 그때는 그러한 무엇이나 누군가가 절대로 없을 거라고 생각했지요. 제 생각이 얼마나 짧았는지요! 미래의 일은 아직 모르겠지만, 이 생활을 계속할 수는 없어요."

앤과 메리는 그 편지를 받은 날 오후에 벨뷰의 계약금을 냈고, 자신들의 다음 단계를 기다리며 이사를 했습니다. 리네트는 6월에 간사로 샬레에 왔고요.

"런던에 있는 그 아파트 말인데요."

리네트가 말했습니다(우리가 잉글랜드에 처음 갔던 그때 이후로는 그 아파트를 호텔 대신 사용하고 있었습니다. 리네트가 처음부터 그곳을 '런던의 작은 라브리'로 사용할 것을 고집했고, 우리가 런던에 있는 동안에는 자신이 다른 곳에서 지냈기 때문입니다).

"생각해 보았는데, 도움을 받으러 오는 사람들이 있을지도 모르니까 누가 그곳에 계속 살았으면 좋겠어요."

당시에 힐러리가 그 근처에 살고 있어서 비록 얼마 후에 작업요법 학교를 세우러 부에노스아이레스로 떠나기는 했지만, 힐러리가 그 아파트의 첫 주인이 되었습니다. '런던의 작은 라브리'는 그렇게 시작되었습니다. 그 때 이후로 여러 명의 라브리 간사가 잇달아 그곳에서 살았습니다. 그중 한 사람은 기독교인이 되었다는 이유로 집에서 쫓겨난 유태인 여학생 로잘린 드였습니다. 그 학생은 자기 자신이 피난처를 얻었을 뿐만 아니라, 그곳을 다른 사람들을 위한 영적인 피난처로 만들었습니다. 그곳을 찾아와서 로 잘린드와 이야기를 나눈 사람들은 마치 영적인 견고한 기둥을 찾아오는 기분이었다고 했습니다. 로잘린드가 당한 박해가 그를 강하게 만들어 주 었기 때문입니다.

그 아파트는 계속 사용되었습니다. 설교, 공부 그리고 토론이 녹음되었 고, 녹음기 덕분에 사람들은 저녁에 모여서 테이프로 프랜의 강의를 듣고 자기들끼리 토론을 할 수 있었습니다. 우리가 영국에 갈 때면 그 아파트는 우리의 근거지가 되어 32명까지 끼어 앉아서 질문도 하고 치열한 논쟁도 벌일 수 있었습니다. 무용계의 사람, 과학자, 기술자, 의사, 예술가, 건축가, 법률가, 작가, 비서, 간호사 그리고 신학생과 그 외 다양한 전공의 학생들 이 찾아왔습니다.

그러나 그 아파트는 영국 여행 중에 머물게 되는 '한 곳'에 불과했습니다. 우리 일정에는 런던뿐만 아니라 옥스퍼드, 케임브리지, 글래스고, 세인트 앤드루스까지 포함되어 있었기 때문입니다. 우리는 사람들과 함께 토론을 하며 격렬한 저녁 시간들을 보냈습니다. 이러한 만남은 더 많은 사람들을 샬레로 모이게 했고, 그들은 시작에 불과했던 저녁 다섯 시간 동안의 토론 내용을 계속해서 공부하고 싶어 했습니다.

그렇습니다. 영국으로의 첫 여행을 열어 주었던 힐러리의 헌금은 분명 하나님께서 그녀를 '인도해서' 내게 한 것이었습니다. 그러나 자신이 그렇게 해야 한다고 하는 강한 확신과 함께 기꺼이 행하고자 하는 힐러리의 의지도 필요했습니다. 그 결과는 상상을 초월하는 것이었습니다.

건축 중에 있는 예배당

19
공동체가
탄생하다

혼자서 조용한 곳에 앉아 책을 읽거나 기도하고 싶을 때면, 나는 길을 건너서 조금 아래로 내려갔다가 다시 왼쪽으로 급격하게 꺾어지는 길을 따라 올라갑니다. 그러면 샬레 르 셰잘레의 정원으로 들어가게 됩니다. 그 집 주인이 1년에 몇 주간만 와 있거나 가끔씩 주말에만 오므로 평소에는 나 혼자 그 집에서 바라보는 경치와 조용함을 누릴 수 있었습니다. 언덕의 움푹한 곳에 가려 있는 레 멜레즈의 정면 울타리와는 돌을 던져서 닿을 거리에 있는 곳인데도 말입니다.

셰잘레는 1711년에 헛간으로 지어진 곳이었습니다. 크고 무겁고 거친 나무를 잘라 만든 이 샬레는 세월의 때가 묻어 짙은 색을 띠고 있었습니다. 거기에 뛰어난 감각을 가진 건축가와 실내 장식가가 자신들의 상상력과 시적인 생각들을 결합시켜서 그곳을 정말 샬레다운 샬레로 만들었습니다. 안팎으로 매혹적이고, 살기도 편하고, 그저 바라보면서 '저런 곳에 앉아 감상이라도 한번 해 보았으면' 하고 아쉬움의 한숨만 쉬는 그런 곳이었지요. 세잘레가 라브리의 일부가 되는 꿈을 꾸곤 했지만, 그것은 정말로 꿈에 불과한 것처럼 여겨졌습니다.

그러던 어느 날 아침 그곳에 가 보니 집주인이 깃털 이불을 털고 있었습니다. 스위스 사람들이 침대 위에 까는 이불이었는데 정말로 따뜻한 것이었습니다. 나는 집주인에게 말을 걸면서 이 샬레가 보여 주는 그녀의 완벽한 감각을 칭찬했습니다. 주인이 집을 구경시켜 주었는데, 보고 나자 '한숨'은 더 깊어졌습니다. 그 주인은 몇몇 사람이 이 집을 사고 싶어 했다면서, "하지만 정말로 딱 알맞은 사람에게 팔고 싶어요"라고 말했습니다. 나는 그 주인이 샬레에 대해 애정이 있으며, 서둘러서 아무에게나 넘기고 싶어 하지 않는다는 것을 알 수 있었습니다.

바로 그때 내 가슴은 뛰었습니다. 그리고 그 설레임은 갑자기 떠오른 오래전의 대화와 함께 짝을 이루었습니다. 베티가 언젠가는 스위스에, 그것도 우리 집 가까이에 글을 쓸 수 있는 샬레를 하나 가지고 싶다고 말했었거든요. 집으로 돌아온 나는 조심스럽게 말을 꺼냈습니다.

"프랜, 혹시 베티가…."

그러자 프랜은 이렇게 대답했습니다.

"당신이 편지를 보내 이야기를 해 보는 게 어떨까요? 조만간에 한번 올 것 같은데, 그러면 와서 직접 볼 수 있을 테니까요."

그해 여름 8월로 계획되어 있던 두 번째 영국 여행을 떠나기 전에 편지를 부쳤습니다. 그리고 베티의 대답은 신속하고도 놀라웠습니다.

공동체가
탄생하다

"두 분의 편지는 제게 한줄기 빛을 비춰 주었습니다. 저는 '바로 이거야'라고 확신했습니다. 르 셰잘레를 좀 사 주세요. 그리고 그와 관련된 일들을 처리해 주시기를 부탁드립니다."

영국 여행을 떠나기 전에 이러한 요청을 들어줄 시간을 끼워 넣을 수 있도록 기도했는데, 리즐로뜨의 집에서 시작된 성경 공부를 인도하러 취리히로 가는 길에 바젤에 있는 그 셰잘레의 주인집에 들를 수 있도록 일정이 완벽하게 맞춰짐으로써 그 기도의 응답을 받았습니다.

르 셰잘레의 주인은 우리의 일에 대해서 다 알고 싶어 했습니다. 우리가 어떻게 위에모로 오게 되었는지의 이야기가 그 주인에게, 베티가 자신이 사랑하는 그 셰잘레를 살 '알맞은 사람'이라는 확신을 준 것 같았습니다. 그래서 바로 그 자리에서 일이 진행되기 시작했습니다.

아침 8시에 폭우 속에서 아일랜드의 벨파스트를 떠난 우리는 그날 늦은 오후의 햇살을 받으며 집으로 들어섰습니다. 수잔이 반갑게 우리를 껴안으며 말했습니다.

"어서 오세요. 셰잘레 일 때문에 베티 칼슨하고 편지를 주고받았는데, 지금 막 전보를 보냈어요. 제가 제대로 한 거겠죠?"

며칠 후 셰잘레의 열쇠가 우리에게 넘겨졌고, 그 셰잘레는 베티의 것이 되었습니다. 셰잘레의 상태는 완벽했습니다. 침대에는 새로 시트가 깔려 있었고, 서랍에는 은식기들이 들어 있었고, 일상생활에 필요한 모든 그릇이 준비되어 있었습니다. 완벽한 이 집의 주인은 마치 자신을 찾아오는 아주 특별한 손님을 맞이하는 것처럼 그 집의 모습을 제대로 갖추어 놓았습니다.

처음에 베티는 우리에게 편지를 써서 '특별히 조용하게' 있고 싶은 사람을 위해서, 그리고 어떻게든 라브리의 필요에 맞게 사용하라고 했습니다. 그래서 셰잘레는 특별한 모임을 위해서, 조용한 대화를 위해서, 기도 모임을 위해서, 잠과 휴식이 더 필요한 사람을 위해서 사용되었습니다. 언젠가는 베티가 와서 그곳에서 글을 쓸 예정이었지만, 그때는 아직 오직 않았습니다. 그 집은 지금껏 다양한 용도로 사용되었고, 그러한 필요를 아시고 우리를 위해 그곳을 마련해 주신 하나님께 자발적으로 우러나오는 감사를 드릴 일이 많았습니다.

4월 6일에(내 성경의 여백에 그렇게 적혀 있습니다) 나는 셰잘레의 창가에 있는 커다란 의자에 앉아서 무릎에 성경을 펴 놓고(본문은 시편 21편이었습니다), 셰잘레 아래에 있는 들판을 내다보면서 매우 분명하게 예배당을 위해서 기도하기 시작했습니다. 벌써 그때부터 예배당이 필요하다고 느꼈던 것입니다.

기도하면서 창밖으로 펼쳐진 들판과 그 너머에 있는 산과 계곡을 바라볼 때 제인의 의상들이 직사각형으로 펼쳐져 마치 그 밑에 사람이 있는 것처럼 일어서서 종이로 잘라 만든 인형처럼 서로 손을 잡더니 나무로 변해 단순한 샬레 모양의 예배당 건물의 벽을 형성하는 것을 보는 것 같았습니다. 나는 펜을 집어들고 그 시편 말씀 옆에 이렇게 썼습니다.

"제인의 의상을 곧 팔아 주세요, 주님."

시편의 말씀은 다음과 같았습니다.

"그의 마음의 소원을 들어 주셨으며 그의 입술의 요구를 거절하지 아니하셨나이다… 여호와여 주의 능력으로 높임을 받으소서. 우리가 주의 권능을 노래하고 찬송하게 하소서"(시 21:2, 13).

제인의 소중한 의상들을 파는 것이 내 생각이었냐고요? 아니요, 절대로 그렇지 않습니다. 하지만 왜 내가 그런 생각을 하게 되었는지 아시려면 제인에게 일어난 일들을 좀 들어 보실 필요가 있습니다.

그해 부활절에 기독교인이 된 제인은 계속해서 오페라 공연을 했고, 전처럼 주연을 맡아 노래했습니다. 제인은 하나님께서 자신의 노래를 도와주신다고 생각했고, 그 재능을 자신의 영광이 아니라 정말로 하나님의 영광을 위해서 사용하고 싶어 했습니다. 제인은 자신의 생각을 다른 사람들에게도 이야기하기 시작했고, 그들이 밀라노에 있을 때면 밀라노의 성경공부에 초대하기도 했습니다. 그리고 성경을 읽기 시작했는데 1년에 세 번을 읽어 나갔고, 성경 통독뿐 아니라 성경 연구도 하고, 신앙인들의 전기를 읽고 신학 공부까지 했습니다. 또한 통신 과정으로 성경을 공부하기 시작했는데 때로는 공연장 탈의실에서까지 그 공부를 할 정도로 열심이었습니다.

그러면서 제인의 마음에 점차 갈등이 생기기 시작했습니다. 누가 무슨 말을 해서 생긴 갈등이 아니라 제인 안에서 생긴 갈등이었습니다. 제인은 자신이 오페라에서 동일시한 역할들과, 점점 더 깊어지는 영적인 사람으로서의 자신 사이에서 갈등을 느끼기 시작했습니다. 때로는 그 갈등 때문에 기도하는 것이 거의 불가능할 정도였습니다.

　이 문제를 피하려고 애를 썼지만 제인은 누가 우선인지의 문제, 그리고 "주님, 당신의 뜻을 원합니다. 그것이 무엇이든 상관없습니다"라는 자신의 고백이 정직한지의 문제에 직면할 수밖에 없었습니다. 오페라처럼 평생을 몸담아 온 일이 있고, 게다가 그 일을 사랑하기까지 한다면, 그리고 그 분야의 정상에 거의 다 올라와 있다면, 거기서 뛰어내려 "주님이 어디로 인도하시든지 따르겠습니다"라고 고백하며 먼지 쌓인 길로 내려가 걷는 것이 그렇게 단순한 일은 아닐 것입니다.

　제인은 편지를 통해서 자기 내면에서 일어나고 있는 일들에 대해서 암시를 주었고, 나는 제인과 함께 아파했습니다. 한번은 제인의 조카가 제인이 성경 이야기를 신나게 들려주는 것을 듣고 나더니 "이모, 이모가 늙어서 목소리가 갈라지면, 이모는 뭘 해야 되는지 알아요? 이모는 선교사가 돼야 해요"라고 감탄하며 말했다고 편지에 써 보낸 적도 있었습니다.

　제인은 갈등 속에서 그 말을 자주 생각했습니다. '이모가 늙어서 목소리가 갈라지면, 그때는….' 그리고 제인은 자신의 목소리가 최상일 때 오페라를 그만두어야 하는, 그때가 왔는지의 여부를 주님께서 알려 주시는 특별한 징표를 달라고 기도했습니다. 그리고 징표가 주어졌고, 제인은 이렇게 썼습니다.

　"이제 오페라를 그만둡니다. 하나님을 찬양합니다."

　그러나 그 마지막 단계는 받아들이기가 너무 어려워 조금 더 연기되었습니다.

그런데 제인이 지난 1월에 비행기를 타고 파리에서 제네바로 오는 길에 비행기의 엔진 하나가 고장이 나는 사고를 당했습니다. 승객들은 불시착에 대비해 안경 등을 벗으라는 지시를 받았고, 제네바 공항에는 앰뷸런스와 소방차들이 대기하고 있었습니다. 제인은 이 순간 자신이 살아온 날들 전체가 갑자기 영화처럼 눈앞을 스쳐 지나가면서 주님의 뜻을 따르는 것보다 더 중요한 일은 없다는 것을 깨닫고 기도했습니다.

"지금 곧바로 주님 앞으로 불려 간다면 무엇이 가치 있는 일인가요? 오 주님, 만약 주님의 뜻이라면 제게 좀더 시간을 주세요. 이 비행기가 무사히 착륙하게 된다면, 저의 나머지 인생은 매우 실제적으로 당신께 속할 것입니다."

비행기가 큰 덜컹거림도 없이 땅에 미끄러지듯 착륙하는 동안 비행기에 가득 탄 승객 모두는 숨을 죽였습니다. 그러더니 갑자기 환호성이 터져 나왔습니다. 그러나 인간의 눈에는 가려진, '보이지 않는 세계에서의 전쟁'에서 일어난 일의 내막을 제대로 아는 사람은 아무도 없었습니다. 제인은 그날 자정에 샬레에 전화를 해서 자신이 간사로서 라브리에 올 수 있는지를 물었습니다.

4월 6일 '기도의 날'이 있기 전, 제인은 트렁크 안에 담겨 밀라노의 먼지 쌓인 다락방에 그대로 있는 자기 의상들을 생각했습니다. 그리고 기도 시간에 그것을 주님께 드렸습니다. 그 기도 자체는 충분히 실제적인 것이었습니다. 자기 것을 포기한 것이지요. 하지만 현실적으로는 특정한 한 사람의 크기에 맞게 디자인되었을 뿐만 아니라, 특정한 오페라의 특정한 역할에 맞게 디자인된 의상들을 어떻게 주님께 드릴 수 있을까요?

그 의상을 살 사람이 나타나게 해 달라고 하는 기도는 우리가 드린 기도 중에서 참으로 불가능해 보이는 기도 중 하나였습니다. 하지만 그 기도는 1년 후에 아주 놀라운 방법으로 응답되었습니다.

하루는 제인에게 전보가 왔는데 한 오페라 가수가 제인의 의상들을 보고 싶어 한다는 내용이었습니다. 그 가수는 의상 한두 벌에만 관심이 있다고 했습니다. 그러나 제인은 의상 전체를 한꺼번에 팔고 싶어 했기 때문에 거의 기대를 하지 않은 채 그 가수가 의상을 입어 보는 것을 지켜보았습니다.

그런데 한 벌 한 벌이 다 꼭 맞는 것이었습니다. 더욱더 놀라운 것은, 알고 보니 이 가수가 제인과 같은 배역을 노래한다는 사실이었습니다. 그 가수는 원래 그 의상들이 디자인되었던 특정한 오페라를 위해서 그 의상들이 필요했던 것입니다. 이렇게 해서 제인의 의상들은 '예배당 기금'의 일부가 되었습니다.

우리가 예배당을 짓기 위해서 기도하기 시작한 이후로 그것을 지을 가능성이 있는 듯이 보이는 경우가 몇 번 있었지만 그 희망적인 가능성은 매번 사라졌고, 우리는 어떤 이유에서인지는 모르지만 아직은 그것을 지을 때가 아니라는 것을 알아차렸습니다.

19
공동체가
탄생하다

베티가 이곳으로 와서 자기 샬레에 보금자리를 틀 때가 되었다는 확신을 가지게 된 날이 왔습니다. 베티와 제인은 셰잘레를 우리들의 특이한 작은 '공동체'에 포함되는 또 하나의 가정 단위로 만들었습니다. 라브리 손님들에게 주일 아침 식사를 제공해 주는 것이 셰잘레가 기여하는 한 부분이 되었고, 또한 제인은 그곳에서 성가 연습도 지도했습니다. 그 성가 연습은 다른 사람들에게뿐만 아니라 벨뷔의 간호사와 치료사들에게도 하나의 기쁨이 되었습니다.

셰잘레의 채소밭에서는 채소가 풍성하게 잘 자랐습니다. 베티와 제인은 채소를 기르다가 모르는 것이 있으면 옆집 사람에게 묻기도 했습니다. 우리는 그 사람을 항상 '일벌'이라고 불렀는데, 그 이유는 그가 양봉을 하고 양도 기르고 과실나무를 키우는 데 전문가였을 뿐만 아니라 치즈도 만들었기 때문입니다. 그는 많은 것을 물어보기에 좋은 사람이었습니다. 베티는 프랑스어를 했고, 제인은 독일어를 했으며, 이 남자는 프랑스어와 독일어 모두를 했기 때문에 그들의 대화는 좀 특이했습니다. 영어는 사용되지 않았기 때문에 베티와 제인은 서로를 이해할 수 없었지만, '일벌'은 두 사람 모두를 이해할 수 있었습니다.

이 이상한 언어의 배합 속에서도 그들의 대화는 기독교와 성경에 대한 이야기로 옮겨 가기 시작했고, 결국에는 그 세 사람이 같이 성경 공부를 하게 되었습니다. 그의 관심은 갈수록 더 커지기 시작하더니, 자신의 질문에 대해 주어지는 답을 들으면서 모든 것이 분명해지는 놀라운 날이 왔습니다. 그는 우리가 보았던 사람 중에서 정말로 확실하게 변화된 사람 중 하나였습니다.

'일벌'에게는 땅이 조금 있었는데, 그 위에 샬레를 지을 기초를 놓기 시작한 상태였습니다. 그 땅은 셰잘레와 들판 아래에 있는 지저분한 아랫길 건너편에 자리 잡고 있었고, 그는 그곳에다 샬레를 지어서 팔 작정이었습니다. 시간이 지나면서 그는 독일어 성경을 연구하고 커다란 성경 사전을 샅샅이 뒤져 가며 흥분되는 사실들을 발견했습니다. 그뿐 아니라 주일 예배와 주일 저녁의 티타임과 그 외 다른 공동체의 시간에도 참여했습니다. 하루는 멜레즈 거실의 크기를 잰 뒤에 자신의 샬레를 확장하면 얼마나 넓어질지를 계산하고는 우리에게 자기 속에서 커져 가는 생각들에 대해 이야기하기 시작했고, 진지하게 기도하기 시작했습니다.

"샬레를 지으려고 했던 제 계획을 바꿔서 단순한 예배당 건물을 짓고 싶어요. 제 시간 전부를 예배당 짓는 데 쓸 수는 없지만, 상업적으로 하는 사람들보다는 적은 비용으로 지을 수 있어요. 그리고 정말 사랑하는 마음으로 지을 겁니다. 제 온 마음이 거기에 담길 거예요. 제가 정말 많은 행복을 누리고 있는 이 성장하는 작은 공동체를 위해서 예배드릴 장소를 짓는 것은 제 인생에 큰 기쁨이 될 거예요."

이제 우리는 우리 자신의 계획을 밀어붙이는 것이 아니라 하나님께서 이 일을 당신 계획의 일부로 제시하고 계시다는 사실을 말해 줄 일정 양의 돈을 위해서 기도해야 한다는 것을 알았습니다. 사람은 '이제 행동할 때가 됐다'고 느끼면 도저히 기다리지를 못하는 경향이 있습니다. 그러나 우리는 천천히 움직였고, 하나님께서 당신의 인도를 보여 주신다고 느꼈습니다.

이 이야기의 마지막 부분은 아직 말씀드릴 수가 없습니다. 이 글을 쓰고 있는 지금, 예배당의 골격은 날마다 높아지고 있고, 조금 있으면 지붕을 얹어서 일꾼들이 날씨 걱정 없이 겨우내 일을 할 수 있게 될 것입니다.

노란 버스를 타고 구불구불한 길을 따라 올라오면서 한참 동안 보이는 그 새 건물이 라브리의 예배당이 될 거라고 생각하면 나도 모르게 가슴이 설렙니다. 그 안에서 어떤 일들이 일어날까? 아무도 주일 예배가 드려진다는 사실을 모르는 개인 가정의 거실 대신에 사람들이 예배를 드리러 올 수 있는 건물이 생긴다면 우리 집에서 무척 가까운 스키장에서는 누가 예배를 드리러 올까? 우리는 알지 못했습니다. 그래서 우리는 이 공동체 생활에서 그 이야기가 기록되기 시작할 다음 장을 읽게 될 날을 기다리고 있습니다.

공동체? 무슨 공동체냐고요?

여러분도 알다시피 우리는 그곳에서 도대체 무엇을 하게 될지 전혀 모르는 상태로 샬레 레 멜레즈에 옴으로써 이 일을 시작했습니다. 처음으로 보씨뜨의 절반이 우리 공동체에 추가되었고, 그다음에는 셰잘레가 추가되었습니다. 소아마비 어린이들을 위한 재활원과 그곳의 모든 직원이 라브리에 속하지는 않았지만 우리와 함께 '공동체'가 되었습니다(그곳은 별도의 의료 시설이고, 스위스 의학 협회에서 인증을 받은 곳입니다).

셰잘레는 베티의 집이고, 베티는 자유 계약 기자이면서 작가이지 라브리 간사가 아닙니다. 베티는 단지 자신이 이 '공동체'에 들어오기로 선택했기 때문에 그곳에 사는 것입니다. 셰잘레 옆집에는 '일벌'의 샬레가 있는데, 그 집은 두 개의 별채로 되어 있어 그는 위층에서 살고, 아래층에는 마틴 부부가 살고 있습니다.

리네트는 2년이 넘게 간사를 하고 난 후(리네트는 로잔 대학의 학생이었고, 주말에는 학생들을 데리고 왔습니다) 하나님께서 분명하게 자신을 미국에 있는 '기도 가족'을 방문하도록 인도하신다고 느꼈습니다. 이 기도 가족들은 매일 일정 시간을 라브리를 위해서 기도하겠다고 하나님께 서약한 사람들인데, 우리가 그들에게 그러한 요청을 한 것이 아니라 자발적으로 우리에게 편지를 써서 특별한 기도로 이 일에 동참하겠다고 했습니다.

리네트는 이 사람들을 정말로 만나고 싶어 했고, 그들에게 단지 편지로만이 아니라 좀더 개인적으로 라브리에 대해서 이야기해 주고 싶어 했습니다. 미국으로 떠나기 전에 리네트는 자신이 조 마틴을 사랑한다는 사실을 알게 되었습니다. 하버드 졸업생인 조 마틴은 프린스턴에서 2년 동안 석사 과정을 공부했고, 라브리에서 한동안 간사로 일을 하고 있던 사람이었습니다. 6개월 뒤 조는 미국으로 갔고, 리네트가 조의 부모님 집에 머무는 동안 그들은 약혼을 했습니다. 결혼한 후에 그들은 '일벌'의 집 아래층에 살면서 라브리 간사를 했습니다.

이제 보 씨뜨 전체를 우리가 사용하게 되었고, 그곳에는 케임브리지 대학에서 만난 래널드 매콜리와 그의 아내—우리 수잔—그리고 어린 딸 마가렛이 책임자로 살고 있습니다.

프리실라와 존이 미국에 간 지 4년 만에 존이 신학 공부를 전부 마치고 나자 그들은 하나님께서 자신들을, 적어도 당분간은 라브리로 인도하신다는 확신을 가지게 되었습니다. 그들이 돌아온 그해 겨울에는 보 씨뜨에서 수잔과 래널드 그리고 그곳에 사는 다른 사람들이 함께 살았습니다. 그러다가 둘째 딸 레베카가 태어나기 직전인 1963년 6월에 '불가능한' 기도의 응답을 받았습니다.

수개월 동안 별 성과 없이 샬레를 구하러 다녔었는데, 어떤 부인이 별장으로 간직해 오던 자신의 샬레를 처음으로 임대해 주기로 결정했습니다. 이제 프리실라와 존 그리고 두 명의 어린 딸은 손님 여섯 명이 묵을 수 있는 샬레 치 노에 살고 있으며, 그 부부도 순번에 따라 식사와 대화에 사람들을 초대해 같이 시간을 보내고 있습니다.

다양한 사람들이 짧게 또는 길게 라브리 가까이에서 살다가 갔습니다. 한 가족은 6개월 동안 머물며 아버지는 파렐 하우스에서 공부를 했고, 가족 전체가 이 공동체 생활에 참여했습니다. 그들은 마을에 샬레 하나를 임대해서 살았는데 내가 이 글을 쓰고 있는 지금도 두 가정이 마을 한가운데에서 서로 마주보며 살고 있습니다.

한 샬레에는 미망인 크레이머 부인과 네 명의 자녀가 살고 있습니다. 크레이머 부인은 바이올린 연주자인데, 부인은 1년 동안 당시 스위스에서 살고 있던 스승 밑에서 바이올린을 공부하면서 라브리 가까이에 살아야겠다는 강한 확신이 들어서 다시 이곳에 오게 되었습니다.

또 한 가정은 스위스인 클로디의 가정입니다. 클로디는 몽트뢰에서 온 사람입니다. 그녀의 남편 앨런은 미국의 목회지를 떠나서 파렐 하우스에서 공부를 하려고 왔습니다. 앨런은 매우 진보적인 신학교를 졸업해서 아마 우리의 보수적인 신앙을 보면서 답답하게 여겼을 것입니다. 두 명의 어린 남자아이들은 클로디와 앨런이 우리 공동체의 주일학교에 기여한 한 부분입니다. 앨런은 또한 자기 가족이 이곳에 머물 수 있게 하기 위해서 근처의 기숙학교에서 가르치고 있습니다.

내가 여기서 설명하고 있는 이 공동체의 한 부분이 될 만큼 해로와 앤은 로잔에서 라브리로 자주 옵니다. 네덜란드인 해로가 1960년의 어느 주말에 처음 샬레에 왔을 때는 강인하고 논쟁적인 무신론자였기 때문에 그가 성경의 메시지를 받아들인다는 것은 불가능한 일처럼 보였습니다. 그러나 그는 기독교인이 되었을 뿐만 아니라, 그와 마찬가지로 샬레에서 예수님을 믿게 된 앤과 결혼했습니다. 앤은 이집트에서 자란 영국계 스위스인입니다. 해로는 대학을 졸업하고 앤과 결혼한 후 로잔에 직장을 구해 그곳에 정착했습니다. 그들은 우리들의 작은 '국제 교회'의 일원이며, 로잔에 있는 자신의 아파트에서 성경 공부 모임을 가지고 있습니다. 프랜이 두 주에 한 번씩 수요일 저녁에 가서 인도를 하고 있습니다. 그들은 가능한 한 주말을 이곳에서 보내려고 샬레에 옵니다. 아기 테싸가 태어난 이후로는 그렇게 쉽지 않은 일이 되었지만 말입니다.

작은 그룹의 신자들에게 '국제 교회'라는 이름이 거창하게 들릴지 모르겠습니다. 하지만 그 말은 단지 교회의 구성원이 다양한 나라에서 온 사람들로 되어 있다는 것을 의미할 뿐입니다. 그들은 우리 공동체에 사는 사람들이거나, 자신들의 영적인 가정이라고 느끼는 이 그룹에 회원 자격을 갖기를 원하는 사람들입니다.

이 작은 교회에는 교인 숫자를 더해서 키워야 한다는 압력이 없습니다. 이 교회가 있는 이유는 필요 때문이지, 통계 수치를 높이고 싶어서가 아닙니다. 라브리에 오는 대부분의 사람들은 이 교회가 있는지도 모릅니다. 이 교회의 존재와 그 기원은 주일 예배 시간에도 전혀 언급되지 않습니다. 주일 예배 시간은 예배와 성경 공부를 위해서 존재하는 것이기 때문입니다.

그러나 새로운 가지를 뻗는 나무처럼 자라온 이 공동체의 전체 그림을 이해하기 위해서는 이 국제 교회에 대해서도 알 필요가 있습니다. 주일학교에는 다양한 시간대에 모이는 몇 개의 반이 있습니다. 부모들이 예배를 드리는 동안 한 어머니가 가르치는 유아반이 있고, 오후에는 좀더 큰 어린이들을 위한 반이 있습니다. 소아마비 재활원에도 몇 개의 반이 있는데, 다양한 나이 대를 위해서 독일어로 하는 반과 프랑스어로 하는 반이 있습니다. 또한 재활원에서는 주일마다 제인이 인도하는 찬양 시간이 있습니다. 아이들은 이 시간을 통해서 음악의 기쁨을 맛보고, 노래는 못하더라도 몸짓으로 박자를 맞춥니다. 여기에는 메리의 하프시코드와 몇 개의 플루트와 피리 그리고 바이올린과 첼로가 한 대씩 가세합니다. 정말로 한번 참여해 볼 만한 시간입니다.

나는 종종 멜레즈에서 보낸 첫 번째 부활주일을 생각해 봅니다. 기독교에 대해서 이야기할 사람이 하나도 없는, 숨소리도 들리지 않는 조용한 곳에서 울타리 옆에 놓인 탁자에 앉아 샹뻬리를 가리고 있는 굽어진 산을 바라보며 궁금해하던 그날, 열매를 맺으며 성장하고 있는 것처럼 보이던 일을 왜 우리가 두고 떠나야 했는지 궁금해하던 그날을 말입니다. 우리 속 깊은 곳에는 '우리가 여기서 무얼 하고 있는 거지?'라는 의문이 짙게 깔려 있었습니다. 감히 겉으로는 말하지 못했던, 오직 하나님께 기도로만 말했던 의문이었습니다.

나는 주일에 하이 티 시간에 모여 있는 사람들―종종 50명까지 됩니다―을 전부 돌아보면서, 얼마나 많은 사람이 라브리에서 기독교인이 되었는지 그리고 얼마나 많은 무신론자가 기독교인이 되었는지를 생각해 보곤 합니다. 한 사람씩 얼굴을 바라보노라면 몇 년 동안의 사건들을 정리하느라, 그리고 이곳에 왔고 또 이곳에 옴으로써 영향을 받은 사람들 하나하나는 관두고라도 그 다양한 부류들을 기억해 내느라 당황하게 됩니다. 그렇게 돌아보면서 나는 또 다른 종류의 전율을 느낍니다.

만약에 우리 스스로 일을 계획하기로 했다면 어떻게 되었을까요? 만약에, 우리가 기도의 실재성과 응답에 대한 하나님의 약속 그리고 당신의 자녀들을 인도하실 거라는 그 약속들을 이행할 하나님의 능력에 우리 자신을 맡기지 않았다면 어떻게 되었을까요? 그랬다면 어떤 일들을 놓쳤을까요?

20
"그만한
가치가 있다"

오븐에는 닭고기가 촉촉한 상태를 유지하기 위해서 네모난 기름 종이를 덮은 채 구워지고 있었고, 식탁에는 식기와 함께 식탁 가운데 놓인 솔방울과 푸른 전나무 장식품이 나지막한 은촛대에 꽂힌 짙은 초록색 초와 아름답게 잘 어울렸고, 크리스마스 트리에 걸린 은방울 몇 개가 은은하게 반짝거리고 있었습니다.

"자 됐다. 이제 얼른 가서 옷 갈아입고 교회에 가자. 시간이 얼마 없네. 의자는 다 놓였나? 누가 음악은 틀어 놨을까?"

때는 1월 3일이었고, 샬레에는 '새해를 맞으러' 온 사람들로 가득했습니다.

"엄마!"

내가 원피스를 머리 위로 껴입으며 사무실 문을 열자 수잔이 무엇인가가 적혀 있는 하얀 종이를 들고 있었습니다. 수잔의 목소리와 하얀 종이는 내게 두려운 생각이 들게 했습니다.

"수잔, 안 좋은 소식이니?"

"예, 엄마, 안됐지만 그래요."

"수잔… 할머니 일이니?"

"예."

나는 로잔에 있는 전보 통신소에서 전화로 전달되어 리즐로뜨가 받아 적은 메시지를 읽었습니다.

"윌밍턴-2일-오후 9시 17분-여섯 시경에 어머니가 예수님 품에 잠들었다-장례식 레어드 박사-사랑하는 아버지."

눈물을 흘리며 내가 처음으로 내뱉은 말은 "어머니한테 할 말이 있었는데… 내일 편지를 쓰려고 했는데…"였습니다.

이것이 바로 죽음이 쌓아 올리는, 의사소통을 가로막는 벽이었습니다! 그 대적 죽음. 나는 뉴욕 항구에서 손을 흔들던 어머니의 얼굴을 생생히 기억하고 있었습니다. 그때 이후로 6년 동안 어머니를 보지 못했습니다. 물론 자주 연락을 주고받으며 서로를 많이 생각했습니다.

내가 견디기 힘들어한 이유는 '분리' 때문입니다. 이렇게 '완벽하게' 친구 사이가 분리되는 것, 결코 극복할 수 없는 몸과 영혼의 분리 말입니다. 갑자기 인격 자체가 사라진 것입니다. 예수님께서 죽음을, 죄의 결과인 끔찍한 그 적을 이기러 오셨다고 성경이 말하는 것 역시 이것입니다. 이것은 놀라운 맞바꿈입니다. 그리스도께서 죽으셨고, 그리하여 우리에게 영원한 생명을 주셨습니다. 성경이 말하는 영원한 생명이란 부활한 몸에서의 생명을 뜻합니다.

어떻게 부활이 있을 수 있냐고요? 어떻게 예수님이 부활하실 수 있냐고요? 다시 사신 예수님을 처음 보았던 사람들도 믿을 수가 없었습니다.

"어떻게 이런 일이 일어날 수 있을까?"

모든 인간은 자신이 이해하지 못하는 일에 직면했을 때 이렇게 질문합니다. 하지만 하나님이 정말 계시다면, 처음부터 당신이 고안하고 만든 생명을 죽음에서 일으키시는 데 무슨 어려움이 있겠습니까? 그리고 이미 보여 주신 것 외에 어떻게 더 분명하게 우리에게 보여 주실 수 있겠습니까?

하나님은 처음에는 '생생한 예'로, 그리스도께서 죽었다가 사흘 후에 다시 사셔서 음식을 드시고 말씀을 나누고 40일간 사람들 사이에서 왕래하신 것을 통해 우리에게 부활을 보여 주셨습니다. 그 후에는 '기록된 말씀'으로 그리스도가 부활하신 후에도 당신이 육체로 계실 때에 하셨던 것과 동일한 일을 하고 계심을 우리에게 보여 주고 있습니다.

나는 그것이 사실이라고 믿습니다. 그리고 내가 어머니를 곧 다시 볼 것이고, 내가 만나기를 기다리는 다른 사람들도 몸을 입은 상태로 만나서 서로 대화할 수 있는 영원한 시간을 가지게 될 거라는 사실을 압니다. 이것이 바로 내가 기다리고 있는 '영광스런 소망의 날'입니다.

그렇다면 내가 왜 울었냐고요? 그것은 우리가 아는 누군가가 수천 킬로미터 떨어진 곳으로 떠나갈 때, 그래서 함께 매일 차를 마시며 나누던 대화를 더 이상 할 수 없게 되었을 때 헤어짐이 섭섭하고 아쉬워서 우는 것과 마찬가지였습니다. 우리는 나무나 돌이 아니며, 우리의 감정은 실제적인 것이기 때문입니다. 그러나 우리가 우는 것은 소망이 없는 자들, 미래에 대한 확신이 없는 자들이 우는 것과는 분명히 다릅니다.

사랑하는 어머니는 내가 11월에 쓴 라브리 이야기를 등사한 '가족 편지' 1,300통을 접었고, 그 편지에 어머니의 개인적인 말도 덧붙이셨습니다. 그리고 새해 첫날에 편지를 봉투에 넣고, 그다음 날 아무런 예고도 없이 '몸을 떠나 주님과 함께' 계십니다.

이 소식을 듣기 직전에 제인이 도착했습니다. 제인은 프랜과 나는 물론, 프랭키 그리고 데비도 없이 라브리를 계속 운영해 갈 몇몇 젊은 사람을 도우러 이곳으로 온 것입니다. 우리 네 명은 제인을 믿고 선박업을 하는 어느 기독교인 사업가가 공짜로 준 것이나 다름없는 왕복 화물선 표를 받아 이제 홀로 계신 아버지도 만나고, 프랜의 어머니와도 시간을 보내기 위해서 떠났습니다.

프랭키가 발과 다리를 좀더 정상적으로 움직일 수 있으려면 근육 이식 수술을 해야 했기 때문에 하나님께서 그때에 우리를 미국으로 데리고 가신다는 사실을 아는 사람은 아무도 없었습니다. 그것은 나중에야 알게 되었습니다. 그리고 제인의 아버지가 갑자기 돌아가셔서 제인의 어머니가 즉시 제인을 필요로 한다는 전화 한 통으로 제인의 도움이 갑자기 중단될 줄도 몰랐습니다.

우리가 떠날 때는 다음 배로 돌아올 수 있을 것이라고 생각했습니다. 또 셰잘레는 제인이 맡도록 했고, 케임브리지에서 법학 공부를 마치고 신학교에 들어갔지만 라브리에서 더 많은 것을 배울 수 있을 것이라고 생각한 래널드가 3월 말에 간사로 와서 보 씨뜨를 책임지고 있었고, 트루디와 리네트가 멜레즈를 책임지고 있었기 때문에 크게 염려하지도 않았습니다. 주말 손님이나 다른 손님들이 오면 남자들은 보 씨뜨에서 묵게 하고, 여자들은 나머지 두 샬레에서 묵게 하기로 했습니다. 우리는 몇 주간만 그러면 될 것이라고 생각했습니다.

그해 여름이 우리의 생각과 어긋난 데에는 하나님의 다른 목적이 있었습니다. 우리 모두에게 하나님의 인도를 신뢰하고, 하나님이 모든 일을 하신다는 것을 믿으며 기도하는 일의 실재를 새롭게 배우는 계기가 된 것입니다.

예를 들어, 우리는 토요일 밤이면 으레 프랜이 그 빨간 통 의자에 앉아 있을 거라고 생각하게 되었고, 프랜이 '무더기로 쏟아지는 질문'에 불필요한 바람을 빼고 생각을 촉발시키는 대답을 해 주는 것도 당연한 일이 되어 버렸습니다. 그리고 내가 맡고 있는 집에서는 정원을 가꾸고 식사를 준비하는 일이 의당 내가 알아서 계획하고 관리하리라고 다들 생각하게 되었습니다. 모두가 돕기는 했지만, 기도의 날과 부엌에서 나누는 자연스러운 대화 그리고 일상적인 일과와 특별한 결정들은 자연스럽게 우리 두 사람의 책임으로 인식되었고, 우리 두 사람의 성격이 일의 결과와 많은 연관이 있다는 생각이 사람들 머리에 파고들어 자리 잡기 시작했습니다.

하지만 하나님은 그해 여름에, 계획하시는 분은 오직 하나님이라는 사실을 새롭게 가르쳐 주셨습니다. 우리가 떠난 지 얼마 되지 않아, 아이나가 그곳에서 보낸 첫 주말에 대해서 리네트가 숨막히는 편지를 보내 왔습니다. 지금은 프리츠의 아내가 된 그 아이나 말입니다.

"다음 날 아침, 아이나가 정문으로 걸어 올라왔어요. 쾌활해 보이는 그녀는 짙은 색 머리에 분홍 면 원피스를 입고 있었지요. 그런데 알고 보니 동독에서 망명 온 사람이었어요. 그날 저녁 우리는 거실에 둘러앉아서 우리들끼리 주님 안에서 우리가 누리는 기쁨에 대해서 이야기했어요. 그러다가 래널드가 조용히 앉아 있는 아이나를 보면서 말했어요. '무슨 질문이나, 이야기하고 싶은 것이 있어요?' 아이나가 잠시 생각에 잠긴 듯하더니 이렇게 말했어요. '이런 이야기는 처음 들어 봐요. 나는 루터교에서 견진례를 받았지만, 이건 정말 너무도 새로운데요!' 그 말이 우리 모두에게 얼마나 낯익게 들렸는지요. 몇몇이 '나도 그랬어요' '나도 여러 해 동안 교회에 다녔지만 결코 알지 못했어요'라고 했어요. 래널드가 처음부터 이야기해 주기 시작했고, 아이나는 집중해서 들었어요."

리네트는 계속해서, 아이나가 기독교인이 되었다는 소식이 전해졌을 때 그들 모두가 얼마나 흥분했는지를 적어 내려갔습니다. 그들은 믿을 수가 없었던 것입니다. 이렇게 자기들끼리 있는데 이런 일이 일어났다는 것을 도저히 믿을 수가 없었던 거지요.

누가 '간사'로 있었을까요? 발레를 그만두고 이제 막 간사로 온 젊은 리네트가 있었고, 스위스인 비서인 젊은 트루디가 있었고, 마찬가지로 젊고 법학을 전공한 래널드가 있었고, 이제 막 성공적인 오페라의 길을 떠난 제인이 있었습니다. '신학적 훈련'을 받은 사람은 하나도 없었습니다. 그들의 공부나 지식이나 사역의 준비를 과소 평가하는 것이 아니라, 단지 '실재'가 어떻게 드러났는지를 말씀드리려고 하는 것입니다. 십대였던 내 조카 바니도 같이 있었고, 남아공에서 온 여학생 올라브가 주말을 맞아 대학생들을 데리고 찾아와 있었습니다.

그러다가 6월의 어느 주일 아침에 제인이 갑자기 떠나야 했고, 프랭키는 수술을 하게 되어 우리의 귀국은 9월로 연기되어(이 이야기는 응답된 기도와 하나님의 인도를 보여 주는 별도의 이야기입니다), 남아 있는 몇 명의 간사는 서로 당황해서 쳐다보았다고 합니다.

"이제 긴 여름이 우리를 기다리고 있는데…. 그때가 라브리에서 가장 바쁜 때인데…. 정원도 가꿔야 하고, 사람들도 만나야 하고, 식사도 준비해야하고. 도대체 우리가 어떻게 하지?"

수잔은 당시 옥스퍼드 대학에 있는 도셋 하우스(Dorset House) 작업요법 학교에 다니고 있었는데, 사실상 여름방학이 거의 없는 상태였습니다. 하지만 샬레에 있는 간사들이 곤경에 처한 사실을 알게 된 수잔은 자신의 책임에 대해서 하나님의 인도를 구하는 기도를 했고, 그러고 나서 학장을 만나러 갔습니다. 결과가 어땠을까요? 전례가 없는 예외 규정이 수잔에게 허락되어, 수잔은 집에서 해부학과 심리학을 공부하면서 요리하고 채소밭을 돌보고 사람들과 이야기를 하는 등 미친 듯이 일에 파묻혔습니다.

하지만 수잔은 11월에 학교로 돌아가서 시험을 봤는데, 우등으로 통과했을 뿐만 아니라 그 시험에서는 영국 전체에서 3등을 차지했습니다. 수잔은 자신이 그렇게 어려운 상황 속에서 하나님이 자신의 공부를 도와주시기를 기도하면서 라브리로 돌아와 일을 돕기로 한 것은, 아버지이신 하나님의 분명한 인도라고 생각했습니다. 그리고 이 결과가 자신이 잘못 이해한 것이 아니었다는 것을 보여 준다고 생각했습니다. 수잔이 그러한 결정을 내릴 때까지 우리 부부는 이 일에 대해서 전혀 아는 바가 없었고, 따라서 우리는 어느 편으로도 수잔에게 인간적인 '압력'을 가한 적이 없었습니다.

수잔을 포함한 모든 간사는 매우 힘든 여름을 보냈습니다. 어느 정도 부유한 가정에서 자란 두 명의 여대생 팻시와 엘리자베스가 도와주러 왔다가 산더미 같은 감자와 사과 껍질 속에서 살았고, 맛있는 수프에 삶은 닭뼈가 얼마나 적게 들어가는지 보고 놀랐으며, 먹을 수 있는 것은 다 긁어서 쓰는 것을 보고 놀랐다고 했습니다. 심지어 젤리도 사과 파이를 만들고 남은 껍질로 만들었으니까요.

이 기간이 라브리에 있었던 몇 명의 젊은 사람에게는 힘겨운 노동의 여름이었지만, 그 영적인 결과는 우리 모두에게 시사하는 바가 컸습니다. 회심한 사람은 아이나뿐만이 아니었습니다. 짐과 모리스도 그해 여름의 결과였습니다. 명석한 무신론자의 아들이었던 소년들은 아무런 종교도 믿지 않도록 양육을 받았지만 기독교인이 되었고, 그중 한 명은 현재 캘리포니아 대학교 에 다니며, 또 다른 한 명은 하버드 대학교에 다니며 흔들리지 않는 신앙을 유지하고 있습니다.

우도도 그 여름에 처음으로 찾아왔습니다. 독일인 법학도인 우도는 자신의 입장을 논리적으로 제시하는 것 외에는 아무런 생각이 없는 불가지론자였습니다. 우리가 미국에서 돌아온 첫 번째 주말에, 금발머리에 미소를 띤 우도가 래널드의 도움을 받아 하나님의 가족으로 거듭났다고 소개되었습니다. 옥스퍼드 대학교의 불가지론자 린지도 그때 성경이 진리라고 믿게 된 사람입니다. 이 사람들은 누구의 말에나 쉽게 넘어가는 어린아이들이 아니라 자기 나름대로의 생각이 확고하고 교육도 받은 똑똑한 젊은 이들이었습니다.

그해 여름에 우리는 우리가 당연한 일로 받아들일 수 없는, 그리고 결코 잊을 수 없는 실재의 증거를 보았습니다. 그러고 나서 새로운 일이 우리에게 제시되었습니다. 그림을 엮어 갈 새로운 '실'이 소개되었고, 하나님께서 새 장을 펼쳐 주셨습니다. 이런 일들은 어떻게 일어날까요? 어쩌면 다음의 이야기가 지금까지의 일들을 다 포함해서 그러한 방식의 인도를 설명해 줄 수 있을 것입니다.

무슨 나팔이 울린 것도 아니고, 인상적인 소리나 냄새나 볼거리나 느낌이 있었던 것도 아닙니다. 그저 편지 한 통, 아니 두 통이 프랭키가 수술 후 회복을 하는 동안 우리가 머물던 롱아일랜드에 배달되었을 뿐입니다. 하

"그만한
가치가 있다"

나는 래널드에게서 온 것이었는데, 런던 대학에서 외부 학위를 따고 싶다고 했습니다. 그렇게 되면 래널드는 라브리에 계속 남아서 일을 도울 수 있을 뿐만 아니라 반나절은 신학 학위를 따기 위한 공부를 할 수도 있었습니다. 이 공부는 아무 데서나 할 수 있었고, 시험은 지정된 시간에 영국 대사관에서 치면 되었습니다.

또 한 통의 편지는 디어드리와 리처드로부터 왔습니다. 디어드리는 그림 그리는 일을 그만두었고, 리처드는 비행사를 그만두었는데, 두 사람은 리처드가 공학 과정에 입학할 캘리포니아에 있는 대학으로 갈 예정이었습니다.

"그렇게 하기 전에 저희 두 사람이 라브리에서 6개월간 공부를 할 수 있을까요? 우리에게 필요한 준비라고 생각됩니다."

세 사람이 라브리에서 공부하고 싶어 했습니다. 하지만 어디서 할지가 문제였습니다.

"보 씨뜨에 일광욕실이 있기는 한데…"

그들은 일을 도와주고, 대화에 참석하면서 공부를 하고 싶어 했습니다. 우리는 필요한 장비들을 생각해 보았습니다. 책상, 책…. 그러고 나서 프랜은 갑자기 생각나는 것을 말했습니다.

"이디스, 파렐은 종교 개혁 시대에 위에모에서 쫓겨났지. 파렐은 우리가 믿는 것과 같은 진리를 믿었고, 담대하게 그것을 전하기 위해서 죽음까지 각오했어요. 우리의 공부 장소를 '파렐 하우스'라고 부릅시다. 파렐을 기념

하기 위해서."

우리가 말하고자 하는 것을 말해 주는 얼마나 완벽한 이름이며, 하나님께서 우리를 있게 하신 마을과 얼마나 잘 어울리는 이름입니까? 수 세기 전 이 언덕을 뛰어 내려갔던 실존 인물 파렐. 진지한 믿음을 가졌으면서도 분명한 개성을 가진 한 사람이었던 이 남자가, 빨랫방망이를 들고 이 젊은 개혁자에게 물건들을 집어던지며 쫓아오는 마을 부인들을 피해 도망갔던 곳입니다. 이 소박한 새 사업에 얼마나 적합한 이름이었는지요. 일광욕실에도, 그리고 그곳에서 공부할 젊은 '파렐들'에게도 말입니다.

바로 그 무렵에 런던에 있는 복음주의 도서관에서 제인에게 편지를 보내 왔습니다. 제인이 우편으로 놀라운 속도로 책을 빌려 보고 있었기 때문입니다. 그들은 제인에게 우리가 라브리에 지부 도서관을 두는 것에 관심이 있는지를 물었습니다.

도서관? 파렐 하우스에는 마땅히 도서관이 필요했습니다. 그리하여 책들이, 우편 규정에 따라 봉투 한쪽 구석이 열린 채로 도착하기 시작했습니다. 이 신학책들은 앨리스가 우체국에서 작은 수레에 싣고 올라왔고, 제인이 뜯어서 목록을 작성하고 분류했습니다. 뒤비 씨가 참고 서적을 펼칠 공간을 염두에 두고 책상 치수를 쟀고—처음에는 다섯 개를 주문했다가 나중에 두 개를 추가했습니다—개인이 공부하는 책과 잉크와 펜을 놓을 선반 그리고 일광욕실에 붙어 있는 침실에 놓을 선반의 치수를 쟀습니다. 그 침실에서 침대를 치우고 나니 그곳은 복음주의 도서관의 지부가 되었습니다.

이렇게 파렐 하우스는 시작되었습니다. 하나님의 인도였습니다. 우리가 계획한 것도 아니었으며, 우리가 그러한 일을 염두에 둔 것도 아니었습니다. 그러나 우리가 느끼기에 그것은 그때를 위한 하나님의 계획이었고, 어떤 필요를 위해서 하나님이 그곳을 사용하시기를 원하는 한에는 여전히 하나님의 계획이었습니다.

그러던 중, 12월 중반쯤에 두 가지 울적한 소식이 우리의 주의를 환기시켰습니다. 하나는 헌금이 너무 적게 들어와서 라브리 역사상 처음으로 세금 낼 돈이 충분하지 않은 상태로 연말을 맞이할 것 같다는 것이었습니다. 또 하나는 보 씨뜨의 주인인 두 형제가 보 씨뜨를 팔기로 했다는 것입니다. 그해 연말에 한 달을 살 돈도 충분하지 않은 상태에서, 파렐 하우스 때문에 그 어느 때보다 더 절실하게 필요했던 집 한 채가 팔리게 된 것입니다.

프랭키가 목욕을 하다가 "데비, 수잔, 와서 같이 기도해. 엄마 아빠가 취리히에서 온 아넥스 씨하고 얘기하고 있는데, 우리가 보 씨뜨를 살 돈이 하나도 없대" 하고 말했습니다. 기분 좋게 몸을 말리고 목욕 가운을 입은 프랭키가 이번에는 누나들과 리네트를 데리고 이 난처한 문제에 대한 하나님의 해결책을 구하며 기도를 인도했습니다.

멀리 노바스코시아(Nova Scotia)에는 귀가 멀어서 자신이 즐길 수 있는 이 세상의 많은 목소리와 음악으로부터 차단된 채 사는 한 노부인이 있었습니다. 그러나 이 부인은 '영적인 들음'에는 특별히 민감한 사람이었습니다. 자신의 아버지인 하나님과 가까이 있는 사람이었지요. 하루는 그 부인이

밤에 잠이 오지를 않아서 날마다 기도하고 있는 라브리를 생각하며 뜬눈
으로 누워 있었습니다. 그러고는 매우 구체적으로 기도하기 시작했습니다.

"오 주님. 보 씨뜨를 소유하고 있는 두 형제가 여러 해 동안 그 집을 매우
싼값으로 임대하게 해 주시고, 라브리가 그 집을 수리해서 파렐 하우스로
사용할 수 있도록 필요한 돈을 보내 주세요."

그 부인은 나에게 편지로 그 기도에 대해서 말해 주었고, 또한 하나님
께서 그 기도를 하도록 자신을 인도하셨으며, 바로 그것이 이 문제의 해결
책이 될 것을 확신한다고 말했습니다. 솔직히 말해서 나는 그 부인의 순
진함에 대해서 그냥 흐뭇하게 웃었습니다. 속으로 이렇게 생각하면서요.
'그건 말이지요, 정말로 가능성이 하나도 없는 일이에요. 이 사람들은 결
코 생각을 바꾸지 않을 거예요. 그 집을 팔아 치우고 싶어 하니까요. 어쨌
거나 프랜은 절대로 임대한 집에다 돈을 투자하지는 않을 거예요. 상뻬리
에서 겪은 일이 있으니까요. 따라서 그 일은 불가능해요. 사랑하는 맥멀
른 부인…'

보 씨뜨의 두 형제와 내가 아래층 거실 난롯가에 긴장한 채로 앉아 있
었습니다. 나는 그들에게 프랑스어로 우리가 이 집을 살 돈이 없다는 사
실을 설명하기 시작했습니다. 그런데 나도 모르게 어느새 라브리의 이야
기와 응답 받은 기도의 이야기 그리고 어떻게 파렐 하우스가 시작되었는
지의 이야기를 하고 있는 것이었습니다. 나는 상당히 압축해서 그 이야기
를 들려 주었습니다. 그 이야기는 전부 나의 부족한 프랑스어로 전달되었

지만, 보 씨뜨의 주인 중 은행에 다니는 사람이 눈시울을 붉히며 이렇게 말했습니다.

"저도 제 집이 그런 장소로 사용되기를 바랍니다. 파렐의 이름을 따서… 두 달 정도 후에 다시 한 번 만나죠. 그리고 당신들이 기도하는 동안에 그 돈이 들어오는지 기다려 봅시다."

그 정도만이라도 그 당시에는 놀라운 기도 응답 같았습니다. 그러나 우리에게 필요한 돈은 들어오지 않은 채로 크리스마스가 다가왔습니다. 전체적으로 무거운 분위기가 감돌아 크리스마스 만찬을 해야 하는지에 대해서도 의문이 생겼습니다. 그러던 중 크리스마스 이브에 전화가 왔고, '역사상 한 번 있을까 말까 한' 초대를 받았습니다. 가끔 우리 교회의 예배에 참석했던 T 씨가 경미한 심장마비를 일으켜 크리스마스 예배를 드리러 올 수가 없게 되었다고 했습니다.

"아주 이기적인 부탁이 하나 있습니다. 라브리가 크리스마스 만찬을 저희 집에서 하셨으면 합니다. 그리고 쉐퍼 씨가 거실에서 우리 모두에게 설교를 해 주시면 좋겠습니다."

택시가 우리를―모두 15명이었습니다―태우러 왔고, 우리는 '설거지를 안 해도 되는' 크리스마스 만찬을 가졌을 뿐만 아니라, 이 가정은 우리와 함께 '나무를 가지는 의식'을 즐기기 위한 순서를 남겨 두었습니다. 이 의식은 촛불을 다 켰을 때 손에 드는 폭죽을 터뜨려 한동안 별빛처럼 반짝이는 불꽃이 비처럼 쏟아지는 영광의 순간이 연출되는, 스위스 사람들의 크리스마스 풍습이었습니다.

아이들에게 선물이 나누어졌고, 프랭키와 데비도 선물을 받았습니다. 그리고 T 씨가 내게 다가와서 '라브리를 위한' 봉투를 무릎에 올려놓았습니다. 크리스마스 카드에 끼워진 수표를 얼핏 본 나는 숨이 멎는 것 같았습니다. 하나님께서는 그달에 우리에게 필요했던 모든 것을 채워 주시기 위해서 이러한 독특한 방법을 선택하셨고, 또 한 번 모든 비용이 채워진 상태로 한 해를 마감할 수 있게 되었습니다.

보 씨뜨에 대해서 이야기하기 위해 취리히에 있는 주인을 만날 때가 되자 두 가지 사실이 분명해졌습니다. 그 집을 살 수는 없지만, 보수를 하는 데 필요한 돈은 하나님께서 보내 주셨습니다. 거기에는 꼭 필요한 욕실을 하나 더 만들 비용도 포함되어 있었습니다.

이 목적으로 들어온 헌금 중 하나는 우리 모두를 깜짝 놀라게 하는 것이었습니다. 미국에 사는 어느 간호사가 자신의 통장에 들어 있는 돈 전부를 보내 주었던 것입니다. 그녀는 편지에다, 어느 날 아침 기도를 하고 있는데, 자신의 모든 소유를 누군가에게 주지 않고는 하나님 앞에 정직하게 "저의 모든 생애를 걸고 하나님을 신뢰합니다"라는 고백을 할 수 없다는 생각이 들었다고 썼습니다. 그래서 병원에 가는 길에 은행에 들러서 자기 통장에 한 푼도 남기지 않고 천 달러를 인출해서 '보 씨뜨를 위해서'라는 명목으로 보냈던 것입니다. 그녀는 보 씨뜨가 문제가 되었을 무렵에 라브리를 방문했었거든요.

20
"그만한
가치가 있다"

보 씨뜨의 주인들은 결정을 내렸고, 그날 우리는 이러한 말을 들었습니다.

"그 집의 절반을 임대하던 때와 같은 가격으로 집 전체를 임대해 드리겠습니다. 그리고 그 가격으로 12년간 계약을 하겠습니다. 당신들은 보수를 하겠다고 동의해 주십시오."

그러나 예를 들어 지붕 같은 것처럼, 주인들이 맡아서 보수할 것들은 우리 책임에서 제외되었습니다. 그리하여 우리는 파렐 하우스가 존속할 수 있는 장소를 얻게 되었습니다.

다음 해 4월에 수잔과 래널드가 올롱 교회에서 맥콜리 부부가 되었습니다. 그들은 래널드 부모님의 선물로 남아공과 로디지아(Rhodesia)로 신혼여행을 떠났고, 수잔은 부모님과 친척들을 처음으로 만날 수 있었습니다. 그들은 7월에 돌아와서 보 씨뜨의 주인이 되었고, 라브리는 새로운 장을 시작하게 되었습니다.

파렐 하우스가 시작된 두 번째 해에는 또 다른 사람들이 라브리에서 공부하고 싶어 했습니다. 학교에서 공부하듯이 하는 것이 아니라 연구 형식으로 개별적으로 공부하면서 같이 토론이나 세미나를 하고, 상임 튜터(일대일로 학생을 지도하는 교수. 라브리는 이 방식으로 학생들의 공부를 지도하고 있다-옮긴이)인 프랜과 만나 '지적 풍토', '신신학' 또는 프랜이 당시 파렐 하우스에서 공부하는 사람들에게 도움이 되겠다고 생각하는 주제들에 대한 강의를 들었습니다. 1962년 여름에는 14명이 파렐 하우스 학생으로 왔고, 그

다음 해 겨울에는 일가족이 와서 마을에서 지내며 6개월을 머물다 갔습니다. 또 다른 사람들은 그보다는 짧은 시간을 와서 공부하다 갔습니다.

이곳은 일반적인 의미의 학교가 아니라 사람들이 공부를 하러 올 수는 있되, 라브리에서 일어나는 삶의 실재에 참여하고(여기에는 힘든 육체적 노동도 포함됩니다), 토론하는 것도 들으면서 학문적으로가 아니라 사람들의 실제적인 질문들을 통해서 배우는 곳입니다. 파렐 하우스는 매우 작은 곳입니다. 그러나 이미 몇 명의 삶에 그리고 몇 나라에 영향을 미쳤으며, 앞으로 하나님이 이곳을 어떻게 사용하실지는 우리도 모릅니다.

내가 이미 대략 말한 것처럼 우리는 이제 몇 가정을 아우르고 있어서 라브리에 오는 사람들은 그룹으로 나누어서 식사를 합니다. 살림을 하고 돈 계산을 하는 데에는 좀 복잡하지만, 한 식탁에서 식사를 하는 사람의 숫자가 줄어들어서 편안한 가정적인 분위기를 계속 유지할 수 있게 해주고, 식탁에서 대화를 나눌 수도 있습니다.

이렇게 많은 사람을 가족에 포함시키기 위해서는 모든 간사가 자신의 '가정생활'을 희생하게 됩니다. 당연히 생활에 문제를 일으킵니다. 아직 이 문제에 대해 '딱 맞는 해결책'을 찾지 못했지만, 우리는 이러한 문제들을 헤쳐 나가고 있으며, 반짝하고 떠오르는 우리들 자신의 현명한 아이디어보다는 하나님의 해결책을 위해서 계속 기도하고 있습니다.

라브리를 찾아온 모든 사람이 예수님을 믿고 떠난 것은 결코 아닙니다. 그 사실은 분명히 말씀드려야겠습니다. 또 믿게 된 사람 모두가 계속해서 기독교인의 삶을 산 것도 아닙니다. 그리고 계속해서 기독교인의 삶을 산 모든 사람이 자신의 직업을 바꾼 것도 아닙니다. 여기에 기록된 사건들은 하나님이 하셨다고 우리가 믿는 일들을 보여 주기 위해서 추려낸 것들입니다. 긍정적인 측면에서도 훨씬 더 많은 일이 있었고, 라브리에 왔었지만 그들의 인생에 확고한 영향을 미쳤는지에 대해서 우리가 전혀 모르는 사람들도 많습니다.

한 가족이 스위스로 왔습니다. 그 가족이 쫓겨나서, 스키 유원지로 가는 길 중간쯤에 있는 산 중턱에, 마을의 이름조차 잘 알려지지 않은 곳에 살게 됩니다. 이 이야기는 실제로 하나님께서 하신 일에 대한 이야기입니다. 이 이야기가 끝난 것은 아닙니다. 현재는 하나님께서 우리 모두를 이곳으로 데리고 오신 목적이 '실현되어 가는 중'에 있습니다.

미래는 어떻게 되냐고요? 우리가 이 일을 처음 시작할 때도 앞으로의 일을 전혀 몰랐던 것처럼, 지금 이후의 일을 아는 사람은 우리 가운데 아무도 없습니다. 우리가 아는 것은 이것뿐입니다. 라브리는 하나님의 계획이며, 그것은 우리가 확신합니다. 하나님은 당신께서 계획하신 모습대로 라브리를 계속 이끌어 나가실 것입니다. 우리가 자기 의지로 그 길을 방해하지만 않는다면 말입니다.

우리 각자는 개인적으로 하나님과 직접적인 교제를 하고 있다고 스스로 느끼고 있습니다. 또한 우리가 이곳에 같이 있는 한 함께해야 할 복합적인 일들이 있음을 압니다. 그러나 우리 중 누구라도 이 일을 떠나 하나님께서 각자를 위해서 가지고 있는 다른 계획으로 인도를 받을 수도 있습니다. 이 지역을 떠나거나 라브리를 떠나서 다른 곳으로 옮겨 갈 수 있다는 말입니다.

우리는 하나님 앞에 한 개인으로서 서는 것이며, 하나님은 우리를 개인적으로 다루신다고 믿습니다. 우리는 평생 동안 우리를 묶는 인간의 계약을 하지 않습니다. 우리를 묶는 계약은 오직 하나님과 하는 것입니다. 하나의 일로써, 하나의 그룹으로서 우리는 결정해야 할 일들에 대해 서로 일치하고 동의하도록 합심해서 기도합니다. 우리는 하나의 그룹으로서 하나님의 인도가 분명하기를 기도합니다. 왜냐하면 너무도 다양한 개성들이 융합하는 것은 하나님의 개인적인 인도가 보여 주는 실재의 증거만큼이나 중요하다고 생각하기 때문입니다.

이 일이 잘될까요? 이 이야기는 이미 8년 동안의 기간을 다룬 것입니다. 우리는 평범하고 불완전하고 죄를 짓는 사람들입니다. 우리라고 특별한 것은 아닙니다. 또한 이곳은 결코 낙원이 아닙니다. 그러나 우리가 부족하나마 자기 자신을 내려놓고 하나님의 인도를 기다렸을 때, 우리는 하나님과의 교제를 체험할 수 있었고, 앞으로도 체험할 것입니다.

매시간, 매일, 매월 하나님 앞에서 정직하고자 하는 우리의 노력은 개선될 부분이 많고, 앞으로도 많을 것입니다. 따라서 다른 사람들에게 보이는 영역에서도 개선될 부분이 많고, 앞으로도 많을 것입니다.

우리의 생활은 편안한 삶이 아니라 힘겨운 씨름 사이사이에 엄청난 기

"그만한
가치가 있다"

뜸을 누리는 삶입니다. 그리고 그 기쁨은 오늘날에도 우리가 초자연적인
분과 교제를 하고 있다는 사실을 발견하는 데서 오는 것입니다.

SUNDAY AUGUST 11, 1968

LES MELEZES HELPERS

MENUS ✳

SUNDAY LUNCH ~

EGG STRING SOUP

SPECIAL CHINESE MEAL
with CHICKEN and PORK
GARDEN VEGETABLES
and ALMONDS

VANILLA ICE CREAM
with Chocolate Sauce

Coffee ———— Tea

FAVORITE ICE CREAM RECIPE (COPY IF YOU WANT IT TO TAKE HOME)
2 CUPS of Whipping Cream.
2 CUPS of Milk (or 3 regular cream 1 Milk)
1½ Cups of Sugar
STIR UNTIL SUGAR DISOLVES
FREEZE - Whip after frozen firm
until very fluffy & smooth it
increases in bulk - Whip with
ELECTRIC BEATER - do not underbeat
Refreeze
CHOCOLATE SAUCE
3 CUPS SUGAR - ½ CUP COCOA
1 CUP MILK - STIR WELL
BOIL 4 MIN. add ¼ C. butter
BOIL 4 MIN. again - then beat until looses gloss

HIGH TEA

Egg — CUCUMBER with Parsley
TUNA with Celery
Snipped mint + lemon
Peanut Butter + honey
Tomato + lettuce
Cream Cheese + Ginger
TOASTED CHEESE
SANDWICHES
Rolled
CUT IN DAINTY SHAPES
4 FINGERS TO EACH SLICE

Homemade Orange Rolls
Homemade Raisin Bread
SPREAD BREAD OUT TO THE EDGES!

WORK ✳

PREPARE AS MUCH AS
POSSIBLE on SATURDAY
MAKE MAYONAISE FIRST
CHINESE DINNER ~
RECIPE

CUT ONIONS IN RINGS
⊚⊚⊚⊚⊚ ← Like This
CUT CELERY "ROOT" AND
BRANCH CELERY
BRANCH ROOT

PICK + WASH CHINESE
CABBAGE CUT IN SHREDS

PICK ZUCHINNI SQUASH
⊚⊚⊚⊚ CUT IN RINGS
DO NOT PEEL CUT ⅛" thick

OPEN 1 CAN (TIN for you ENGLISH)
OF PINEAPPLE
CUT IN SMALL WEDGES

ROAST CHICKEN + PORK
IN LOW OVEN (200°)
Until Partially cooked
HAVE ALL READY FOR LAST
MINUTE ASSEMBLING -
CUT CHICKEN + PORK
IN finger STRIPS —

HEAT OIL IN Large pot -
Put in meat strips -
Then onions and celery
THEN WATER ⅔ of the final amount
Add Knorr Chicken Boullion
Accent and Soya Sauce
THICKEN with CORN STARCH
and cold water -
When Boiling add other
things .... cook 3 MIN.
SERVE ON RICE - TOP
with Blanched Toasted
Almonds —

살레 레 멜레즈의 주일 식사 준비 안내문

21
그로부터
5년 뒤

    립 반 윙클(서양 고전 동화에 나오는 인물. 숲에서 잠시 잠을 자고 마을로 내려 오니 세상은 20년의 세월이 흘러 있었다는 이야기-옮긴이)은 20년 동안 잠을 자고 난 후 그 공백을 통해서 오히려 예리한 관점을 가지게 되었습니다. 그에게 는 유익한 일이었지요. 실제로 그 시간들을 살지 않고도 역사의 변화와 결 과들을 금방 볼 수 있었으니까요. 앞의 20장에서 여러분은 우리 인생의 약 15년 정도를 살펴보셨습니다. 이제 이 장에서는 오늘날의 라브리에 대해서 립 반 윙클의 관점을 가질 수 있을 것입니다. 20장과 21장 사이에 5년의 시 간이 흘렀으니까요.

    이 책의 훨씬 앞에서 내가 하나님께서 우리에게 주셨다고 생각한 약속 을 기억하세요? 맞아요. 이사야 2장 2-3절의 말씀이었지요. 지난 토요일 밤, 그러니까 1968년 7월 중순에 프랜과 나는 발코니에서 테라스에 있는 사람들을 내려다보며 서 있었습니다. 우리는 그 말씀을 소리내어 말하지 않을 수 없었습니다.

"만방이 그리로 모여들 것이라. 많은 백성이 가며 이르기를 오라 우리가 여호와의 산에 오르며… 그가 그의 길을 우리에게 가르치실 것이라….'"

"프랜, 125명이 모이면 저렇게 보여요. 여기 발코니 끝에 와서 한번 내려다봐요. 저쪽에도 사람들이 있어요."

프랜은 우리 침대 발치에 앉아서(그곳은 여전히 프랜의 책상이었습니다. 흔들의자에 앉아서 침대 끝에서 작업을 했지요) 다음 날 예배 도중에 있을 결혼식 설교를 준비하고 있었습니다. 내 앞치마는 얼룩져 있었고, 내 손에는 (신시아와 다른 헬퍼들과 함께) 저 125명의 배를 채울 음식을 만드느라 빵 부스러기가 잔뜩 묻어 있었습니다. 음식을 준비하는 사이에 잠깐 나와서 저 아래에 있는 사람들을 바라보자 잠시 할 말을 잃었습니다.

어떤 사람들일까요? 교수, 목사, 의사, 변호사, 화가, 건축가, 작가, 음악가, 간호사, 교사, 비서, 과학자, 배우 그리고 다양한 전공의 학생들, 게다가 사회 낙오자와 자의적 이탈자까지. 독일에서 공부하고 있는 일본인 그리고 프랑스인, 이탈리아인, 독일인, 네덜란드인, 잉글랜드인, 스코틀랜드인, 아일랜드인, 캐나다인, 여러 주에서 온 미국인, 스위스인, 남미인, 스칸디나비아인, 호주인, 뉴질랜드인 그리고 남아프리카공화국 사람까지 있었습니다. 머리가 긴 남자 아이들도 있었고, 다양한 모양의 수염과 옷차림을 한 사람들이 있었으며, 머리가 긴 여자 아이들, 비트족 타입, 그리고 최신 유행파들이 있었고, 라브리에 처음 온 사람들이 있는가 하면 라브리에서 기독교인이 되어서 친구들을 데리고 다시 찾아온 라브리 가족들도 있었습니다.

20세기의 젊은이들, 그리고 이 '의미 없는 삶'에서 이미 오랜 세월 마약을 해 온 경력이 있는 젊은이들을 이해하는 데 도움을 얻고자 찾아온 기독교 사역자들과 목회자들, 그리고 교수들도 있었습니다. 각종 종교적·철학적 배경들은 20세기라는 공통점을 가지고 있는 것 같았습니다. 모두들 진리가 존재한다는 것은 믿지 못하면서도, 오늘날의 '인공적 우주'에는 만족할 수 없어서 의미를 찾고픈 갈망을 가지고 있었습니다.

모인 사람들을 바라보면서 우리는 감상적이 되었습니다. 그들 몇몇의 개인 역사를 추적할 수 있었기 때문입니다. 예를 들어 빌은 팔레스타인에서 어느 여학생과 이야기를 하는 도중에 라브리에 대해서 듣게 되었고, 자신이 직접 확인해 보기 위해서 배낭을 메고 이곳을 찾아왔습니다. 콧수염을 기르고 둥글고 가는 테의 안경을 쓴 빌은 마약 등 안 해 본 것이 없었습니다. 그는 가장 좋은 사립 고등학교를 나오고 미국 동부의 상류층 가정이 제공해 줄 수 있는 모든 좋은 것을 받았음에도 대학을 자퇴하고 반항심에서, 그리고 삶의 의미를 찾으며 방황하고 있었습니다. 하지만 빌은 이제 확실한 '아브라함의 자손'이며(그는 그렇게 불리기를 좋아했습니다), 또한 아브라함의 메시아의 자녀입니다. 이제 빌은 저 아래에서, 빌이 그렇게 확실하게 찾은 것이 무엇인지 탐구하며 찾아보려고 파렐 하우스에 공부하러 온 두 친구에게 진지하게 그리고 매우 자세하게 이야기해 주고 있었습니다.

그리고 어깨까지 내려오는 긴 머리에, 강조해서 말할 때마다 머리 위에서 흔들리는 밝은 파란색 펠트천 모자를 쓴 이안도 있었습니다. 이안도 마찬가지로 이제는 기독교가 진리라는 관점에서 이야기를 하고 있었습니다. 그는 불과 2주 전에 그 진리를 확신하게 되었습니다.

아무튼 그 토요일 밤은 늘 하던 대로 프랜이 인도하는 토론 대신에 콘서트가 있었다는 점에서 달랐습니다. 콘서트는 숨막히게 아름다웠습니다. 렉스는 리스트의 피아노 연주로 우리를 감동시켰고, 제인은 8년 만에 처음으로 오페라 아리아를 불렀으며, 어느 벨기에 소녀는 바이올린을 능숙하게 연주했습니다. 주일 예배도 보통 때와는 달랐습니다. 아침 예배에 결혼식이 있었기 때문입니다.

이 이야기는 간략하게 해 드리지요. 잭은 라브리가 어떤 곳인지도 모르는 채 12월에 있었던 배리와 베로니카 씨그렌의 결혼식 중간에 도착했습니다. 인생의 '해답'을 찾으며 세계 곳곳을 돌아다니고 있던 캐나다인 의학생 잭은 여기 오기 전까지는 라브리가 어떤 곳인지 몰랐지만, 자신이 제대로 찾아왔다는 생각이 들었습니다. 잭은 오랜 친구를 만날 장소로 우리 집의 주소를 받은 것입니다. 잭이 너무 빨리 기독교인이 되는 바람에 우리는 다들 무척 놀랐습니다(어떤 사람들은 지적으로 그리고 영적으로 그토록 빨리 이해하는데 반해, 또 어떤 사람들은 왜 그렇게 오래 걸리는지 누가 알겠습니까?).

그는 남아서 파렐 하우스의 학생이 되었고, 아침 일찍 그리고 밤늦게까지 공부하면서 남들보다 두 배는 빠른 속도로 테이프를 들었습니다. 그 후에 잭은 헬퍼가 되었고 나중에는 간사가 되어서 라브리의 목공소를 책임지고 돌보았습니다. 호리호리한 키에 짙은 색 피부, 곱슬머리에 수염을 기

21

른 잭은 모든 일을 신속하게 진행하는 사람이었습니다. 그는 하나님께서 신학 공부를 더 깊이 있게 하도록 자신을 인도하신다는 확신이 들어 미국에 있는 신학교에 등록을 했습니다.

또한 크리스텔(라브리에 헬퍼로 온 독일인 여학생이었습니다)이 자신의 아내로 딱 알맞은 사람이라고 확신했습니다. 그리하여 잭은 라브리에 온 지 6개월이 지난 이번 주 일요일에 크리스텔과 주일 예배 중간에 결혼식을 올리고 피로연을 마친 뒤 떠나기로 되어 있습니다. 잭은 자신이 태어나서 처음으로 참석하는 결혼식 도중에 이곳에 왔다가 자기 자신의 결혼식을 올리자마자 이곳을 떠나는 것입니다. 참 특이한 기록이지요?

따라서 이번 주말에는 125명분의 토요일 저녁 식사를 준비하는 것 외에도, 콘서트를 마친 후에 결혼식을 위해 나뭇잎과 이끼와 통나무와 세로로 세워진 벽돌과 줄기가 긴 양식 데이지들로 예배당을 장식하고, 그 후에는 주일을 위한 요리도 해야 했습니다.

다음 날인 주일 아침 예배에는 설교 직전에 결혼식이 있었고, 각 샬레로 나뉘어서 아침 식사를 했습니다. 레 멜레즈에서는 52명이 아침 식사를 했고, 그 직후에 이어진 결혼식 피로연에서는 135명이, 그리고 저녁 식사에는 125명이 먹었습니다. 다른 샬레들도 각자 감당할 수 있는 만큼의 사람들을 맡아서 먹이고 재웠습니다. 2층 침대는 물론 발코니와 거실 바닥에까지 자리라는 자리는 다 채워서 캠핑용 침대를 펼쳐 놓았습니다.

바젤에서 오는 여학생들을 위해서 레 멜레즈의 바닥에 매트리스를 깔아야 했던 초창기나 지금이나 비좁기는 마찬가지입니다. 단지 샬레와 간사들이 늘었고, 좀더 많은 사람들이 믿음으로 사는 이러한 희생의 삶에 참여하고 있으며, 진리를 찾으러 이곳에 오는 사람들이 더 많아졌을 뿐입니다.

지난 5년 동안 하나님께서 당신의 계획을 진행시키시면서 생긴 변화들을 간략하게 설명해 드릴게요. 수잔과 래널드가 5년 전에 보 씨뜨를 맡고 있었는데, 지금 그들은 4년째 영국 라브리 간사로 일하고 있습니다. 하나님께서 첼시(Chelsea)에 있는 아파트 대신에 런던 일링(Ealing)에 집을 마련해 주신 일을 말로 하자면 아주 깁니다. 그 일과 관련된 기도 응답과 하나님께서 52번지 클리블랜드 가의 그 집을 선택하셨다는 확신은 샬레 레 멜레즈를 얻기까지의 과정만큼이나 놀라운 것이었습니다.

수잔과 래널드가 스위스에 남아 있기보다는 영국으로 가야 한다는 것을 보여 주는 여러 가지 사건들도 마찬가지로 분명했습니다. 래널드는 라브리 일을 하면서 동시에 런던 킹스 칼리지에서 신학 학위를 우등으로 마칠 수 있었습니다. 최근에는 영국에 있는 그 집에서도 아이들을 위한 주일 학교와 성경 공부와 주일 예배가 토론과 테이프 듣기 등에 추가되었습니다. 그리고 프랜뿐만 아니라 래널드도 영국의 여러 곳에서 강의해 달라는 초청을 받고 있습니다.

이번 봄에 서식스(Sussex)에서 열린 애시번햄 수양회(Ashburnham Conference)에 대해서도 긴 이야기를 쓸 수 있을 것입니다. 라브리 최초의 정식 수양회였는데, 프랜과 한스 로크마커(암스테르담 자유 대학교의 미술사 교수)와 래널드 맥콜리, 존 산드리 그리고 허비 우드슨이 다양한 주제에 대해서 강의를 했고, 라브리 앙상블(소프라노에 제인 스튜어트 스미스, 바이올린에 프랜시스 크레이머 그리고 피아노에 렉스 험리히)이 한 주에 한 번씩, 두 번의 공식적인 콘서트를 가졌고, 오후에는 수양회에 참석한 재능 있는 사람들이 즉흥 콘서트를 열기도 했습니다.

부모와 함께 온 아이들을 위해서 수잔이 여름 성경학교를 인도했는데, 상당히 '완성된' 프로그램으로 기도와 결혼에 대한 이야기까지 했습니다. 위에모의 라브리 비서인 노마는 참석자 등록을 도와주러 와서 사람들에게 방을 배정해 주는 일까지 했고, 이제 막 미국에서 도착한 실비아는 부모들이 강의에 참석할 수 있도록 저녁마다 아이들을 돌보아 주었습니다.

이 수양회는 그동안 영국 여러 곳에서 라브리 강사들에게 들려 달라고 요청한 주제들을 한 곳에 모여서 같이 들을 수 있도록 한 것이었습니다. 관심 있어 하는 사람들에게는 등사된 안내문이 보내졌지만, 그 외의 광고는 전혀 없었고, 교회나 신문이나 잡지에 공고도 하지 않았습니다.

그러나 그 두 주간의 수양회 기간 중에 한 주나 주말에 참석한 사람이 450명이 넘었습니다. 그 많은 사람을 동시에 수용할 만한 장소가 없었기 때문에 모두 일정 기간밖에는 머물 수가 없었습니다. 그곳에 참석한 사람들의 다양함은 다시 한 번 20세기의 한 단면을 보여 주었습니다. 적어도 나이, 교육, 가정 환경, 국적 그리고 인종에 관한 한은 그랬습니다.

애시번햄 수양회는 '첫' 수양회였습니다. 앞으로도 정기적으로 이러한 수양회를 가질 수 있을까요? 이러한 수양회가 라브리의 다양한 강의와 토론들을 라브리 이외의 장소에서도 가질 수 있는 하나의 방식이 될까요? 우리도 모릅니다. 우리가 아는 것은 이번 봄에 수양회를 연 것은 옳은 일이었으며, 영국에서 또 한 번의 수양회를 가지게 될 것 같다는 것입니다.

래널드와 수잔이 떠나고 난 후의 보 씨뜨는 어떻게 되었을까요? 앞에서 클로디와 앨런에 대해서 말씀을 드렸지요? 파렐 하우스에서 1년간 학생으로 있었던 그 부부는 간사로 남아 있기를 원했습니다. 2년 동안 앨런과 클로디는 간사로서 보 씨뜨를 책임졌고, 그 후에 그들은 대학가에 있는 교회로 가서 자신들이 라브리에서 배운 것을 학생들을 돕는 데 사용해야겠다며 미국으로 갔습니다.

또 닉과 미나가 라브리에 있었습니다. 미나는 제네바의 기숙학교 학생으로 있던 16세에 라브리에서 기독교인이 되었습니다. 대학 공부를 마치고 난 후에 미나는 라브리로 돌아와서 또 한 쌍의 '라브리 커플'이 되어 2년 동안 보 씨뜨를 맡았습니다. 그러던 중 닉이 이번 가을에 신학 공부를 마쳐야겠다는 결심을 하게 되었고, 잭과 크리스텔, 제람과 비키, 피에르와 다니엘(프랑스계 유태인으로 초창기 파렐 하우스 학생이었습니다), 그리고 배리와 베로니카(잭이 오던 날 결혼한 커플이지요)도 같은 생각을 하게 되었습니다.

이외에도 같은 신학교에 입학하는 라브리 파렐 하우스 학생들이 또 있습니다. 짐(현재 라브리 간사로서 채소밭을 맡고 있습니다), 이곤(우도를 통해서 기독교인이 된 우도의 남동생이고, 이제 독일에서 첫 대학 시험을 마쳤습니다) 그리고 프린스턴 신학교에 장학생으로 가는 대신에 파렐 하우스에 온 캐나다인 여학생 씨나입니다. 이번 가을 세인트루이스에 있는 그 신학교는 라브리 사람들로 북적댈 것입니다.

라브리에서 '거듭난', 또는 라브리에서 일을 도운 사람들이 다니는 신학교는 세인트루이스에만 있는 것이 아닙니다. 필라델피아에 있는 신학교에 하버드 졸업생 세 명이 가 있고, 라브리에 왔다가 그 신학교로 간 웰슬리 대학의 여학생들도 있습니다. 그 여학생들은 자신을 통해서 기독교에 관심을 가지게 된 같은 과 친구들도 데리고 갔습니다.

라브리에서 회심한 사람들이 자신의 미래를 준비하고 있는 신학교는 영국에도 있습니다. 여러 나라에 있는 기독교 선교 단체와 기관들에도 라브리에 오기 전까지는 기독교인이 아니었던 사람들이 열심히 일하고 있습니다. 거기에다가 수백 명(이제는 아마 수천 명이 될 것입니다)의 사람들이 라브리에 왔다가 무엇인가를 보고 그들의 인생이 변화되었습니다.

이 '무엇인가'는 기독교 진리 이상의 것입니다. 그들은 20세기의 상태를 이해하게 되었습니다. 그들은 자신이 철학, 미술, 역사, 음악, 문학, 연극 그리고 텔레비전 프로그램 사이의 관계들을 볼 수 있는 가능성이 있다는 사실을 알게 되었고, 그것이 자신들에게 던져 주는 일방적인 메시지뿐만 아니라 현상 자체에 대해서도 이해하게 되었으며, '생각'하겠다는 새로운 결심을 하게 되었고, 창조적이 되기로 결심했습니다.

현재는 래리와 낸시가 보 씨뜨의 주인으로 있습니다. 래리는 5년 전에 라브리에 왔는데, 노르웨이의 한 유스호스텔에서 만난 어떤 남자(라브리에 단 이틀만 머물다 간 사람이었는데, 우리는 그 사람에 대한 묘사를 듣고도 아무런 이름도 떠올리지 못했습니다)에게서 라브리에 대해 들었습니다. 래리도 마찬가지로 인생의 해답을 찾고 있었고, 그 해답을 찾기 위한 방편으로 유럽에서 1년을 보내면서, 일도 하고 여행도 하고 유스호스텔에서 묵기도 했습니다. 그의 전공은 정치학이었습니다. 그는 1년 동안 라브리에 있다가 미국으로 돌아가 신학 대학에 갔고, 학위를 마치기 전에 1년간 간사로 일하기 위해 아내 낸시와 함께 라브리로 돌아왔습니다. 이렇게 보 씨뜨에는 계속해서 관리할 사람이 생겼습니다.

수년 전에 샬레를 하나 달라고 기도하다가 그것을 살 돈은 받지 못했지만, 대신에 도서관을 받은 것에 대해서는 앞에서 말씀드렸지요. 그 샬레의 이름은 샬레 레 샤뼁(Chalet les Sapins)이었습니다. 그런데 그 샬레는 어떤 여성이 사서 힌두교 의식과 연관이 있는 채식주의자 하숙집으로 운영했습니다. 이 여성이 죽은 후에는 그 집의 상속자들이 다른 두 그룹에게 이 집을 팔려고 했습니다.

한편 힌두교에 사로잡힌 사람들에게 복음을 전하는 일에 자신의 전 생애를 바친 한 여성이 오래전부터 그 집을 사서 라브리가 사용하도록 하고 싶어 했습니다. 어쩌면 이제는 하나님께서 그녀의 은사를 사용하셔서, 원래는 기독교인들이 지었고 또한 기독교인들이 사용했지만 지금은 힌두교를 위해서 사용되고 있는 이 집을 풀어 주실지도 모를 일이었습니다. 또한 그녀의 은사가 이 집의 원래 용도였던 성경의 진리가 가르쳐지는 집으로 회복시켜 놓을지도 몰랐습니다. 그것은 법적인 문제와 금전상의 이유로 불가능한 일처럼 보였지만, 곧 현실이 되었습니다.

1967년 5월 20일, 라브리가 샬레 레 샤뻥을 사용할 수 있게 되었다는 소식이 웨일즈에 있는 우리에게 전화로 전해졌고, 지구 다른 편에 있는 매입자에게도 전해졌으며, 기쁨에 넘쳐서 흔드는 종소리로 라브리 손님들에게도 알려졌습니다. 우연일까요? 이처럼 수천 마일의 거리와 수년간의 시간을 아우르는 그 자세한 내용들을 여러분에게 다 이야기해 드릴 수 있다면 얼마나 좋을까요.

어느 부부가 레 샤뻥을 맡게 되었을까요? '우연히도' 데비—맞습니다, 저희 막내딸이지요—와 그 남편 우도가, 레 샤뻥이 라브리에 포함될 것이라는 사실을 우리가 알기 전에 위에모에서 라브리 간사로 일하고 싶다고 지원을 했습니다. 데비와 우도 미들만은 윌리엄 파렐이 종교 개혁 초두에 설교를 했던 올롱 교회에서 4년 전에 결혼을 했습니다.

우리는 데비의 결혼식을 보며 같은 장소에서 있었던 프리실라와 수잔의 결혼식의 추억에 잠겼습니다. 나무 냄새와 이끼가 긴 통나무 그리고 아이비로 가득한 그곳에서, 수년 전 프리실라의 결혼식에서 우리가 처음으로 "룻이 이르되… 어머니의 백성이 나의 백성이 되고, 어머니의 하나님이 나의 하나님이 되시리니…"(룻 1:16)를 들었을 때처럼, 제인의 목소리가 다시 한 번 우리를 감동시켰습니다. 아버지의 팔을 붙잡고 키가 크고 금발 머리인 신랑을 만나러 들어오는 신부의 빛나는 짙은 눈동자를 바라보면서, 또한 신부를 바라보는 사람들의 황홀한 시선을 보면서 우리는 우리가 결코 계획하지 못했을 연속성을 보고 놀랐습니다.

하객들 사이에는 수년의 세월이 섞여 있었습니다. 초창기 로잔의 시절들, 샹뻬리에서의 나날들 그리고 그 당시의 공동체에 이르기까지의 라브리의 역사가 그 속에 있었습니다. 그 연속성은 우리 가족의 확장과 라브리 가족의 확장이라는 두 가지 의미를 담고 있었습니다. 또한 그 결혼식 날에는 4년 뒤에 어떤 일이 있을지 아무도 몰랐습니다.

데비는 우도가 신학교를 다니는 동안 세인트루이스의 존 버로스 학교에서 3년간 프랑스어를 가르쳤습니다. 우도는 래널드가 케임브리지에서 법학 학위를 받은 것처럼 독일의 프라이부르크 대학에서 법학을 공부했습니다. 데비는 프리실라처럼 로잔 대학을 졸업했습니다. 그리고 프리실라와 존이 평생의 일로서 다른 여러 가지 가능성들을 생각했던 것처럼, 수잔과 래널드도 그리고 훗날 데비와 우도도 그렇게 했습니다.

우리 딸들과 국적이 모두 다른 사위들이 라브리로 다시 돌아온 것은 그것이 '예상된 일'이었거나 '정해진 일'이었기 때문이 아니었습니다. 그들은 하나님께서 그들에게 주신 일이라고 믿고 있으며, 해마다 딸들과 사위들은 그 일 속에서 자신들을 향한 하나님의 계획이 펼쳐지는 것을 보고 있습니다. 하나님께서 어떻게 계속해서, 우리가 처음 시작할 때부터 그랬던 것처럼 라브리를 '가족'이 공유하게 만드셨는지, 그것은 우리에게 신비하고도 경이로운 일입니다. 이제 가족의 공유는, 우리의 개인적인 가족뿐만 아니라 '영적인 자녀들'까지도 포함하지만 말입니다.

레 샤뼁이 우리 것이 된 지 며칠 되지 않아서 그 집은 사람들로 붐볐습니다. 35명이 발코니를 포함해서 자리란 자리는 다 차지하고 잠을 잤습니다. 바로 그때 우리가 그 샬레를 얻지 못했다면, 16명의 아프리카인들을 포함해서 35명의 사람들이 돌아가야 했을 것입니다. 레 샤뼁은 올해에도 손님들과 헬퍼들과 파렐 하우스 학생들 그리고 2월 28일에 데비와 우도 사이에 태어난 작은 미들만, 나타샤로 빈틈없이 가득 찼습니다.

5년 전까지도 리네트와 조는 여전히 '일벌'의 집에 살고 있었지만, 그때 이후로 참 많은 것이 달라졌습니다. 리네트와 조는 마을 저편 끝에 샬레를 하나 사서 '베다니'라고 이름을 붙인 남학생 기숙사를 만들었습니다. 그리고 프랜시스 크레이머는 '일벌'의 집 부르도네뜨(Bourdonette)를 사서 두 공간으로 나뉜 것을 하나로 만들었습니다.

조가 학위를 마치기 위해 리네트와 조가 미국으로 간 뒤로 그들의 샬레는 라브리가 임대를 했습니다. 그리고 조와 리네트에 이어서 그 샬레에서 살던 제레미와 레지나(새 예배당에서 처음으로 결혼식을 올린 커플입니다)가 아일랜드로 가야겠다는 확신이 생겨 떠나자, 이번에는 클레어가 그 집을 관리하고 요리를 하는 베다니의 여주인이 되었습니다.

제레미가 베다니의 차고에서 시작한 목공소는 다른 사람들이 맡아서 했습니다. 밥 홈스가 제레미를 대신해서 베다니의 남자 주인이 되었고, 토론 테이프를 관리하기 위해서 카드 시스템을 고안해 내었습니다.

물론 여기에 언급되는 이름들에는 각각 딸린 사연들이 있지만 여기서 그 이야기를 다 할 수는 없겠지요. 예를 들어 남 캘리포니아에 미용실을 운영하던 클레어가 그 모든 것과 자신의 편안한 생활을 버리고 라브리로 와서 아무런 금전적 보상도 없이 힘든 일을 하게 된 이야기도 많은 지면을 필요로 할 것입니다. 또한 무엇이 그녀를, 마치 명석한 인사 관리자가 그녀를 심사하고 여러 지원자 중에서 뽑아낸 것처럼 그렇게 그 일에 잘 맞게 했는지는 정말로 알 수 없을 것입니다.

내가 여러분에게 보여 드리려고 한 것처럼, 우리는 정말로 하나님께서 당신이 선택하신 간사들을 라브리로 보내 달라고 기도했습니다. 그렇게 한 지 이제 13년이 됩니다. 우리는 그동안 하나님이 계속해서 사람들을 선택하셔서 그들이 이곳에 있기를 원하시는 기간만큼 이곳에 머물게 하셨고, 또 바로 지금 이곳에 그들이 있기를 원하셔서 지금 있는 이 사람들을 보내셨다고 확신합니다.

예를 들어 오스 기니스는 편지를 정리하고 몇 명의 사람들이 이곳에 오기로 되어 있는지를 관리를 해서 그 외 사람들에게 우리가 어떻게 답장을 써야 할지를 알아볼 수 있도록 해 주기도 하지만, 그는 동시에 뛰어난 설교자이자 성경 해석가이기도 합니다. 노마는 비서 업무를 할 줄 알 뿐만 아니라 문서 타이핑 경력도 있습니다. 이곳에 왔다 간 간사들이나 계속해서 이곳에 남아 있는 간사들은 모두 라브리 역사의 특정한 시기를 위해서 그리고 이 사역의 특정한 부분을 공유하기 위해서 하나님이 보내신 사람들입니다.

부르도네뜨는 어떻게 되었냐고요? 그곳에 살던 크레이머 부인은 자녀들을 교육하기 위해서 미국으로 돌아갔고, 그 후로 얼마간 라브리 근처에서 살고 싶어 하는 여러 가족이 임대를 해 왔습니다.

라브리는 이미 언급한 집들 이외에도 마을에 있는 가정의 방들을 임대해서 여유 공간을 마련하고, 마을 한 구석에 여러 채가 붙어 있는 리온지(Rionzi)라는 샬레를 임대합니다. 리온지는 클레어가 베다니를 맡기 전에 여학생들을 위해서 관리하던 곳으로, 지난 겨울에는 파렐 하우스에 온 가족이 사용했습니다. 이번 여름에는 로크마커 부부가 리온지를 관리하는 라브리 커플입니다. 로크마커 부인은 요리를 해서 손님들을 먹일 뿐만 아니라, 여섯 개의 침대가 놓여 있는 침실에서 여학생들을 재우고 작은 침실 두 개에도 사람들을 재웁니다. 로크마커 교수는 강의하는 것 외에도 식사 시간에 학생들과 함께 대화를 하고, 그에게 도움을 구하러 온 사람들과 개별적으로 만나 이야기를 나눕니다. 로크마커 부부가 라브리 멤버가 된 지는 4년이 되었고, 네덜란드의 일은 더 성장해서 지금은 두 명의 간사, 한스 반 세벤터와 그의 아내 조안을 두고 있습니다.

이탈리아의 라브리도 변화가 있었습니다. 허비와 도로시의 아파트가 더 이상 예배나 주일학교, 강의, 저녁 토론에 필요하지 않게 되었습니다. 또 한 채의 아파트를 임대해서 모임을 하는 곳으로 만들었기 때문입니다. 또 하나의 추가된 시설은 주말 수양회와 여름과 부활절 캠프 등에 사용할 빌라로 산 페델레(San Fedele)라고 하는 코모(Como) 강 위 산간 마을에 있습니다.

비록 이탈리아에서의 일은 느리고 낙심이 되기도 했지만 허비와 도로시가 기초를 잘 다져 이제는 확고한 성장을 보이고 있으며, 우리 국제 교회(개혁 장로교)의 소속인 교회도 성장하고 있습니다. 허비는 다른 지역에서도 이 일을 개척해 나가고 있으며, 유한한 인간인 우리 모두가 겪는 문제들을 마찬가지로 겪고 있습니다.

내가 거의 5년 전에 이 글을 썼을 때는 예배당 건축이 시작되었지만, 마무리는 되지 않았습니다. 그러나 예배당을 헌당하는 날은 찾아왔고, 몇 달 후 플렌트롭 부부가 직접 만든 오르간을 헌물했습니다. 플렌트롭 부부는 또 오르간 헌물 예배 때 네덜란드에서 오면서 선물을 가지고 왔습니다. 오르간 연주를 할 얀센 씨를 데리고 온 것입니다. 그는 네덜란드 암스테르담에 있는 서부 교회의 오르간 반주자로 유명한 오르간 연주자입니다.

얀센 씨는 10월의 황금 달빛 아래서 제인 스튜어트 스미스와 함께 콘서트를 했습니다. 제인은 자신의 기도 응답인 오르간의 아름다운 반주와 함께 기쁨에 넘쳐서 노래를 불렀습니다. 제인은 오래전부터 오르간을 위해서 기도해 왔습니다. 그것도 바로 이 오르간, 위대한 네덜란드인 오르간 기술자가 특별히 디자인한 수공 바로크 오르간을 우리들의 작은 샬레 예배당에 놓을 수 있게 해 달라고 기도했던 것입니다.

그 밤은 동화와도 같은 밤이었습니다. 우리는 당 뒤 미디의 숨막히도록 아름다운 경치와 론 계곡의 반짝이는 불빛이 황금빛깔의 달빛에 모두 잠겨 있는 것을 내다보며 그 오르간의 장엄한 연주를 들었고, 콘서트 후에는 다시 샬레 레 멜레즈로 걸어 올라와서 대화와 다과의 시간을 가졌습니다.

이제 그 예배당은 주일마다 꽉꽉 찹니다. 의자들이 다 차는 것은 말할 것도 없고, 바닥에도 쿠션을 깔고 앉습니다. 또한 발코니에도 벤치를 놓고(이 벤치들은 식사할 때 필요하기 때문에 다시 샬레로 들고 올라가야 합니다), 사람들은 파렐 하우스로 이어지는 바깥 계단에도 앉습니다. 이 문제에 대해서 우리는 어떻게 해야 할지 고민하고 있습니다.

요즘에는 교회 예배, 강의, 콘서트, 토요일 밤 토론 그리고 일요일 밤 기도 모임에도 사람들이 넘칩니다. 예배당 앞에는 오르간과 강단이 있고, 그 왼편으로는 벽 전체가 유리창으로 되어 있어서 숨막히게 아름다운 경치가 내다보입니다. 오른쪽으로는 뒤에서 3분의 1 정도 되는 지점에 커다란 석조 벽난로가 있는데, 토론, 기도 모임, 성찬 예배, 그리고 몇몇 비공식적인 콘서트 때에는 이 벽난로가 '정면'이 되어서 사람들은 타닥거리며 굴뚝 위로 올라가는 불을 바라보며 반원으로 앉습니다.

파렐 하우스로 이어지는 계단을 언급했으니 얼른 설명을 해 드려야겠군요. 일광욕실에 일곱 개의 책상으로 되어 있는 파렐 하우스는 2교대로 해서 14명의 학생밖에 수용하지 못했습니다. 여러분도 상상하시다시피 그것은 너무 작은 공간이었습니다.

새 예배당 밑에는 폭이 좁고 긴 공간이 있었습니다. 예배당은 가파른 언덕에 지어져 있어서 지상 높이에 출입구가 있기는 하지만, 발코니는 공중에 떠 있었습니다. 그래서 길이는 예배당과 같지만 폭이 좁은 공간이 생기게 된 것입니다. 우리는 이 공간을 가능하면 부엌과 화장실이 딸린 새로운 파렐 하우스로 만들 수 있는 돈을 위해서 기도했습니다. 하나님께서는 그 돈을 유산을 통해서 보내 주셨습니다.

내 아버지의 사촌인 마리온 페이든은 이집트 선교사로 45년간 일했습니다. 그동안에 그분은 언덕 바로 아래에 위에모와 올롱 중간에 있는 올리앙(Auliens)에서 여름 휴가를 보내곤 했습니다. 지금의 재활원인 벨뷔는 그 당시 호텔이었고, 올리앙에 있는 커다란 사각 모양의 집 역시 호텔이었습니다. 선교사들은 벨뷔에서 차를 마시러 언덕을 올라오곤 했습니다.

라브리에 전달된 마리온의 돈은 두 가지 목적을 위한 것이었습니다. 하나는 새로운 파렐 하우스를 완공하는 것이었습니다. 그곳은 녹음기가 장착된 책상 16개가 들어갈 만큼 공간이 넓습니다. 부엌 하나와 화장실 두 개를 지을 만한 공간도 남았지만, 지금은 부엌에도 책상을 들여놓고 파렐 하우스 공간으로 사용하고 있습니다.

2교대로 하면 예배당 밑에 있는 그 공간에서는 50명이, 그리고 보 씨뜨에서는 16명이 공부를 할 수 있어서, 현재 오전과 오후 교대로 할 때 수용 인원은 66명입니다. 그래도 최근에는 새로운 규칙을 만들어야 했습니다. 예외가 될 만한 아주 특별한 경우를 제외하고는 파렐 하우스 학생들은

3개월 이상 머물 수 없도록 한 것입니다. 자리가 나면 오려고 하는 사람들이 너무도 많기 때문입니다.

마리온의 돈은 또한 소나무 울타리로 둘러싸여 있는 밭을 사게 해 주었습니다. 집을 짓기에 아주 좋은 자리이지요. 우리는 계속해서 이 땅의 용도에 대해서 하나님의 때와 하나님의 계획을 구하며, 지금은 붉은 콩, 브로콜리 그리고 완두콩과 옥수수를 재배하는 데 사용하고 있습니다.

테이프와 녹음기에 대해서 언급했지요? 몇 년 전 한 사업가가 이른 아침에 미국의 어느 도시에서 다른 도시로 비행기를 타고 이동하고 있었습니다. 그는 자기 사촌이 그에게 보라고 건네준 라브리 가족 편지를 읽고 있었습니다. 그는 그 편지를 읽으면서 어디에 어떻게 사용될지는 전혀 알 수 없지만, 우리에게 녹음기를 보내 주어야겠다는 생각이 강하게 들었다고 편지에 썼습니다. 설교 테이프 몇 개를 같이 보내면 되겠다는 생각도 했다고 합니다.

그 녹음기가 도착했을 때 프랜은 매우 독단적인 말을 했습니다. 무슨 일이 있어도 자기 앞에 마이크를 세우지 않겠다, 그러면 자연스러움은 다 사라지고, 질문도 계속 나오지 않을 것이다, 강의 현장의 실재성을 망치게 될 것이라며 거부한 것입니다.

"상자에 그냥 내버려 둬요. 열어 볼 필요도 없어요."

그래서 그 녹음기는 6개월 동안 커다란 종이 상자에 든 채로 사무실에 그냥 있었습니다. 어느 날 밤 존 보이스(라브리 초기의 간사였으며, 지금은 남아공의 선교사입니다)가 스미스 대학에서 온 여학생들이 매우 빠르게 연이어서 던지는 질문들을 듣고 있었습니다. 그는 혼자서 생각했습니다. '대단한데, 게다가 논리적인 전개도 아주 좋고. 저걸 녹음할 수 있으면 좋겠는데.'

토요일 밤에 내가 설거지를 마치고 주일 만찬을 위해서 아이스크림을 만들고 있을 때였습니다. 존이 부엌에 머리를 들이밀고 말했습니다.

"토론을 하고 있는 사람들에게 차를 좀 대접해 주시겠어요? 제게 생각이 있는데, 그게 성공하려면 달그락거리는 소리가 좀 필요해서요."

나는 컵과 컵 받침, 우유, 설탕, 차가 담긴 뜨거운 주전자 그리고 새로 튀긴 팝콘 한 그릇이 놓인 쟁반을 준비했습니다. 차를 대접하다 보니 달그락거리는 소리가 났고, 그 소리 때문에 여학생들은 잠시 주의를 흐트러뜨리고 수다를 떨었고, 존은 그 사이에 책꽂이에서 구리선을 타고 자라고 있는 식물들 사이에 마이크를 숨겼습니다. 토론과 질문과 대답들이 다 끝났을 때는 모든 것이 다 녹음이 되어 있었습니다. 다음 날 존은 그 결과물을 만들어 내었고, 여학생들은 자신의 질문과 그 질문에 대한 답변을 한 번 더 들으면서 아주 흡족한 반응을 보였습니다.

"정말 잘 됐어요. 쉐퍼 선생님이 말씀하신 것을 잊어버리면 어떻게 하나 걱정했는데. 그리고 제 친구 한 명도 이것을 꼭 들었으면 했거든요. 이거 하나 살 수 있을까요?"

다른 여학생들도 다 같은 요청을 했습니다. 그렇게 해서 처음 만들어진 테이프는 곧바로 사용되었습니다.

파렐 하우스는 아침마다 네 시간 동안 개인 공부를 하거나, 그 시간에 준비한 소논문을 읽거나, 그런 논문을 가지고 토론하거나, 상임 튜터인 프랜과 개인적인 토론을 하는 것으로 시작되었습니다.

그러나 첫해가 지나고 두 번째 해가 되자 프랜은 자신이 '파렐 하우스 오찬'이라고 이름 붙인 식사를 시작했습니다. 나는 조용히 점심을 대접하고, 프랜은 세 코스의 식사가 나가는 동안 강의를 했습니다.

그 강의의 첫 번째 시리즈 이름은 '신신학의 지적 풍토'였습니다. 강의 시리즈가 시작되고 난 후에 새로 올 학생들이 몇 명 있었는데, 중간에 끼어들게 된 그들을 이해시키기 위해서 처음부터 강의를 다시 할 수도 없었기 때문에 누군가가 "식당에 있는 난방기 위에다 녹음기를 놓고 마이크를 쉐퍼 박사님의 자리 가까이에다가 고정시키도록 합시다. 바로 저기 박사님 나이프가 놓인 자리 위쪽에 놓으면 되겠네요"라고 제안했습니다. 이렇게 해서 첫 강의 테이프가 만들어졌습니다. 지금도 학생들은 포크 소리와 컵에 부딪히는 스푼 소리가 배경에 깔려 있는 그 테이프를 듣고 있습니다.

영국으로의 여행이 계속되고 프랜이 케임브리지, 옥스퍼드, 세인트앤드루스, 글래스고 등에 있는 학생들의 개인 방에서 토론을 하면 사람들이 자기 자신의 녹음기를 가지고 와서 이러한 토론들도 많이 보존되었습니다. 이 중에는 다시는 반복할 수 없는 토론들도 있습니다. 20명의 무신론자들이 질문을 퍼부었던 케임브리지에서의 저녁 모임 경우처럼 말입니다. 물론, 지금도 이 테이프를 들을 수 있습니다.

시간이 지나면서 테이프를 요구하는 사람들이 상당히 많아졌고, 위에모에서도 많은 도움이 되었기 때문에 모든 토요일 밤의 토론을 녹음하기 시작했습니다. 또한 주일 설교와 로잔에 있는 해로와 앤의 아파트에서 모이는 성경 공부 모임의 교리 강의도 녹음이 되기 시작했습니다.

파렐 하우스가 커지면서 두 가지 일이 생겼습니다. 파렐 하우스 오찬 대신에, 학생들이 먹는 것에 방해를 받지 않고 필기를 할 수 있도록 저녁에 강의를 할 필요가 생겼습니다. 이 강의들은 전부 테이프로 보존이 되었고, 리처드 더커가 시작한 테이프 도서관으로 발전했습니다. 현재는 850시간이 넘는 분량의 테이프가 주제별로 분류되어 있습니다. 이제 파렐 하우스 학생들은, 상임 튜터인 프랜이 개인적으로 그들에게 해 주는 조언에 따라 자신들이 듣고 싶은 주제를 선택해서 테이프로 과정을 밟으며 공부하고 있습니다.

우리에게 필요한 도움을 위해 계속 기도하면서 우리는 녹음기를 수리할 수 있는 기술자를 보내 달라는 기도도 하고 있습니다. 이것은 끊이지 않는 문제로 녹음기를 보수하기 위해서 보내진 다양한 사람들의 이야기는 아주 긴 장을 이룰 것입니다.

테이프들은 또한 복사되어서 다른 곳에서 강의를 듣고 싶어하는 사람들에게 보내졌습니다. 처음에는 1년 정도 라브리 간사로 일했던 제레미 잭슨이 테이프를 복사했습니다. 그리고 존 산드리가 라브리에서 일하게 되자 그는 우리 일의 큰 부분 두 가지를 맡았습니다. 하나는 라브리의 회계이고,

21
그로부터
5년 뒤

또 하나는 테이프를 복사하고 포장해서 세계 곳곳으로 보내는 일입니다. 그는 '테이프 리스트'를 만들어서 사람들이 주제를 보고 관심 있는 강의들을 주문할 수 있도록 했습니다.

광고도 없이, 라브리의 '테이프 사역'(그렇게 부르는 것이 좋은지는 잘 모르겠지만)은 우리의 예상을 초월할 정도로 성장했습니다. 사람들은 개인으로 그리고 또 그룹으로 세계 여러 곳에서 테이프를 '듣는 시간'을 가지고 있습니다. 대만, 일본, 인도, 남아공, 프랑스, 남미, 스위스, 캐나다, 뉴질랜드, 호주, 잉글랜드, 스코틀랜드, 아일랜드, 독일, 네덜란드 그리고 캘리포니아, 버지니아, 일리노이, 펜실베이니아, 매사추세츠 등 미국의 여러 주에서 그렇게 하고 있습니다. 이 사역의 범위에 대해서 우리는 정말이지 감을 잡을 수가 없습니다. 사람들은 계속해서 라브리에 와서 이렇게 말합니다.

"이러이러한 곳에서 테이프를 들었는데요…"

우리들 자신은 그러한 테이프 듣기 모임에 대해서 전혀 들어 본 적이 없는데도 말입니다. 우리가 노력했던들 이러한 일을 계획할 수 있었겠습니까?

그러던 어느 날 미국의 사업가 빌 와이저가, 앞으로 자신이 살아갈 만큼의 충분한 수입원이 있다고 생각하고는 자신의 삶을 하나님의 일에 바치기를 원한다며 자기 집을 테이프 센터로 만들겠다고 제안을 했습니다. 그는 테이프를 저장해 놓고 버지니아에 있는 자기 집에 대여소를 만들어서 그것을 포장해서 보내고, 되돌아오는 끊긴 테이프는 손을 봐서 다시 보내는 지루한 일을 자신이 직접 하겠다고 했습니다. 영광스러운 일도 아니고, 회사 직원 전체를 부리던 사람이 그다지 매력을 느낄 일도 아니었습니다.

이 사람은 제인의 사촌이었는데, 그가 프랜의 설교를 처음으로 들은 것은 제인 아버지의 장례식에서였습니다. 그때 그는 이 모든 것이 진리일 수도 있다는 생각을 하기 시작했습니다. 그가 여름 한철을 보내기 위해서 라브리를 직접 찾아왔을 때는 이미 기독교인이 된 지 몇 년 후였고, 그는 부르도네뜨를 임대해서 가족과 함께 우리 공동체에서 살았습니다.

이 테이프들이 어떤 내용을 담고 있냐고요? 어떤 대답들을 주고 있냐고요? 어떻게 라브리가 '지성인들에게 선교하는 곳'(이 명칭은 우리가 붙인 것이 아니라 '타임지'의 한 기사에서 우리에게 붙여 준 것입니다)으로 알려지게 되었냐고요?

몇몇 질문들에 대한 대답들은 현재 영국과 미국에서 판매되고 있고, 앞으로 다른 언어로도 번역될 예정인 두 권의 책에 기록되어 있습니다. 《이성에서의 도피》와 《거기 계신 하나님》 두 권 모두 강의한 내용이 각각 영국과 미국에서 녹음되고, 타이프로 쳐져서, 책으로 다듬도록 프랜의 손에 주어진 결과로 나온 책입니다. 물론 여러분이 어떻게 생각하시건 그건 자유입니다. 하지만 우리는 그것이 하나님께서 우리를 통해서 말씀하실 수 있다는 가능성에 우리의 삶을 의탁하며 기도한 결과, 하나님께서 당신 계획의 새로운 부분을 우리에게 알려 주시는 것이라는 생각이 들었습니다.

우도가 맡은 일은 파렐 하우스의 주니어 튜터도 하면서 출판을 하는 것입니다. 다른 강의들도 준비되고 있고, 다른 책과 소책자도 준비 중에 있습니다. 로크마커 교수만 미술과 재즈에 대해서(교수님은 이 분야의 전문가이십니다) 쓰는 것이 아니라, 다른 라브리 멤버들과 간사들도 글을 쓰고 있습니다. 출판 영역에서 앞으로 어떻게 될지 우리는 모르지만, 책과 소책자들이 이미 출판되었으며, 간사들만이 아니라 젊고 창조적인 시인, 작가 그리고 예술가들도 20세기를 사는 세대에게 진리를 전달할 수 있을 것이라고 생각되는 것들을 표현하기 위해서 글을 준비하고 있습니다.

또한 라브리의 젊은 기독교인들은 기독교를 진리로서 전달할 수 있는 영화를 제작하려고 계획하고 있습니다. 라브리에 있는 한 배우는 현재 텔레비전 프로그램 제작을 계획하고 있으며, 조경 설계사, 조각가, 사진가, 교육자들도 여러 아이디어로 흥분해 있습니다. 다시 말해서 창조성의 결과물이 마치 댐이 무너진 것처럼 쏟아져 나오고 있습니다. 앞으로 어떤 가능성들이 있는지는 추측만 할 따름입니다.

이런 젊은이들 가운데는 감정주의에 기초한 믿음의 비약을 통해서가 아니라, 피상적으로 다뤄지는 질문들에 대한 논리적인 대답에서 갖는 확신을 기초로 기독교인이 된 사람들이 있습니다. 이들은 주어진 역사의 순간에 선택을 함으로써 거기 계신 하나님께 굴복했습니다. 이들은 자신의 재능을 매개로 이 우주의 진리와 하나님의 존재를 알리고 싶어 하는 불타는 욕망을 가지고 있습니다.

"그래도 일반 경비라는 것도 있고, 미국에 비서가 딸린 '본부'랑 보수를 받고 일하는 회계 등이 있지 않으세요? 그런 영역에서는 일반적인 경로로 일할 수밖에 없었을 텐데요?"

놀라운 것은 그렇지 않았다는 것입니다. 우리는 여전히 '가족'으로서 일을 공유하고 있습니다. 어머니가 돌아가신 뒤 아버지가 혼자서 그 일을 다 할 수는 없다고 말씀하셔서 칼과 알리다 우드슨이 헌금을 받고 전달하는 일과 소식지를 보내는 일을 맡아서 하게 되었습니다. 칼은 악기를 가르치며 디트로이트 고등학교의 오케스트라를 맡고 있고, 알리다는 네 명의 어린 자녀의 어머니입니다. 이들은 주말과 저녁 시간을 라브리 일을 하는 데 바칩니다. 그들은 위에모에서 일할 때만큼이나 자신들이 라브리에 속해 있다고 생각합니다. 비록 오고 가는 사람들을 직접 만날 수 없다는 점을 아쉬워하지만 말입니다.

위에모에 있는 공동체에는 이번 가을에 또 한 분야가 추가됩니다. 이 일에 대해서 말씀드리려면 역시 한 장 분량의 이야기를 한 문단으로 줄여야 합니다. 이것은 우리가 여러 번 드렸던 기도의 응답이었습니다. 우리는 오랫동안 대학 입학 준비 수준의 학교를 위해서 기도해 왔습니다. 라브리가 토론 시간에 하는 것과 비슷한 틀 안에서 학문을 통합하고 다양한 과목들 간의 관계를 보여 주고, 철학과 역사 그리고 미술과 음악을 연결시켜서 다양한 학문 분야와 기독교의 관계를 가르치는 학교 말입니다. 그러한 학교가 반드시 라브리 안에 생기게 해 달라고 기도하지는 않았지만, 그러한 학교가 세워지게 해 달라는 기도는 계속해 왔습니다.

킬 대학의 영문학 전공자인 피터 패로는 스위스의 국제 학교에서 가르쳤고 한동안은 또 다른 학교에서 교장으로 있었는데, 그 역시 스위스에 있는 영어권 학생들을 위해서 국제 학사 학위를 준비할 수 있는 학교가 세워지기를 기도하고 있었습니다. 하나님께서 어떻게 우리를 만나게 하시고, 어떻게 갑자기 올리앙에 있는 3,500제곱미터의 땅이 딸린 사각형의 하얀 집(언덕 아래로 15분만 걸어가면 됩니다)이 매매도 가능한 임대로 나왔는지, 또 어떻게 그 집주인이 그것을 호텔로 운영하던 1930년대에 아버지의 사촌 마리온이 그곳에 묵으면서 자기 아내에게 영어를 가르쳤던 것을 기억하고 있는지 등은 길고도 놀라운 이야기입니다. 오랫동안 짜여 오던 또 하나의 환상적인 태피스트리 패턴이라고만 말해 두는 것이 좋겠습니다.

하얀 집은 이번 가을에 에꼴 뒤 몽드(Ecole du Monde)가 될 예정이며, 조직상으로는 라브리와 별개의 단체이지만 우리 공동체의 일부가 될 것입니다. 라브리 사람들이 파렐 하우스 학생들과 손님들에게 하는 것과 같은 세미나로 학생들을 지도할 것이며, 12세에서부터 18세까지의 어린 학생들은 이 공동체의 일부가 되게 됩니다. 이곳이 그들의 성장 배경의 일부가 될 때 앞으로 어떤 일이 벌어질지 누가 알겠습니까?

한 가지 변화에서 또 다른 변화로, 한 가지 큰 기도의 응답에서 또 다른 기도의 응답으로, 한 가지 놀라운 발전에서 또 다른 발전으로 이렇게 옮겨 가며 말씀드리다 보면 혹시라도 잘못된 인상을 줄 수도 있습니다. 그래서 이번 장은 조마조마한 마음으로 쓰고 있습니다. 그 시간들은 결코 흥분되는 '성공'의 연속이 아니었습니다. 질병도 있었고, 사고도 있었고, 우울하고, 낙담되고, 짜증나고, 지칠 때도 있었습니다. 돈이 없기 때문에 생기는 어려움도 계속해서 있었고, 포기하고 싶은 유혹도 많았습니다. "이건 너무 심하다, 더 이상은 못하겠다, 다른 사람들처럼 정상적으로 살고 싶다"고 말하고픈 유혹이 계속 있었습니다. 우리로 이 일을 그만두게 하고, 포기하게 하려는 사탄의 직접적인 공격도 있었습니다.

성경이 '믿음'으로 사는 것에 대해서 무엇이라고 말하는지 읽고 싶으시다면, 히브리서 11장부터 12장 4절까지 읽어 보세요. 거기에 묘사된 것은 쉬운 삶도 아니고 '최상의 시기'가 연속되는 삶도 아닙니다. 아무리 좋게 말한다 해도, 많은 것을 겪게 된다고밖에 말할 수 없습니다. 편안한 삶과는 거리가 멀지요.

하지만 우리를 견디게 하고 이기게 한 것은 실재가 있었기 때문입니다. 우리와 함께 계신 하나님을 확신할 수 있었습니다. 하나님께서 시간과 공간과 역사 속에서, 그리고 한 개인 역사의 순간 속에서 일하신다는 것을 볼 수 있는 가능성이 있었습니다. 그리고 인생을 견디기 위해서 지탱하는 모호한 심리적인 버팀목 대신에 하나님과 교제를 하고 있다는 확신이 있었기 때문입니다.

이제 말을 마치기 전에 하나님께서 지난 13년 동안 당신의 방식으로 일을 발전시키신 것과 동시에 한 사람을 발전시키시고 훈련시키신 것에 대해서 말씀드리고 싶습니다.

"남편이 어디서 이런 것을 다 배우셨어요?" "어느 대학에서 공부했기에 이런 것들을 가르치고 있지요?" "이런 것을 준비하기 위해서 그분이 읽은 책을 어디에서 살 수 있나요?" "남편께서 새로운 변증을 가르치고 계신데요, 매우 큰 영향을 미치고 있어요. 그것이 사람들의 사고 방식을 얼마나 많이 바꾸고 있는지 모르실 거예요. 그런데 어디서 그런 것을 배우셨지요?"

그 모든 질문에 "하나님께서 제 남편에서 주셨어요"라고 말하면 너무 간략한 설명이 되겠지요? 우리는 하나님이 선택하신 사람들을 우리에게 보내 달라고 기도했습니다. 우리는 이곳에 온 사람들이, 자기 자신에게 필요한 도움을 구하러 왔다고 믿습니다. 그러나 우리는 하나님께서 동시에 두 가지 일을 하실 수 있다고 믿습니다(아주 절제된 표현이지요!). 나는 이번 경우 역시 하나님께서 사람들을 그들 자신의 필요 때문에 보내 주시기도 하셨지만, 또한 살아 있는 대화의 장을 통해서 지금 프랜이 자신의 변증을 통해서 가르치고 있는 것을 훈련시키는 장으로, 그리고 발전시키는 수단으로서 그렇게 다양한 사람들을 보내셨다고 확신합니다.

프랜은 실제 삶과 격리된 상아탑 속에서 많은 공부를 하고 사람들의 사고와 씨름과는 분리된 이론을 발전시키는 대신에, 지금까지 13년 동안 힘겨운 씨름을 하고 있는 사람들과 직접 대화를 했습니다. 프랜은 실존주의자, 논리실증주의자, 힌두교인, 불교인, 자유주의 개신교도, 자유주의 로마 가톨릭교도, 개혁주의 유태인들과 무신론적 유태인, 무슬림, 신비 종교에 빠진 사람 그리고 다양한 종교적 철학적 배경을 가진 사람뿐만 아니라 다양한 부류의 무신론자와 이야기를 나누었습니다.

탁월한 교수, 탁월한 학생 그리고 탁월한 자퇴 학생들(!)과도 대화를 나누었습니다. 비트족, 히피, 마약 중독자, 동성연애자 그리고 심리적으로 장애가 있는 사람들과도 이야기를 나누었습니다. 아프리카인, 인도인, 중국인, 한국인, 일본인, 남아공인, 호주와 뉴질랜드와 유럽 각지에서 온 사람 그리고 미국과 캐나다에서 온 사람들과도 이야기를 나누었습니다. 그리고 다양한 정치적 색깔을 가진 사람들과 이야기를 나누었습니다. 의사, 변호사, 과학자, 예술가, 작가, 기술자, 다양한 학문의 연구원, 철학자, 사업가, 언론인 그리고 배우를 비롯한 유명인사와 농부들과도 대화를 했습니다. 그리고 구세대와 신세대 모두와 대화를 했습니다.

이 모든 것을 통해서 하나님은 프랜에게 많은 사람이 받기 어려운 교육을 시키셨습니다. 프랜이 주는 대답들은 학문적인 연구를 통해서가 아니라(물론 프랜은 뒤쳐지지 않기 위해서 계속해서 많은 책을 읽습니다) 살아 있는 대화의 장에서 나온 것입니다. 프랜은 참된 질문에 대해 세심하게 정리된 대답, 참된 대답을 합니다. 프랜은 종종 내게 와서 "그게 정말로 대답이야, 이디스. 딱 맞아, 정말 딱 맞아요. 그것이 정말로 진리이고, 진리이기 때문에 실재하는 것과 딱 맞는 거예요" 하고 말하며 스스로 흥분했습니다. 하나님께서 지난 13년 동안 당신의 일을 보여 주셨을 뿐만 아니라 남편을 교육시키셨다고 하는 것은 바로 이러한 의미입니다.

내 말이 끝났냐고요? 아니에요. 하나님께서 하신 일을 다 말씀드리려면 아직도 이야기할 것이 많습니다. 여섯 명의 가족, 그중에서 두 자녀가 아픈 가족이 자그마한 산간 마을에 거실조차 없는 낡은 샬레로 이사를 오고…. 하나님께 자기들에게 이야기를 할 사람들을 보내 달라고 기도합니다. 세상의 기준에서 본다면 그들은 '은둔'하는 것이고, 다시는 그들의 소식을 들을 수 없게 될 수도 있습니다.

그러나 그들이 기도하자, 사람들이 오기 시작합니다. 드디어 50명의 사람들로 방은 가득 차게 됩니다. 문을 떼니 60명까지 받아들일 수 있습니다. 예배당은 이제 한 번에 150명 이상 모일 수 있고 발코니와 계단에까지 사람들이 앉습니다. 하나님께서 아주 실제적인 방식으로 벽을 밀어내신 것입니다.

더 많은 사람이 듣게 하기 위해서 하나님께서 '벽을 밀어내신' 또 하나의 방법은 이탈리아와 영국과 네덜란드 여행과, 지난 3년 동안의 미국 여행을 통해서였습니다. 강의 요청을 다 받아들이지는 못했지만 미국의 경우 보스턴에서부터 샌프란시스코까지, 시카고에서 테네시까지, 세인트루이스에서 시애틀까지 다녔습니다. 대학과 신학교, 그리고 다양한 사람들의 모임도 있었습니다. 하버드, 매사추세츠 공과대학, 웨슬리, 스탠퍼드, 버클리, 휘튼, 웨스트몬트, 커버넌트 등 다양한 장소와 모임에서 스위스에서 있었던 그 벽난로의 대화를 들을 수 있었습니다.

지난 1월 눈보라가 심하게 이는 무척 추웠던 어느 날 밤, 사흘 동안 시카고 강당에서 열린 어떤 모임에서 프랜이 파이크 주교와의 대화에 참석했습니다. 2,500명이 넘는 사람들이 그곳에 참석했고, 프랜에게 토론을 하고 질문에 대답을 해 달라고 요청한 두 개의 텔레비전 프로그램과 세 개의 라디오 프로그램 덕분에 멜레즈 거실의 벽은 완전히 무너져 그 사흘 동안 300만 명의 사람들이 그 대화를 들으러 잠시 들어왔습니다.

오래전에 어느 이스라엘 사람이 쓴 글을 인용하면서 이 이야기를 마치고자 합니다.

"주 여호와여 주께서 주의 크심과 주의 권능을 주의 종에게 나타내시기를 시작하셨사오니 천지간에 어떤 신이 능히 주께서 행하신 일 곧 주의 큰 능력으로 행하신 일같이 행할 수 있으리이까"(신 3:24).

그리고 또 한 사람의 글을 인용하고 싶습니다.

"너희는 너희의 자손들에게 알게 하여 이르기를 이스라엘이 마른 땅을 밟고 이 요단을 건넜음이라 너희의 하나님 여호와께서 요단 물을 너희 앞에서 마르게 하사 너희를 건너게 하신 것이 너희의 하나님 여호와께서 우리 앞에 홍해를 말리시고 우리를 건너게 하심과 같았나니 이는 땅의 모든 백성에게 여호와의 손이 강하신 것을 알게 하며 너희가 너희의 하나님 여호와를 항상 경외하게 하려 하심이라 하라"(수 4:22~24).

22
라브리 현재
역사의 연속성

　다시 10월이 돌아왔습니다. 콜로라도 산에 있는 포플러가 푸른 하늘을 배경으로 밝은 노란색을 띠고 있습니다. 짙은 소나무들 때문에 이 광대한 경치를 작은 캔버스에 담으려면 검은색 물감을 녹색 유화 물감에 짜 넣어야 할 것입니다. 산을 지나고 길고 가늘게 늘어진 고속도로를 지나 호수와 강과 바다를 건너가면 또 한 사람의 화가가 스위스 알프스의 봉우리에 있는 신선한 눈을 그림에 담아 조금이라도 더 오래 그 모습을 간직하려고 하겠지요.

　그 눈은 산허리를 타고 내려와 샬레 지붕을 하얗게 물들이고 있고, 자작나무 잎의 노란색과 그보다 더 짙은 멜레즈에 있는 침엽수 잎의 노란색은 그 눈을 비집고 나와 자기 색을 드러내고 있습니다. 스웨덴의 몰레(Mölle)에도 10월은 찾아왔습니다. 바위투성이의 굴곡진 해안으로 바위에도 부딪히고 자기들끼리도 부딪히는 파도가 세차게 밀려들고 있습니다. 네덜란드에서는 벌써 오래전에 튤립 구근을 거두어들여 이듬해 봄에 전 세계에 화려한 꽃을 전시할 준비를 하고 있고, 상추와 시금치와 토마토를 재배하기 위한 온실들이 세심하게 준비되고 있습니다.

영국에서는 인디언 섬머(늦가을의 봄날같이 화창한 날씨―옮긴이) 덕분에 잠시 온기가 회복되었고, 10월의 골목길과 평원은 더 많은 사람들이 산책을 나서거나 자전거를 타고 바람을 가르며 달리고 싶게 만듭니다. 한편 해마다 이맘때면 뉴잉글랜드와 뉴욕은 몰려드는 사람들로 붐비고 있습니다. 차를 타고, 자전거를 타고, 혹은 걸어서 '잎이 지기 전에 한번 보려고' 찾아오는 사람들입니다. 빨간 단풍나무와 구릿빛 떡갈나무와 다양한 빛깔의 오렌지색과 노란색은 화가와 사진가들만 아니라, 이 아름다움을 가슴에 담고 기억 속에 저장해 두고자 한번씩 순례를 하는 사람들까지 끌어들이고 있습니다. 바람막이가 되어 주는 아름다운 나무들에 둘러싸인 미네소타의 빨간색 헛간과 한곳에 모여 있는 농가 건물들, 그 넓은 하늘, 신기한 구름 모양, 그리고 정말로 많은 호수들 또한 사람들이 달력에다 10월의 '행사'로 표시하는 장소 중 하나입니다!

연속성.

기다리고 기대하던 계절의 연속성!

이 신성한 아름다움을 고안하신 분은 예술가이십니다.

그것을 만드신 분은 예술가이십니다.

오직 예술가이신 창조주만이, 인류의 타락으로 망가지기는 했지만 파괴되지는 않은, 완전히 허물어지지 않은 연속성을 만드실 수 있습니다. 대홍

수 후 노아와 그의 가족이 방주에서 나와 마른 땅을 밟은 후에 받은 위대한 약속을 다시 한 번 깊이 생각해 보세요.

"노아가 여호와께 제단을 쌓고 모든 정결한 짐승과 모든 정결한 새 중에서 제물을 취하여 번제로 제단에 드렸더니 여호와께서 그 향기를 받으시고 그 중심에 이르시되 내가 다시는 사람으로 말미암아 땅을 저주하지 아니하리니 이는 사람의 마음이 계획하는 바가 어려서부터 악함이라 내가 전에 행한 것같이 모든 생물을 다시 멸하지 아니하리니 땅이 있을 동안에는 심음과 거둠과 추위와 더위와 여름과 겨울과 낮과 밤이 쉬지 아니하리라"(창 8:20~22).

타락의 영향력에도 불구하고, 비정상적인 역사와 곡물을 망치는 우박과 눈사태와 폭풍과 지진과 화재와 지엽적인 홍수 등 온갖 종류의 재앙에도 불구하고 연속성은 실재합니다. 씨가 비옥한 땅에 뿌려지고, 그 씨가 그곳에 심겼건 다른 곳으로 날라 갔건 뿌리를 내리게 되고, 세심한 보살핌 속에서 자라거나 아무도 돌보지 않는 땅에서 태양과 비와 비옥한 땅의 혜택으로 예상치 못한 수확을 내며 자라는 것을 볼 때 우리는 연속성을 확인할 수 있습니다.

해가 질 때마다, 초승달이 뜰 때마다, 별이 가득한 하늘을 바라볼 때마다, 해가 뜰 때마다, 정오의 열기를 쬘 때마다 우리는 참으로 '낮과 밤'이 쉬지 않고 있다는 것을 기억하게 됩니다. 늦겨울이나 이른 봄에 숲을 산책하다가 이끼가 잔뜩 낀 곳에 누구의 도움도 없이 아네모네가 피어 있는 것을 보고 반가워한 적이 있습니까? 야생으로 또는 당신의 정원에서 바이올렛이나 크로커스가 그해 처음으로 피는 것을 본 적이 있습니까? 며칠 전만 해도 갈색을 띠며 죽어 있는 것만 같던 나무에 어렴풋이 녹색이 덮이기 시작하는 것을 보고 신기해한 적이 있습니까? 그럴 때면 가슴이 설레면서 "다시 봄이 오는구나" 하고 속삭이거나 외치게 됩니다. 여러분과 나는 이것이 바로 우리가 알아보아야 하는, 그리고 감사해야 하는 연속성이라는 사실을 기억해야 합니다. 그렇습니다. 당연히 그래야 합니다. 이것이 바로 우리가 약속받은 연속성입니다.

"심음과 거둠과 추위와 더위와 여름과 겨울과 낮과 밤이 쉬지 아니하리라"(창 8:22).

최근 몇 개월 동안 나는 지리적으로 여러 곳을 다니는 특이한 체험을 했습니다. 이곳에서 저곳으로 다니는 동안 내 아이들의 가정도 방문했지만, 가는 곳마다 라브리 지부들(총 6개입니다)이 있었습니다. 나는 몇 개의 라브리 수양회에 참석했고, 전혀 알지 못하는 사람들이지만 마치 오랜 친구처럼 나를 반갑게 맞아 주는 사람들을 만났습니다. 이 놀라운 일들을 나더러 이야기해 달라고 한다면, 정확한 묘사를 하기 위해서는 오직 한 가지 방법밖에 없습니다.

헬리콥터를 타고 낮게, 땅에서 약 90미터 정도 떨어진 곳에서 사막 지대 위를 날아가고 있다고 상상해 보세요. 아무것도 자랄 수 없는 마른 모래를 인상적으로 바라보며 가고 있는데, 어느 순간 풀이 무성하고 꽃과 과일과 야채로 풍성한 정원을 만나게 되었다고…. 그 비행은 계속되어서 메마른 땅 위를 지나가고 있는데 또 다른 '비밀의 정원'이 갑자기 나타나 순간 숨을 멈추게 합니다. 얼마나 기쁘겠습니까! 어떻게 이런 일이 있을 수 있지? 어떻게 씨앗이 뿌리를 내릴 수 있었지? 이 땅은 어떻게 해서 이렇게 비옥하지? 누가 물을 주고 잡초를 뽑아 주었지? 얼마나 놀라운 발견입니까! 제대로 심고 제대로 가꾸고, 땅이 비옥하거나 '좋은 땅'이면 심음과 거둠이 계속된다고 하는 것을 증명해 주는 정원들이 계속해서 나타나니….

지난해는 매우 실제적으로, 예상치 못했던 '정원들'을 잇달아 발견하는 한 해였습니다. 그 정원에는 흩어진 씨앗들이 좋은 땅에 떨어져서 아름다운 열매를 맺고 있었습니다. 심음과 거둠, 여름과 겨울, 낮과 밤이 마태복음 13장 23절(예수님이 설명하신 비유)에서 말하는 것처럼 시간과 공간을 통해 지속되는 연속성을 잠시 들여다보는 흥분되는 시간이었습니다.

"좋은 땅에 뿌려졌다는 것은 말씀을 듣고 깨닫는 자니 결실하여 어떤 것은 백 배, 어떤 것은 육십 배, 어떤 것은 삼십 배가 되느니라 하시더라."

지난 4월 네덜란드에서였습니다. 색깔이란 색깔은 다 있는 화려한 튤립의 계절이었지요. 무지개 색의 들판에만이 아니라, 푸른 잔디가 깔려 있고 매우 목가적인 시내가 흐르고, 완벽하게 지어진 다리와 아름다운 나무가 정교하게 다듬어진 정원에도 튤립은 가득했습니다. 그곳은 짙은 보라색의 튤립과 아주 연한 노란색 그리고 가장 부드러운 분홍색의 튤립으로 장식된 화원을 자랑하기에 매우 이상적인 배경이었습니다. 금과 은과 가장 아름다운 보석들로 장식된 까만 벨벳에만 견줄 수 있는 그런 배경이었지요. 나는 (식물뿐만 아니라 사람들도) 여러 세대를 거슬러 올라가는 연속성을 지닌 농장에 머물고 있었습니다. 그곳에 머무는 동안 그 정교하게 꾸며진 정원으로 산책을 따라 나서며 내 마음은 '봄과 추수'의 생각으로 꽉 차 있었습니다.

라브리 멤버들의 연간 회의가 네덜란드 라브리에서 열려 각 지부에서 온 라브리 멤버들이 강사로 참석하고 있었습니다.

"프랜시스 쉐퍼가 돌아가신 지금도 라브리는 여전히 존재합니까?"

"로크마커 교수가 돌아가신 지금도 네덜란드 라브리가 여전히 존재합니까?"

"라브리의 21장을 쓰신 이래로 지난 23년간 어떤 일들이 있었습니까?"

책 한 장으로는 그 많은 시간, 그 많은 사건, 그 놀라운 연속성, 신기하게 흩어진 '씨앗들', 식탁에 둘러앉아서, 채소밭에서, 난로 옆에서, 산책을 하면서, 책이나 영화, 세미나, 수양회를 통해서, 그리고 전화와 편지로 멀리 떨어져 있는 사람들과의 일대일 토론에서 일어난 그 많은 일을 다 이야기할 수는 없습니다.

지난 한 해 동안 내가 수없이 발견하고 흥분한 '비밀의 정원'에 대한 이야기를 한 장에 다 담는 것은 불가능합니다. 그 정원들은 다양한 사람들 사이에 있는 다양한 장소의 불모지 한가운데서 솟아난 것들입니다.

한 장으로는 라브리 간사들과 가족들이 겪은 고통—질병, 사망, 사고, 낙심,

실망, 두려움, 어려움, 분투, 슬픔, 기도로 하나님께 울부짖었던 그 시간들—을 다 말할 수 없습니다. 간사들의 월급을 다 충당할 수 없었을 때 금식하며 기도했던 모든 날에 대해서도 다 이야기할 수 없고, 개인적인 영혼의 성찰과 하나님 앞에서의 고백의 날들, 우리에게 무엇이 잘못되었는지를 보여 달라고 정직하게 묻던 시간들 그리고 이 일에 동참하기로 선택한 부모들뿐만 아니라 그 자녀들에게도 영향을 미칠 결정을 내려야 할 때 분명한 인도를 구하며 기도했던 날들에 대해서도 마찬가지입니다. 그렇습니다. 어려움과 힘겨움과 '상승'의 시기뿐만 아니라 '침잠'의 시기에도 연속성이 있었다는 사실을 분명히 이야기해야 합니다. 그러한 연속성도 있다는 것을 우리가 경험했음을 기억해야 합니다!

우리는 로마서 12장 9절부터 13절을 자주 읽어야 했습니다.

"사랑에는 거짓이 없나니 악을 미워하고 선에 속하라 형제를 사랑하여 서로 우애하고 존경하기를 서로 먼저 하며 부지런하여 게으르지 말고 열심을 품고 주를 섬기라 소망 중에 즐거워하며 환난 중에 참으며 기도에 항상 힘쓰며 성도들의 쓸 것을 공급하며 손 대접하기를 힘쓰라."

라브리는 한 번도 상아탑이었던 적이 없으며, 그것은 지금도 마찬가지입니다. 라브리 자체가 우리들의 삶입니다. 우리 중 어떤 사람들은 그것을 어항이라고 생각했습니다. '인생의 기본적인 질문에 대한 대답'을 구하며 세계 곳곳에서 찾아오는 사람들과 함께 사는 삶을 말하는 것이지요. 그들이 대답을 찾았을까요? 예, 그렇습니다. 그러나 완벽한 삶을 사는 완벽한 사람들이 앉아서 "이렇게 하라"고 말해 주어서가 아닙니다.

날마다 우리 안에 있는 연약함과 흠이 드러납니다. 그러나 진리의 진리
됨과 그것을 계속해서 알리기 위해서 많은 것을 희생할 가치가 있다는 것
의 실재, 그 실재도 마찬가지로 드러납니다. 다른 사람들을 섬길 때 실재
가 드러납니다. 질문에 대한 '대답'도 주어야 하지만, 다른 사람을 먼저 배
려하기 위해서 특정한 계획과 기대들을 포기하기도 해야 합니다. 먼지투
성이 길을 걸어 올라온 사람에게 '발 씻을' 따뜻한 물을 주는 것도 중요
하지만, 하루하루 진행되는 역사의 급격한 변화에 보조를 맞추고, 사상
의 영역에서 심각해지고 있는 '오염'에 대해서 경고할 준비를 하는 것도
그만큼 중요합니다. 글을 쓰거나 강의 준비를 위해 밤을 새고, 영화를 만
드는 동안 새벽 3시에 일어나고, 강의를 하기 위해서 시차가 생기는 먼 거
리의 여행도 하고, 독감에 걸려서 고열에 시달리는 것도 우리 일의 일부
였습니다.

여러 나라에서 있었던 강의나 수양회에서, 또한 영화 제작을 통해서 고
리타분한 이슈들에 대해 강경한 입장을 취한 것도 각 지부들이 미쳤던 영
향력의 핵심이었습니다. 물론 성과가 있었습니다. 그러나 그 성과들은 금
방 알 수 없는 성과, 전에는 잡초가 무성하던 곳에 그 누구도 눈치채지 못
하게 조용히 자라고 있는 '정원'과 같은 성과일 때가 많았습니다.

다시 네덜란드로 돌아가 봅시다. 네덜란드 라브리의 우트레트 집에 앉아
서 수양회 강의를 준비하며 변함없이 아름다운 경치를 내다보다가, 나는

헤임스테더(Heemsteade)에 있는 반 에근 씨네 300년 된 농가에서 며칠간 머물게 되어 무척 신이 났던 일이 생각났습니다. 나는 역사의 흐름 속에서, 같은 땅을 밟았던 여러 세대의 사람처럼 같은 나무 그네를 타며 잠시 지냈다는 사실에 가슴이 벅찼습니다.

그러나 그곳은 연속성을 가지고 이어질 일들 중에서 하나를 발견한 곳이기도 했습니다. 그러한 일은 우리가 하는 모든 일을 가치 있는 것으로 만들어 주며, 우리 모두가 계속해 나갈 수 있도록 격려를 해 줍니다. 반 에근 씨의 아들과 며느리가 한국에서 돌아온 것은 깜짝 놀랄 일이었습니다.

이 부부는 스위스 라브리나 다른 지부와는 먼 한국에서 성공적인 사업을 하며 몇 년을 살았습니다. 그러나 그들은 이미 서울에서 라브리 수양회가 두 번 열렸었고, 네덜란드 라브리의 빔 리트께르크와 그레탐 라브리의 래널드 매콜리, 스위스 라브리의 엘리스 포터가 그 수양회의 강사였다는 사실도 모르고 있었습니다. 그럼에도 그들이 나를 간절히 만나고 싶어 했던 이유는 그들이 책을 보았기 때문이었습니다. 그들은 한국에서 《라브리》, 《거기 계신 하나님》 등의 책을 읽었던 것입니다. 그들은 다른 곳으로 사업차 가던 중에 잠시 네덜란드에 들른 것이었기 때문에 수양회에 참석할 시간은 없었지만, 내가 한국에 심겨진 '씨앗들'을 볼 시간은 충분했습니다. 그 씨앗은 1955년 2월에 스위스에서 일어났던 일과 연속성을 가지는 것이었습니다.

헬리콥터를 타고 우리가 전에는 보지 못했던 '정원'에서 '심음과 거둠'이 계속되는 것을 살펴보면서 이제는 잠시 시간과 공간을 날아 라브리 멤버 미팅에 참석한 멤버들의 보고 몇 가지를 좀 들어 봅시다.

지난 해에 뇌졸중으로 쓰러진 앙키 로크마커는 팔과 손의 부분적인 마비라는 장애를 안고 있지만, 자신이 시작한 일—인도, 우간다 그리고 케냐의 '한 아이 구하기' 고아원—의 많은 부분을 계속해서 감당하고 있습니다. 앙키는 자신의 아들 키스가 우간다에서 그 일을 계속하고 있다는 보고와 함께 고무적인 일뿐만 아니라 힘겨운 일도 보고하고 있습니다. 낸시 스나이더는 앙키가 뇌졸중으로 쓰러지기 몇 개월 전에 앙키와 함께 인도로 가서 3개월을 지냈는데, 그곳에서 성장하고 있는 어린이 사역을 생생하게 묘사해 주었습니다.

앙키는 남편 한스 로크마커와 함께 네덜란드 라브리를 시작하고 자기 집에서 첫 토론 그룹을 시작하는 일 외에도 인도와 아프리카의 육체적으로 그리고 영적으로 굶주리고 있는 아이들을 위해 '씨를 심기' 시작했습니다. 앙키는 흔들림이 심하고 실내가 무더운 버스와 기차를 직접 타고 다녔고, 풍토병의 위험을 무릅쓰고 원주민의 집과 같은 열악한 시설에서 묵었습니다. 네덜란드에 있는 안전한 사무실의 일이 결코 아니었습니다.

제람 바즈도 있습니다. 그는 맨체스터 대학의 교수로부터 처음 복음을 듣고, 마르크스주의에서 벗어나 그리스도를 믿게 되었습니다. 이 교수는 쉐퍼와 많은 것을 토론했고, 그의 강의와 토론 테이프를 가지고 있었습니다. 제람은 1960년대에 스위스 라브리로 와서 비키를 만나 결혼을 했고, 두 사람은 여러 해 동안 그레탐 라브리에서 간사와 멤버로 일했습니다(제람과 래널드는 같이 일하는 동안 《인간, 하나님의 형상》이라는 책을 썼습니다).

사상의 연속성은 정말 놀랍습니다. 제람은 현재 커버넌트 신학교 소속으로 되어 있는 프랜시스 쉐퍼 연구소 소장을 맡고 있으니 말입니다. 라브리 멤버 미팅에서 제람이 열성적으로 말하는 것을 들어 보면, 라브리 지부 중 하나에서 인생이 변화되었거나 책을 읽고 변화를 받아서 커버넌트 신학교에 응시하는 학생들에 대해서 이야기하고 있습니다.

어쩌면 여러분도 책과 수양회를 통해서, 라브리 지부들을 통해서, 그리고 그곳에 왔다가 자기 대학으로 또는 사업장으로 또는 오케스트라로 돌아가서 친구들과 토론을 한 사람들을 통해서 심겨진 '씨앗'일지도 모릅니다. 제람은 신학교에 오는 학생들의 숫자가 늘어난 것뿐만 아니라, 저녁 강의와 성경 공부에 참석하는 세인트루이스 사람들의 숫자를 통해서도 그들의 관심이 커진 것을 보며 놀라움을 감추지 못했습니다.

나는 프랜과 내가 1948년에 스위스로 떠나는 문제를 놓고 괴로워하며 고민했던 바로 그 도시에서 일어나는 일을 보며 감탄했습니다. 그곳 사람들의 인생에서도 매우 실제적인 성과의 연속성이 있음이 분명합니다. 그러나 우리가 '세인트루이스에 도움이 되기 위해서' 그냥 남아 있었더라면 그러한 연속성은 없었을 것입니다.

여러분이, 아니면 우리 중 누구라도 오히려 다른 지역으로 떠남으로써 자신에게 특별한 의미가 있는 지역을 위해서 더 많은 일을 할 수 있는 것이 가능합니다. 그렇습니다. 만약에 하나님께서 '씨앗을 심으라고' 당신을, 우리를 그곳으로 데리고 가신다면 가능합니다. 하지만 하나님께서 우리를 분명하게 인도하고 계신데도 우리가 가기를 거절한다면 그 '씨앗'은 결코 맺지 못할 '낟알'에 그칠 것입니다. 이것은 인간의 전략으로는 얻을 수 없는 것입니다.

위트레흐트(Utrecht)의 라브리 수양회(1991년 4월)에는 다양한 연령대, 다양한 직업(정부 관리, 변호사, 의사, 예술가, 학생), 그리고 다양한 나라의 사람들로 가득했습니다. 한 가지 예를 들자면, 프랜과 내가 50년대에 로크마커 교수의 집을 방문해 참석했던 토론 그룹의 사람들이 나를 찾아와서 "저를 기억하세요?"라고 물었습니다. 라브리 강사들도 각각 개인적인 대화를 나누면서 놀라운 사실들을 발견했습니다. 수년 동안 뿌리가 자라온 결과들, 미처 몰랐던 '수확'들은 우리를 격려해서 사람들을 위해서 계속 기도하고 이 일을 지속하게 합니다.

기도 응답은 컴퓨터 출력 정보에서 나오는 것이 아닙니다. 어떤 씨앗은 싹이 트는 데 좀더 오랜 시간이 걸리고, 자라는 시간도 더딜 수 있습니다. 어떤 것은 30배이고, 어떤 것은 100배인 수확으로 인해 천국에서는 그 사건들을 추적해 가느라 시간 가는 줄 모를 거라고 생각됩니다.

이 수양회 다음 날 나는 제니퍼 밍크가 운전하는 차를 타고 벨기에의 브뤼셀로 갔습니다. 원래는 여성들의 오찬 모임에서 강의를 할 예정이었는데, 가 보니 남녀 구분 없이 교회를 가득 채우고 있었습니다. 너무나 많은 사람이 참석하고 싶어 했기 때문입니다. 얼마나 많이 모였냐고요? 그것은 중요하지 않습니다. 신나는 일은 강의가 끝나고 사람들이 내 앞으로 몰려들었을 때 그 청중 가운데 있는 놀라운 '씨앗의 결과'를 발견한 사실이었습니다.

나는 진리에 대해 이야기를 하면서, 프랜이 굉장히 자주 했던 말을 인용했습니다.

"기독교인이 되는 이유는 단 한 가지입니다. 두 가지가 아닙니다! 그것은 바로 기독교가 진리이기 때문입니다. 나는 종교적인 진리에 대해서 말하는 것이 아닙니다. 우주와 그 형태의 본질을 말해 주는 진리, 인간은 누구인지를 말해 주는 진리를 말하는 것입니다."

그날 나는 이 우주가 우연히 형성된 것이 아니라 창조되었다는 것과 인간이 창조주의 형상으로, 수만 가지 생각을 가진 정신과 지성을 소유한 존재로 창조되었다고 하는 신비에 대해서 이야기했습니다. 또한 이 정신으로 사람은 그렇게 많은 분야에서 선택을 하고 창조를 하는 것이며, 추상적인 것들에 대해서 언어로 의사소통을 할 수 있고, 다른 인간들뿐만 아니라 하나님을 사랑할 수 있다고 강조했습니다.

내게 인사를 하러 온 사람들에게서 발견한 예상치 못했던 '정원'을 다 이야기하려면 나머지 장(章)이 다 필요할 겁니다. 그중에는 에티오피아의 공주도 있었습니다. 아름답고 기품이 있는 그 부인은 《생활 속에 숨어 있는 예술》과 《가정이란 무엇인가?》라는 책이 브뤼셀에서 자녀를 양육하는 데 도움이 되었다고 나에게 감사했습니다. 또한 프랜의 사상이 자신의 대학 시절에 얼마나 많은 도움이 되었는지도 이야기해 주었습니다.

작가(제니퍼 밍크 등), 건축가, 변호사들이 내게 와서 자신의 인생이 어떻게 변했는지 이야기해 주었습니다. 그중에 옷을 아주 잘 차려 입은 사업가 한 사람이 나와 이야기를 하려고 왼쪽으로 약간 비켜서서 끈기 있게 조용히 기다렸습니다. 나는 그 사람을 전혀 알아보지 못했습니다. 그런데 그의 이야기를 듣고는 깜짝 놀랐습니다.

"약 25년 전에 저는 라브리의 샬레 장시아나(Chalet Gentiana)에 데비와 우도랑 같이 있었습니다. 저는 하나님이 존재하신다는 것을 전혀 믿지 않았고, 매우 우울해졌습니다. 그 샬레에 누를 끼치지 않으려고 마을 술집에 가서 술을 한 병 사고 죽을 생각으로 약 한 통을 다 삼켜 버렸지요. 그 술집 탁자에서 의식을 잃고 있는 저를 발견한 사람은 청년 프랭키 쉐퍼와 오스 기니스였고, 그들이 저를 차에 태우고 에글르 병원까지 가서 장세척을 시켜 주었습니다. 치료가 끝나고 저는 다시 샬레로 보내졌지요."

그는 강렬한 빛의 갈색 눈으로 내 눈을 뚫어지게 쳐다보며 강한 어조로 말했습니다.

"제가 말씀드리고 싶은 것은, 오늘 당신이 기독교가 진리라고 강조한 그 내용을 제가 25년 전에 라브리에서 배우지 않았더라면, 저는 오늘날 살아 있지 못했을 거라는 점입니다. 제가 만약 기독교를 그저 저를 행복하게 해 주는 것이나 더 나은 삶을 주는 것 등으로 배웠다면 저는 다시 자살을 시도했을 겁니다. 그런 가르침은 제 질문에 답이 되지 않았을 것이고, 제가 계속해서 살아갈 견고한 기반도 되지 못했을 겁니다. 제가 오늘날 살아 있는 것은 참된 진리가 있으며, 성경이 가르치는 바가 정말로 진리라는 것을 라브리가 가르쳐 주었기 때문이라고 말씀드리고 싶습니다. 정말 감사합니다."

25년 전에 스위스 샬레에서 씨앗 하나가 심겨졌습니다. 누가 심었을까요? 누가 잡초를 뽑고 물을 주었을까요? 이곳 벨기에에서 이러한 정원이 자라고 있다는 사실이 음식을 준비했건, 병원으로 운전을 해서 갔건, 늦게까지 자지 않고 질문에 대답을 했건, 같이 잡초를 뽑으면서 땅바닥에 쭈그리고 앉아서 대화를 나누었건 신실하게 씨앗을 심는 데 참여했던 그 당시 모든 사람에게 격려가 되었을까요?

그렇지 않습니다. 그 결과는 감추어져 있었습니다. '비밀의 정원'이 감추어져 있는 것처럼 감추어져 있다가 나중에 알게 된 것입니다. 참으로 여러 번 강조해야 할 것은 라브리의 여섯 개 지부를 방문하고, 다양한 장소에서 열리는 수양회나 세미나에 참석하고, 책을 읽고, 영화를 보고, 편지를 받고, 몇몇 사람을 모아서 같이 토론을 하더라도, 좀더 넓은 영역에서 어떤 일이 일어나고 있는지 알려지지 않고 발견되지 않은 추수에서 어떤 일이 일어나고 있는지 전혀 모를 수 있다는 것입니다.

그날 저녁 멤피스에서 온 선교사와 그 아내가 사는 집으로 돌아간 나는 그곳에서 내가 몰랐던 결실을 또 한 가지 발견했습니다. 이 선교사 부부는 브뤼셀에 온 지 7년이 넘었고 그동안에 본부 사역을 하면서 8개국에 성경학교 건물을 설계했습니다. 그 부부는 자주 읽은 흔적이 명백한 프랜의 책과 내 책 전부를 가지고 와서 사인을 해 달라고 했습니다. 우리는 전혀 몰랐지만, 우리가 가르친 그 사상들은 이 두 부부와 그 자녀들의 인생에 큰 영향을 미쳤던 것입니다.

지난 세월 동안 라브리의 영향을 받은 사람들을 전부 다 나열해 본다면, 그 목록에 있는 대다수의 사람은 다른 선교단체에서 일하는 기독교인 사역자들이거나, 라브리의 여러 지부 중 하나에 도움을 구하러 왔거나, 수양회에 참석했거나, 책을 읽고 나서 또 다른 이들에게 영화를 보여 주고, 그 공부 과정들을 가르치는 사람들일 것입니다. 이러한 방식으로 가르치고 있는 곳이 얼마나 많은지는 결코 알 길이 없습니다.

가장 놀라웠던 순간은 스코틀랜드에서 있었습니다. 의사와 변호사, 음악가와 화가, 교수와 학생들이 비좁은 거실에 끼어 앉아 내 강의를 듣고 질문과 답변의 시간을 가졌던 저녁에 있었던 일입니다. 가나 공군 장교로 에딘버러 병원에서 레지던트를 하고 있고 키가 크고 피부색이 짙은 가나인 의사가 자기는 쉐퍼의 《거기 계신 하나님》과 《이성에서의 도피》를 읽고 기독교인이 되었다고 했습니다. 마찬가지로 의사인 그의 아내가 5개월 된 아기를 안고 앉아 있던 바닥에서 나를 올려다보더니 매혹적인 미소를 지으며 이렇게 말했습니다.

《가정이란 무엇인가?》라는 책을 써 주셔서 감사합니다. 제 질문에 대한 대답은 가나에 있는 대학에서 〈그러면 우리는 어떻게 살 것인가?〉라는 영화를 보고 그 책을 공부하면서 얻었어요. 사실 저는 그때 기독교가 진리라는 것을 믿게 되었어요."

어떤 침례교 선교사들이 가나에 있는 그 대학에 그 영화를 가지고 갔던 것입니다. 누가 씨앗을 심었을까요? 로마 제국의 멸망에서부터 현대에 이르기까지 철학, 미술, 음악, 법, 정부, 신학에 걸쳐서 서양 문명의 발흥을 다루는 영화를 만들자고 처음 제안한 프랭키였을까요? 그 책을 쓰고 영화의 내레이션을 한 프랜이었을까요? 그 대학을 처음 설립한 사람들일까요? 그 영화를 사서 가나로 가지고 간 사람들일까요? 에든버러의 뉴 칼리지 신학교에서 내가 강의를 하도록 주선한 사람들일까요? 무엇이 이 부부에게 자기 집에서 그날 저녁 모임을 가질 마음이 들게 했을까요?

사람들이 차례로 자신이 라브리에서 영향을 받았다고 하면서 수년간의 시간을 아우르는 사건들을 이야기해 주지 않았다면 내가 어떻게 그 놀라운 사건들을 그렇게 많이 발견할 수 있었겠습니까? 그것은 마치 믿을 수 없는, 과장된 대본을 가진 연극 같았습니다. 그러나 대본을 쓴 사람은 아무도 없었으며, '나타난 이야기'들은 계획에는 없었던 연속성의 증거였습니다. 오직 하나님만이 당신의 역사 속에서 일으킬 수 있는 그런 연속성이었으며, 내가《태피스트리》라는 책에서 쓰려고 했던 그런 연속성이었습니다.

나는 내가 왜 그때 스코틀랜드로 와 달라고 하는 초대에 응했는지 궁금

했습니다. 대서양을 건너온 지 얼마 되지도 않았고 시차로 고생하고 있었는데도 말입니다. 심각한 토론이 새벽 4시까지 이어졌던 그날 저녁, 무신론자인 한 여성 변호사가 우리 책들을 읽어 보고 싶다고 했습니다. 그때 나는 하나님께서 우리의 약함 가운데서 당신의 강함을 어떻게 드러내시는지를 보여 주기 위해서, 그리고 사람들의 열의에 찬 질문에 얼마라도 대답해 주기 위해서 내가 이곳에 왔다는 사실을 다시 한 번 확인했습니다.

하나님은 매우 자비하셔서 우리가 계속해서 성장하도록 도와주시고, 하나님이 어떻게 일하시는지 더 많이 가르쳐 주시고, 하나님 자신과 더 친밀해지게 해 주시고, 실재의 새로운 면들을 더 많이 보게 해 주십니다. 나는 그러한 일들을 경험할 때 무척 신이 납니다. 그러나 그 일들은 깔끔하게 마무리되는 '9시부터 5시까지'의 시간대에 일어나지 않습니다. 우리의 에너지가 넘치고, 잠도 충분히 잤고, 운동도 충분히 했고, 균형 잡힌 식사도 했을 때 일어나지 않습니다.

그렇다고 해서 운동과 제대로 된 음식과 수면과 균형 잡힌 스케줄이 중요하지 않다는 것이 아닙니다. 그러나 우리는 하나님이 개입하실 때 그것을 알아차려야 하며, 하나님께서 우리에게 하라고 주시는 일을 해야 합니다. 우리는 노동조합원이 아닙니다.

소수의 사람을 데리고, 변변찮은 무기로 치렀던 기드온의 전쟁은 결코 편하고 쉬운 일이 아니었을 것입니다. 바울이 겪은 파선과 매와 투옥과 돌로 맞음과 식량과 수면 부족이 전부 미리 계획된 스케줄에 나열되어 있는 것도 아니었습니다. 하나님의 일을 보고 그것에 참여하는 흥분에는 고통과 박해와 여러 가지 고난이 따라오는 경우가 많습니다.

여러분이 책 몇 페이지를 넘겨서 '다음'에는 어떤 일이 일어났는지, 지난 23년간 어떤 일이 일어났는지를 알려면, 고통과 두려움과 불확실함과 충격과 끊임없는 기다림을 이해하고 느끼는 데에 그 23년의 시간이 걸린다는 사실을 기억해야만 합니다. 모든 인내를 파괴하려고 위협하는 시간들, 서서히 조급하게 만드는 그 시간들을 겪어야 '인내를 가지고' 기다렸다고 말할 수 있습니다. 압축된 몇 페이지로 세월을 스쳐 지나가면 잘못된 인상을 심어 줄 수도 있습니다. 그 세월의 한 해 한 해는 분명 하루 24시간 365일의 연속이었습니다.

상상의 헬리콥터를 타고 시간과 공간을 날아다니는 이 여행은 내가 비엔나와 브라티슬라바(Bratislava) 근처 어느 곳에서 열흘간 머물렀을 때 더 생생해졌습니다. 이 일은 어떻게 해서 일어났을까요? 아내와 함께 미네아폴리스에 사는 작가 허브 슐로쓰버그는 필드스테드 연구소에서 일하고 있습니다. 그는 중앙 유럽 선교 단체의 마쉬 모일과 크리스토프 스튜러 박사 그리고 오스트리아와 체코슬로바키아의 몇몇 사람들과 함께 오랜 세월 동안 성경을 소유하지도 못하고 자녀들에게 하나님에 대해서 이야기할 수도 없는 억압의 시대를 살아온 기독교인들을 위해서 일주일간 세미나를 열려고 모였습니다.

이 믿음의 사람들은 놀랍게 그 시절을 이겨 낸 튼튼한 '나무들'이었고,

그 뿌리는 분명 '보이지 않는 강가에 심겨져' 있었을 것입니다. 그들의 '잎'은 가뭄 동안에도 '푸른 빛'을 잃지 않았습니다. 66명의 사람—그들 중 일부는 현재 기독교 지도자로서 청년들을 위해서 일하고 있습니다—모두는 그 세월 동안 한밤중에 비밀 장소에서 아주 소수의 사람끼리만 만날 수 있었습니다. 그들은 루마니아, 폴란드, 체코슬로바키아, 오스트리아, 유고슬라비아 그리고 헝가리에서 온 사람들이었습니다.

'다음에는 무엇이 오는가?'라는 제목의 토론에서 한 남자가 우리 모두에게 물었습니다.

"이 새로운 자유를 가지고 어떻게 살아가야 합니까? 저는 지난 40년 동안 제가 할 수 있는 일과 할 수 없는 일을 분명하게 지시받으며 살아왔습니다. 저는 기술자입니다. 제가 그것을 선택해서가 아니라, 대학에서 공학을 공부하지 않으면 아예 공부를 할 수 없었기 때문입니다. 교육받을 수 있는 유일한 기회였지요. 이제는 제게 선택의 자유가 있습니다. 하지만 40년 동안 공산주의 치하에서 살아온 지금 저는 무엇을 해야 할지 모르겠습니다."

그러더니 그는 씁쓸하게 웃으며 자신의 말을 정정했습니다.

"참, 제가 지금 서른여섯 살이니까, 40년 내내 그렇게 산 것은 아니군요!"

그렇습니다. 그들의 큰 질문은 '어떻게 자유를 사용해서 하나님을 섬기기로 선택하느냐, 또한 모든 면에서 규제를 받다가 이제는 어떻게 모든 생활에서 일어날 선택의 문제를 해결해야 하느냐, 서구의 거짓된 종교적 가르침들이 이 동구권 국가들로 홍수처럼 쏟아지는 마당에 어떻게 그것을 분

별하느냐'였습니다.

모이는 장소는 최근까지만 해도 공산당의 엘리트들이 드나들던 호텔의 안뜰이었습니다. 커다란 파라솔이 펼쳐진 탁자들이 자갈밭 곳곳에 있었고, 사람들은 앉아서 이야기를 하며 콜라나 커피나 물을 마시고 있었습니다. 우리는 오스트리아의 국경(이제는 무시무시한 철조망이나 감시견 대신에 순진한 곡물 밭만 있습니다)을 차로 넘어서 이제 막 도착했습니다. 어떻게 이 온화한 아름다움이 그렇게 오랫동안 철의 장막으로 봉쇄되어 있었을까요?

나는 나의 오랜 동반자인 파란색 여행용 가방을 끌고 가면서 낯선 곳을 방문하는 조심스런 불안을 느꼈습니다. 그때 갑자기 짙은 색 수염에 짙고 숱이 많은 곱슬머리를 한 키가 큰 남자가, 원피스에 머릿수건을 쓴 작고 여윈 아내와 함께 내 앞으로 다가왔습니다. 그 부인은 나를 끌어안았으며, 그 남편은 몸을 굽혀 고전적인 우아함으로 내 손에 입을 맞추었습니다. 그들은 흥분해서 말했습니다.

"당신을 보게 되어서, 만나게 되어서 정말 기뻐요. 저희는 당신이랑 당신 가족이랑 라브리 사람들에 대해서 전부 다 알고 있어요. 《태피스트리》, 《라브리 이야기》, 《가정이란 무엇인가?》 등 당신의 책을 전부 다 읽었거든요. 그 길고 힘든 세월 동안 당신은 우리 모두에게 도움을 주었어요. 감사합니다, 감사합니다."

나는 너무 놀란 나머지 어지럽기까지 했습니다. 이들은 루마니아 사람들이었습니다. 이들이 어떻게 나를 알며, 어떻게 그 책의 내용들을 그렇게 속속들이 다 이해하고 있었을까요?

마리우스와 일레나 라두 부부는 로디카와 함께 루마니아의 티미쇼아라 출신입니다. 물을 마시려고 앉아서 이야기를 들어 보니, 마리우스는 집시의 후손이었고 그의 어머니는 고고학자이며 아버지는 음악가였습니다. 마리우스는 티미쇼아라 교향악단의 제일 베이스 주자였고, 자기 자신의 재즈 밴드도 있었습니다. 그 교향악단이 서구로 연주 여행을 가면 그는 책을 사 가지고 올 수 있었고, 한번은 아내 일레나에게 결혼 기념 선물로 주려고 프랜시스 쉐퍼 전집을 사 온 것입니다.

그 아내도 대단한 독서가였습니다. 열두 살도 안 된 어린 자녀가 다섯이나 되고(그중 한 아이는 지금 하늘나라에 있습니다), 당의 명령에 따라 병원에서 힘들게 일해야 하는 의사였지만 말입니다. 그녀는 녹초가 되어서 침대 위에 쓰러져도 책을 놓지 않았다고 했습니다.

"《태피스트리》,《라브리 이야기》,《생활 속에 숨어 있는 예술》그리고《가정이란 무엇인가?》를 읽으면서 당신과 같이 시간을 보냈어요. 그리고 아이들을 위해서 집에다가 창조적인 것들을 해 보려고 했지요. 식탁 중앙에 장식물을 놓아서 아이들에게 아름다움을 느끼게 해 주려고도 했어요."

마리우스는 오페라 공연에서 쓰고 버리는 의상들을 주워 가지고 와서 아이들이 그 옷을 입고 연극을 하게 해 주었습니다. 마리우스는 무려 5천 권의 책을 읽었고, 프랜의 가르침을 아주 잘 소화했습니다. 당의 지도와 가르침이라는 높은 장벽에 갇혀서, 감시를 당하는 두려움을 끊임없이 안고 살았던 이 사람들은 말하자면 내가 그 헬리콥터 밖을 내다보는 중에 목격한 싱싱한 푸른 잎과 여러 과일과 포도덩굴과 포도송이들입니다. 내게는 그것이 '거짓 사상의 높은 벽'도 막지 못했던 '흩어진 씨앗'의 증거이며, 하나님께서 광야에 식탁을 마련하실 수 있다는 증거였습니다.

하나님은 이 '비밀의 정원들'을 보호하시는 당신 나름의 방법을 가지고 계십니다. 이 정원들은 중국, 말레이시아, 러시아, 아프리카의 분쟁 지역, 바다의 섬들, 네팔, 인도 그리고 오염된 사상과 진리가 존재하지 않는다는 가르침과 진리라고 포장된 유해한 거짓말들이 어떠한 진리의 씨앗도 '좋은 땅'을 찾지 못하게 방해하는 서구의 불모지에서 가꿔지고 있습니다.

그 주간에 제람 바즈는 신학 강의를 했는데, 추상적이고 이론적인 강의가 아니라 어떻게 하면 우리가 믿는다고 선포하는 것의 기초 위에서 하루하루를 살아갈 수 있는지에 대한 매우 실제적인 강의였습니다. 우리가 믿는 그것이 새롭게 해방된 나라에서 얼마간의 자유를 누리며 사는 그리스도인 모두의 일상 생활에 도대체 어떻게 적용되어야 하는가는 나와 여러분에게도 매일 해당되는 문제입니다. 도움이 필요한 사람들을 돌보는 일은 '고상하지' 않을 때가 많습니다. 때로는 잠이 모자라고, 때로는 더러운 발을 씻어 주어야 하고, 때로는 길이 미끄러운 겨울밤에 수프 한 그릇을 가져다 주어야 합니다.

다른 강사들도 있었습니다. 나와 함께 허브 슐로쓰버그, 찰리 댁스턴(과학자), 데니스 해크, 찰리 콜체스터(영국 케어 트러스트 회장), 인도에서 온 비샬

망갈와디가 있었습니다. 이번에도 마찬가지로 강사마다 일어나서 강의를 시작하기 전에 프랜시스 쉐퍼의 가르침이 어떻게 자신의 생애를 바꾸어 놓았는지, 어떻게 자신에게 영향을 미쳤는지 이야기하는 것을 들으며 나는 무척 놀랐습니다. 그들은 직접 라브리에 와서, 또는 《거기 계신 하나님》을 읽거나 쉐퍼가 자기 영화를 가지고 강의를 하는 수양회나 세미나에서 쉐퍼의 가르침을 접했다고 했습니다.

누구라도 그것이 체코슬로바키아에서 하는 라브리 수양회로 이미 계획이 되었고, 강사들은 라브리의 관점을 공유하기 때문에 선별되었다고 생각하겠지만, 사실은 전혀 그렇지 않습니다. 이 강사 한 사람 한 사람은 예상치 못했던 정원의 모습, 전혀 예상치 못했던 곳에 심겨진 씨앗이 풍성한 나무의 모습들을 보여 주었습니다. 다시 말해서 각 강사들은 하나님께서 지난 1955년에 산 중턱에 있는 땅 속에 '씨앗'을 심으신 '결과'였습니다. 그 씨앗은 그곳에 뿌리를 내렸고, 증식해서 여러 곳에 씨앗을 흩뿌렸습니다.

예를 들어 찰리 댁스턴은 쉐퍼에게 "이제는 지적인 질문에 대답이 있다는 확신을 가지게 되었고, 하나님이 정말로 존재하신다는 것을 알게 되었으며, 그리스도를 구세주로 영접했다"고 말했던 것을 제게 이야기해 주었습니다. 그는 쉐퍼에게 자신이 과학을 그만두고 신학을 해야 하는지 물었을 때, 쉐퍼가 침대 발치에 있던 작은 탁자를 주먹으로 내려치면서 강하게 반대했던 것도 이야기해 주었습니다.

"그러면 안 됩니다. 우리는 성경을 제대로 이해하고 있는 과학자들이 필요합니다. 가서 지금 하고 있는 박사 과정을 마치고 계속해서 과학계에 남아 있도록 하세요."

찰리는 《생명 기원의 신비》라고 하는 책을 공저했고, 현재 아내와 함께 루마니아로 돌아가서 크라이오바(Craiova)에 있는 생물수학 대학에서 가르치고 있습니다.

사람들이 하나씩 찾아와서 우리가 쓴 책을 통해서 자신이 하고 있는 그림이나 조각, 작곡, 저술 활동 등을 계속하라는 격려를 받았던 이야기를 들은 그 한 주간은 놀라운 일들의 발견으로 가득했습니다. 루마니아에 있는 로디카와 그의 남편은 자기 아파트와 옆 아파트 사이에 있는 (쓰레기만 잔뜩 쌓여 있던) 좁은 땅에 덤불나무와 꽃을 심고 조경을 하도록 허락을 받았습니다. 그는 조각품을 만들고 그 사이에 아름다운 오솔길을 만들어서 칙칙한 곳에 소박한 공원을 꾸며 놓았습니다. 그 공원은 자물쇠로 잠가 두어야 했지만, 사람들이 와서 벨을 누르면 그들의 안내를 받아서 들어올 수 있었습니다.

브라티슬라바에서 온 세 명의 음악가들은 라디오와 카페에서 재즈 즉흥곡을 연주합니다. 연주 곡목은 쉐퍼의 《그러면 우리는 어떻게 살 것인가?》라는 책의 영향을 받아 만든 '침묵'이라는 곡입니다. 자기 악기를 들고 바닥에 앉아서 3분간 침묵하는 것입니다. 그러고 나서 존 케이지의 철학을 설명하고, 그 철학을 그것의 대안 철학과 대조시킵니다. 즉 우주는 공허한 것도 아니고 의미가 없는 것도 아니며, 거기 계신 하나님이 창조하셨고 그분은 침묵하시지 않는다는 철학입니다. 그들은 세상의 방송을 통해서, 그리고 카페의 라이브 연주를 통해서 진리를 알리고 있습니다. 그리고 토론 모임도 시작했습니다.

그 주가 끝나고 난 후에 아주 멋진 식사 대접을 받았습니다. 우리는 버스를 타고 온천으로 갔는데, 그곳은 여러 해 전부터 사람들이 다양한 질병을 치료하기 위해서 '물을 길러' 오는 곳이었습니다. 그곳에는 상당히 품위 있는 식당들이 있었습니다. 하워드 아문슨이 오랫동안 좋은 음식을 먹어 보지 못했기 때문에 잔뜩 기대하고 있는 사람들에게 식사를 대접했습니다. 그날 저녁 강의는 내가 하기로 되어 있었는데, 식사를 하는 도중에 내 옆에 앉아 있던 사람이 나를 향해 몸을 기울이며 물었습니다.

"머스를 기억하세요?"

"말레이시아에서 온 머스를 어떻게 잊을 수 있겠어요."

내가 대답했습니다.

"머스가 왔다 간 후에 누가 왔지요?"

"그 후에 모크가 왔지요. 그 사람들을 어떻게 아세요?"

나는 무척 놀라서 물었습니다. 그 말을 들은 이 영국인 오엠 선교회 간사는 이렇게 말했습니다.

"제 여동생이 모크와 결혼했어요."

그날 밤에 나는 라브리 이야기를 해 달라는 요청을 받았으나 그 이야기를 45분 만에 하는 것은 불가능한 일이었기 때문에 내 옆에 앉았던 사람과 그의 질문을 가지고 이야기를 시작했습니다. 머스가 진리를 찾아다니던 이야기를 풀어놓았지요. 고무나무를 재배하던 일부터 시작해서, 고등학교 팝 밴드를 떠나 극동의 여러 나라를 여행하며 위험한 길을 다니고 험악한 일을 겪었던 것과, 마지막에는 스위스의 바젤까지 와서 어느 길모퉁이에서 위에모를 안내받은 일들을 이야기했습니다. 그로부터 1년 후, 오랜 시간의 질문과 가르침과 이해와 씨름 끝에 드디어 하나님께 굴복했고 다른 친구들도 이곳에 오게 해 달라고 기도했습니다.

내게는 참으로 감동적인 이야기였습니다. 머스가 나중에 라브리 '기도의 날'에 예배당에서 기도를 했지만 나는 참 믿음이 없었습니다. 머스의 친구가 온다는 것은 정말 불가능한 일처럼 보였거든요. 그러나 그로부터 4주 후, 머스의 팝 밴드에서 연주를 했던 세 명의 말레이시아 남학생들이 이탈리아 로마의 거리를 다니면서 사람들에게 "멜레즈 팝 밴드를 아세요?"라고 물었습니다. 그들은 샬레 레 멜레즈가 머스가 새로 가입한 팝 밴드인 줄 알았던 것입니다. 마침내 그들은 동양인을 만나게 되었고, 그에게 달려가 다시 한 번 물어 보았습니다.

"아, 예, 압니다. 지금 막 거기서 오는 길이에요"라고 킴이 대답했습니다. 그는 기독교인이 된 한국 공군 파일럿이었습니다. 킴은 이들이 라브리로 가기를 원한다고 생각했고, 그래서 그들에게 샬레로 가는 길을 일러 주었습니다. 그렇게 해서 모크와 다른 두 친구가 샬레 문 앞에 도착하게 된 것입니다.

킴은 훨씬 후에 라브리 간사가 되었고, 스위스에서 간사로 일하다가 영국에서도 간사로 일했던 신시아와 결혼을 했습니다. 햄셔의 그레탐 라브리가 시작되었을 때, 킴과 신시아는 래널드와 수잔 매콜리를 도와서 일부는 17세기에 건축되었고 일부는 18세기에 건축된, 파손이 심한 그 낡은 저택을 좀 살 만하게 고치는 무척 고된 일을 했습니다. 물론 고치기 전부터 사람들은 그곳에서 살기 시작했고, 초기에 왔던 학생들은 옷을 잔뜩 입고 있어야 추위를 면할 수 있었습니다

그렇습니다. 어떤 사람들에 대해서 이야기하건, 프랜시스 쉐퍼가 늘 말하던 '더 넓은 라브리' 덕분에 지난 세월 동안 지속되어 온 일의 모습을 제대로 보여 주는 깔끔한 요약이 불가능하다는 것을 여러분도 느끼실 겁니다. '더 넓은 라브리'란 라브리에 왔던 사람들과 그들이 영향을 미친 사람들, 영화나 책을 본 사람들과 그들이 영향을 미친 사람들, 그리고 오늘날까지도 지속되는 그러한 영향들을 말합니다. 이 '비밀의 정원들'은 인격적인 하나님의 돌보심을 받았습니다.

우리의 창조주, 하나님의 어린양이신 주 예수 그리스도를 통해서 우리의 하늘 아버지가 되시는 그분은 무한하면서 인격적이십니다. 어린 말레이시아의 남학생이 참되고 살아 계신 하나님을 찾기 시작하고, 그가 도움을 얻을 수 있는 곳에 올 때까지 끔찍한 위험으로부터 보호를 받은 이야기만큼 하이만과 리타의 이야기도 극적인 것입니다.

하이만과 리타는 힌두교도가 되기 위해서 인도로 가는 중에 런던 거리에서 그들이 찾고 있던 채식주의자 식당을 가르쳐 준 한 사람을 만났고, 그 사람은 먼 거리를 걸어가서 《거기 계신 하나님》이란 책을 사서 다시 식당으로 돌아와 식사를 하고 있는 그들에게 주었습니다. 우여곡절이 있었지만 그들은 훗날 위에모에 있는 라브리로 오게 되었고, 그로부터 수년이 지난 지금 하이만은 캘리포니아에 있는 교회의 목사가 되었습니다. 그들은 유태인이었지만 힌두교도가 되려고 했던 것입니다. 그러나 이제 그들은 참 그리스도인이 되었습니다.

"너희가 마음을 다해 진심으로 나를 찾으면 나를 찾을 것이요."

오직 하나님만이 당신을 찾는 사람의 진실함과 정직함을 아십니다.

우리가 샬레 레 멜레즈에서 라브리를 시작할 때, 우리가 내세운 목적이 '우리의 삶과 일이 비록 아주 작은 영역이고 불완전하겠지만 하나님의 실재(존재)를 증거하는 것'이라는 사실을 기억하실 것입니다. 우선은 우리가 할 수 있는 데까지 정직한 질문에 대해서 정직한 대답을 주는 것을 통해서이고, 두 번째는 기도를 기초로 사는 삶을 통해서였습니다. 하나님이 선택하신 사람들아 오게 해 달라고 지속적으로 기도하고, 하나님께서 사람들의 생각을 움직이셔서 헌금을 통해 우리에게 매주 필요한 것이 채워지게 해 달라고 지속적으로 기도하는 것이었습니다. 우리는 "오늘날 우리에게 일용할 양식을 주옵시고"라는 기도를 진실하게, 그리고 다양한 방법으로 응답하시는 하나님의 응답에 대한 기대를 가지고 신중하게 간구했습니다.

지나온 세월 동안 라브리 지부마다 극소량의 소스가 뿌려진 파스타와 오트밀 죽 그리고 거의 항상 집에서 구운 빵으로 식사를 대접할 수밖에 없었던 시간들이 있었습니다. 채소밭은 항상 하나님이 부분적으로 공급해 주시는 통로가 되었습니다. 물론 아무도 굶은 적은 없었습니다. 그리고 비록 이번 장에서는 '헬리콥터로 수년의 세월을 스쳐 지나갈' 수밖에 없지만, 여기서 보여 드린 이 작은 단면들은 사람들이 각 지부를 찾아왔고, 또한 지금도 찾아오고 있는 특이한 방법들의 이야기를 축소한 것으로 보시면 됩니다. 그렇습니다. 라브리는 지금도 계속되고 있습니다. 각 지부로 대표되는 굵은 가지들이 있고, 그 외에 많은 잔가지가 있습니다.

1991년, 몰레에 있는 스웨덴 라브리에서는 10주년 기념 수양회가 있었습니다. 라브리 집의 창밖을 내다보며 예술적으로 기울어진 지붕을 넘어, 언덕을 지나, 바위가 많은 푸른 바다의 굴곡진 해변을 눈으로 따라 걸으면서 나는 지난 10년 동안 하나님께서 기도에 응답해 주시고, 이 집을 마련해 주시고, 스칸디나비아에서 놀라운 일들을 하신 것에 대해서 감사를 드렸습니다.

리사와 퍼 스타판이 오래전에 스위스의 보 씨뜨에서 일할 때 리사가 했던 '산타 루치아' 축하 파티가 생각났습니다. 흰옷을 입은 소녀들이 머리 위에 촛불이 타고 있는 장식을 쓰고 샬레마다 다니면서 노래를 부르고, 리사가 나눠 먹으려고 만든 케이크를 가져다 주었던 파티였습니다. 스칸디나비아를 위한 기도요? 물론 있었습니다. 그리고 수년간 몰레에 있는 집의 작은 공간에서 힘겹게 살다가. 보이지 않는 여러 곳에서 '정원이 피어났고', 알려지지 않은 추수가 있었습니다.

10주년 기념 수양회의 강사들은 지나온 역사를 조금씩 조명해야 했습니다. 강사들은 나를 비롯해 뉴욕에 있는 쉐퍼 재단의 우도 미들만, 네덜란드 라브리의 빔 리트께르크, 스타인웨이(Steinway)의 프란쯔 몰(그의 놀라운 이야기는 그가 들려 준 이야기를 내가 듣고 기록한 책으로 곧 나올 것입니다), 지난해 내내 스웨덴 라브리 간사로 일한 스테판 구스타브쓴, 퍼 스타판이었습니다. 그리고 세미나를 인도한 몇몇 스웨덴 의사와 교수들이 있었습니다.

수양회가 끝나고 난 후 나는 바로 차를 타고 예테보리로 떠났습니다. 세 시간 반의 거리였습니다. 프란쯔와 내가 '영원히 계속되는 음악'이라는 제목의 주제로 강의하기로 되어 있는 그날 저녁 모임이 7시 반에 있었던 것입니다. 아무리 빨리 가도 약간 늦을 형편이었습니다. 차를 운전한 사람은 스웨덴 의사였는데, 그는 내게 이야기하고 싶은 것도 있고 묻고 싶은 것도 있다고 했습니다.

뒷좌석에는 프랜시스 쉐퍼가 자신에게 새벽 2시에 차를 대접해 주던 것을 아주 생생하게, 그리고 따뜻한 마음으로 기억하고 있다는 사람이 타고 있었습니다. 그는 샬레 르 샤도네(Chalet le Chardonnet) 옆에 있는, 프랭키가 사무실로 개조한 낡은 창고에서 '프랜시스 쉐퍼'라는 논문을 주제로 박사 과정을 공부하고 있었습니다. 그는 또한 그로부터 얼마 후 우리가 프랜의 암 때문에 화학 요법을 하느라 로체스터에 있을 때, 프랜이 그의 추가 질문에 대답을 하는 동안 내가 차를 대접했던 일도 이야기했습니다. 얼마나 풍성한 또 하나의 '비밀의 정원'입니까.

그중에서 많은 식물이 또 다른 종류의 수확을 내었습니다. 뒷좌석에 같이 타고 있던 또 한 명의 텍사스 사람 블레이크도 있었습니다. 그는 비록 상하기는 했지만 하나님께서 꺾지는 않으셨다는 것을 보여 주는 '상한 갈대'였습니다. 3년 전 블레이크의 부모님은 오스틴에서 열린 라브리 수양회를 마치자마자 또 다른 아들과 함께 비행기를 타고 잘 알려지지 않은 곳에서 열리는 기독교 캠프로 가던 중에 비행기 사고를 당했던 것입니다. 비행기가 폭발하고 순식간에 모든 사람이 사망한 매우 비극적인 사건이었습니다.

응답 받은 기도란 모든 죽음이 아름답다는 것을 의미할까요? 그렇지 않습니다. 지난 세월을 기도로 살면서, 우리와 또한 라브리에 왔던 사람들은 타락을 깊이 이해하게 되었습니다. 그 이해란 타락이 이 역사에 해 놓은 일—죽음, 전쟁, 추악함 그리고 슬픔을 가져오는 것—을 미워할 수 있다는 것입니다. 그러나 우리는 예수님께서 죽음을 적이라고, 언젠가는 파괴될 마지막 적이라고 말씀하신 것을 압니다. 날마다 주어지는 충족한 은혜 위에, 18세든 68세든 때마다 날마다 우리의 연약함 가운데서 온전해지는 하나님의 능력이 더해집니다.

블레이크의 부모님은 라브리 책을 아주 열심히 읽던 분들이었고, 커다란 서랍에는 각 지부와 수양회에서 사온 테이프가 가득 들어 있었습니다.

이 가정에서는 대화를 통해서 자녀들에게 자연스럽게 가르칠 수 있었고, 그것은 분명 굵은 가지에 달린 '잔가지'였습니다. 그곳에서부터 얼마나 많은 씨앗이 흩어졌는지는 천국에 가서야 알게 될 것입니다.

계속해서 활동하고 있는 라브리 지부와 간사들에 대해서 아주 작은 부분밖에는 이야기할 수 없듯이, 겨울이 와서 나뭇잎이 떨어지고 굵은 가지가 앙상하게 드러날 때까지는 볼 수 없는 수만 개의 잔가지들에 대해서도 다 이야기할 수가 없지만, 그것이 전체에서 꼭 필요한 부분임에는 틀림없습니다. 그러한 잔가지들을 다 알고 돌볼 수 있는 존재는 무한하고 인격적이신 하나님밖에 없습니다. 잔가지가 없이는 굵은 가지에도 싱싱한 푸른 잎, 봄에 피는 새 잎이 무성하지 못합니다.

차를 타고 스웨덴의 시골길을 지나 바다가 좀더 가까운 북쪽으로 가면서 나눈 우리의 대화를 통해서, 바람과 폭우로 흔들렸지만 뽑히지는 않은 '뿌리'의 깊이에 대한 실재가 풍성하게 드러났습니다. 라브리 가족의 많은 사람들은 '상한 갈대'였지만, 소멸되지는 않았습니다. 많은 사람들이 우리 자신의 역사 속에 나타나는 진리의 실재에 대해 그동안 다시 생각해 보면서 도움을 받았습니다. 기도로 사는 삶은, 실망스러운 일들로부터 방해받지 않는 삶을 보장받는 마술 공식이 아닙니다.

그날 밤 프란쯔 몰이 강의를 하고, 내가 이어서 강의를 한 뒤, 젊은 의사가 우리를 데리고 해안 도시인 예테보리의 거리로 산책을 갔습니다. 길을 가던 중 갑자기 그가 우리를 데리고 어느 골목길로 들어서더니 건물 밖으로 나 있는 계단을 올라 3층으로 갔습니다.

"보여 드리고 싶은 것이 있습니다."

요한 홈달 의사가 말했습니다.

문을 열고 들어서니 불이 켜진 거실에 긴 의자 하나와 편안하게 앉을 수 있는 의자 몇 개가 놓여 있었습니다. 그리고 또 다른 방에는 책이 가득 꽂혀 있는 책장과 긴 탁자와 의자들이 있었습니다.

"여기 잠시 앉아 계세요. 차 마실 물을 좀 끓일게요."

잠시 후 그가 부엌에서 뜨거운 차가 담긴 주전자를 들고 왔고, 그의 이야기는 우리에게 또 하나의 '비밀의 정원'을 알려 주었습니다.

"여기 스웨덴에서는 정부에서 의료 행위를 제공해 주기 때문에 낙태는 의사의 업무이며 의무입니다. 저는 낙태 시술을 하기 싫었고, 대부분의 제 동료들도 마찬가지였지만 우리의 의무였기에 어쩔 수가 없었습니다. 저는 그때만 해도 기독교인이 아니었는데, 하루는 제 아내가 프랜시스 쉐퍼와 에버레트 쿠프 박사가 쓴 《도대체 인류는 어떻게 되어 가고 있는가?》라는 책을 주었어요. 저는 그 책을 읽는 도중에 기독교인이 되었습니다. 저는 그것이 진리라고 확신하게 되었어요. 그리고 낙태는 잘못된 것이라는 결론을 내렸고, 그 후로는 한 번도 낙태 시술을 한 적이 없습니다. 그러던 중에 어린 미혼모들이 찾아올 곳이 필요해서 이 아파트를 마련하게 되었습니다. 서서히 저와 같은 생각을 하는 사람들이 생기게 되었고, 저희는 모두 자원봉사로 일하고 있습니다. 이곳에 페인트를 칠하고, 식사를 준비할 수 있

는 부엌을 만들고, 읽을 책도 갖다 놓고, 와서 미혼모들과 이야기할 시간
도 내고 있습니다. 책과 영화 그리고 퍼 스타판과 그 외 다른 라브리 사람
들이 했던 강의를 통해서 생긴 결과입니다. 그 후로 어쩌면 태어나지도 못
한 채 죽었을지도 모르는 많은 아기들이 태어났습니다. 낙태 시술을 하기
싫어하는 어느 무신론자 의사는 우리에게 아이들을 보내면서 이렇게 말
했다고 합니다.

"가서 영화도 보고, 질문도 하고, 결정을 내리기 전에 상담도 좀 받도록
해요."

우리는 그곳에 앉아서 놀라움을 금치 못하면서 스웨덴에 있는 라브리의
미래를 위해서 기도하고, 시간적으로 그리고 공간적으로 이렇게 멀리 떨어
진 곳에 그토록 아름다운 정원을 일구어 낸 '좋은 땅에 뿌려진 씨앗'에 대
해서 하나님께 감사했습니다. 여러 해 전에 스위스에서 선택하고 결정한
여러 가지 일들로부터 시작해서 기도하고, 일하고, 힘겨운 선택을 하고, 제
시간에 '추수를 준비하기' 위해서 신실하게 일한 사람들이 하나씩 이어져
서 생긴 일이었습니다.

1년 전에 나는 매사추세츠에 있는 사우스버러 라브리의 10주년 기념식
에 참석했습니다. 그곳에서 딕과 마르디 카이스, 그레그와 메리 제인 그룸
스 그리고 수잔과 빌은 맛있는 차를 준비하느라 분주했고, 몇몇 사람은 신
선한 딸기와 같이 대접할 엔젤 케이크를 만들었습니다. 딕의 어머니는 아
름다운 꽃꽂이를 해 주셨고, 라브리 간사 가족들, 학생들 그리고 이웃 사

람들은 각자 맡은 일을 서둘러 마무리하느라 복도와 방을 왔다 갔다 하며 축제 분위기를 더해 주었습니다.

10년 전에 프랜과 함께 이곳에 와서 헌신 예배를 드리던 때가 생각났습니다. 도서관을 가득 채운 사람들 사이로 이 장소를 기증해 준 베티 그리고 배관공과 그의 아내, 목수와 그의 가족, 다양한 부류의 지역 주민 등 라브리 이야기를 들으려고 기다리고 있던 사람들을 바라보던 기억이 났습니다.

라브리에서 기독교인이 된 사람들의 자녀인 새로운 세대가 자기 부모들이 무엇을 가지고 씨름했는지, 그들이 지나온 역사와 사상 속에서 어떠한 삶을 살아왔는지를 자동적으로 알 것이라고 당연하게 여겨서는 안 됩니다. 10주년 기념일에 그곳에서 라브리 이야기를 들려 주었을 때, 그곳에 딕과 마르디의 부모님뿐만 아니라 그 부부의 아들들, 그레그와 메리 제인 그룸스의 자녀들, 그리고 빔과 그레타의 아들 중 한 명이 참석했다는 것은 내게 특별한 일이었습니다. 그 누구도 다른 누구의 판박이가 아닙니다. 아이들은 결코 자기 부모 또는 자기 형제나 자매의 판박이가 아닙니다.

이 책에 있는 이야기를 45분 안에, 심지어 한 시간 안에 할 수 있을까요? 런던에서이건, 암스테르담에서이건, 비엔나에서이건, 로체스터에서이건, 예테보리에서이건, 사우스버러에서이건 그 방에 모인 몇몇 사람들의 이야기에서부터 시작하지 않고 다른 데서 이야기를 시작하는 것이 그 방에 모인 사람들에게 합당한 일이라고 할 수 있을까요? 그렇습니다. 씨앗들은 멀리까지 날아서 새로운 세대에까지 영향을 미쳤지만, 그 시작은 역사적으로 중요합니다.

연속성은 추적될 수 있습니다. 그러나 그 역사의 흐름 속에서 일어났고, 일어나고 있는 일의 실재는 그 방에 있는 사람들과 이 장을 읽고 있는 사람들에게 알려 줄 필요가 있습니다. 여러분과 나는 지금 이 순간에도 하나님께서 현재의 결핍과 두려움 속에서 외치는 우리의 소리를 들으실 수 있다는 사실을 상기해야 합니다. 우리는 지금 이 시대를 살아갈 힘과 도움을 하나님께 구하도록 서로를 격려해야 합니다. 또한 우리는 개성을 지닌 인격체이며, 역사 속에서 개인으로서 중요성을 가지고 있다는 사실을 알아야 합니다. 우리의 선택은 의미가 있습니다.

라브리는 어떻게 시작되었을까요? 눈사태나 홍수는 우리가 선택한 것이 아니었으며, 소아마비나 류머티즘 열병도 우리가 선택한 것이 아니었습니다. 6주 안에 스위스를 떠나라는 명령도 우리가 선택한 것이 아닙니다. 그러나 우리 역사의 바꿀 수 없는 영역들 안에서도 선택은 가능합니다.

미네소타 주 로체스터의 라브리 지부는 어떻게 시작되었을까요? 지도를 펼쳐 놓고 한 곳을 선택했을까요? 다시 한 번 말씀드리지만, 절대로 그렇지 않습니다. 〈도대체 인류는 어떻게 되어 가고 있는가?〉라는 영화 촬영을 스위스에서 마쳤을 때, 프랜의 몸무게가 너무 많이 줄고 다른 증상들도 몇 가지 있어서 우리는 메이요 클리닉(Mayo Clinic)에 오게 되었습니다. "림프암입니다"라는 소식을 전화로 들은 우리 아이들은 모두 비슷한 대답을 했습니다.

"우리가 이런 소식에 늘 준비가 되어 있도록, 이 세상의 타락과 그리스도 께서 다시 오실 때까지 계속될 비정상적인 역사를 강조해 주셔서 고마워 요, 아빠."

암 때문에 우리는 그곳에서 처음 몇 주간을 지낸 후에도 계속해서 다시 로체스터로 오게 되었습니다. 그러나 먼저 프랜의 작은 선택들을 통해서 로체스터 라브리는 시작되었습니다. 프랜은 비록 썩 내키지는 않아 했지 만, 〈그러면 우리는 어떻게 살 것인가?〉라는 영화를 구입해서 존 마셜 고등 학교 강당에서 한 번에 두 편씩 5주 동안 주일 밤에 상영하기로 주선한 메 이요 클리닉의 의사인 척 케네디의 요청을 받아들였습니다.

"하지만 저는 화학 요법을 받고 있습니다. 영화를 보고 난 후에 질의 응 답 시간은 가지지 못할 텐데요."

이렇게 단서를 달기는 했지만, 프랜은 "한번 해 보겠습니다"라고 대답했 습니다.

그날 밤 로체스터로 오는 도로가 폭설에 휩싸여 차를 운전하지 말라는 경고가 있었기 때문에, 우리는 거의 아무도 오지 않을 것이라고 생각했습 니다. 그러나 놀랍게도 1,700명이 참석했습니다. 아무도 예상하지 못했고, 더더군다나 프랜과 나는 상상하지 못했지만 로체스터의 라브리 지부는 그 날 밤 '탄생'했습니다. 기획위원회라고 할지라도 이러한 시작을 계획하지는 못했을 것입니다.

겉으로 보기에도 그렇고 실제로도 몸이 쇠잔해 있었던 프랜은 강단에 있는 철제 의자에 앉아서, 이 연약한 사람이 도대체 무슨 말을 할지 궁금해하는 변호사와 의사들의 질문에 대답을 했습니다. 그 결과는 획기적이었고, 그 5주 동안의 주일 저녁마다 사람들은 더 늘어났습니다. 진리의 참됨을 이해하게 된 일과, 사람들이 자신의 일에 영향을 미치는 새로운 세계관을 이해하는 일이 그날 밤 그곳에서 시작되어서 오늘날까지도 계속되고 있습니다. 프랜이 도움을 받으러 온 바로 그곳에서, 5년 후에 그가 죽게 될 그곳에서, 그리고 나 혼자서 내 인생의 새로운 장을 시작해야 했던 바로 그곳에서 말입니다. 타락한 세상에서 진리를 전하는 실재 속에는 고통도 엮어져 있었습니다.

척 케네디가 로체스터 위원회를 구성해서 그 고등학교에서 라브리 수양회를 가질 계획을 세운 것은 그로부터 1년 뒤였습니다. 8일 동안이나 계속되는 수양회였고, 강사들은 모두 라브리 멤버들로 구성되어 있었습니다.

그 8일의 기간 중에 하루는 17명의 라브리 멤버들이 에이비스와 봅 디어세스가 찾아 낸, 매매로 나온 집의 거실 바닥에 같이 앉았습니다. 그 집 옆에는 크기가 좀더 작은 집이 나란히 있었습니다. 이 모임은 우리가 그 집을 보고 가능성을 고려해 보기 위한 것이었습니다.

무엇을 위한 가능성이었을까요? 작은 집은 우리 부부가 다이안(캘리포니아에서 이사를 와서 계속해서 라브리 사무를 볼 예정이었습니다)과 함께 살기 위한 것이었고, 좀더 큰 집은 리비와 로이드가 이사와서 캘리포니아에 있는 라브리 지부를 미네소타로 옮기는 것이었습니다. 우리는 앉아서 많은 기도를 드린 후에 투표를 했고, 결과는 만장일치로 찬성이었습니다. 그때 트럼펫의 팡파르가 울렸을까요? 꽃다발이 쇄도하고 기쁨에 넘쳤을까요?

그렇지 않습니다. 라브리 멤버의 두 명은 그 시간에 우리와 같이 있을 수 없었습니다. 길 건너편에 있는 세인트메리 병원에 있었기 때문입니다. 그들의 한 살 된 딸 세라가 수술을 받았는데, 그 결과는 우리가 기도하던 바가 아니었습니다. 세라는 로체스터에서 죽었습니다. 5년 후에 프랜이 죽게 될 그곳에서 말입니다.

"상한 갈대를 꺾지 아니하며 꺼져가는 등불을 끄지 아니하고 진실로 정의를 시행할 것이며"(사 42:3).

이제는 그때부터 7년 반이 지났습니다. 그렇습니다. 여러 해 전에 로체스터에서 라브리 지부가 시작되었고, 지금은 기도의 응답으로 보스턴의 베티 필립스가 메이요 클리닉에서 검사를 받는 중에 해가 지는 쪽에 나무가 울창한 정원이 딸린 집이 있는 것을 발견하게 되었습니다. 지은 지 25년이 된 그 집에는 여러 해 동안 어떤 의사와 그의 아내가 잘 가꾸어 온 정원이 있었습니다. 베티는 "여기는 마치 알프스만 없는 위에모 같네"라고 말했습니다. 그렇습니다. 그곳이 지금의 라브리 집이고, 래리와 낸시 스나이더가 그곳의 멤버들입니다.

라브리 사람들이 작은 부분에서이지만 신실하게 기도로 살기 때문에 완벽한 삶을 살까요? 그렇지 않습니다. 그러나 "모든 것이 인간의 똑똑한 계획이었다"고 하는 해석이 붙지 않는 방법들로 하나님께서 응답하시는 것을 보는 실재가 있습니다. 힘겨운 일들과 또한 '느린' 응답이 우리가 성장하는 데 도움이 되었다는 확신, 우리에게 열렸던 문들이 우리 스스로의 생각으로는 일어날 수 없는 일이었다는 확신을 가지는 데는 시간이 걸립니다. 우리의 역사를 돌이켜 보면 하나님의 계획이 드러나는 데는 시간이 걸린다는 것을 알 수 있습니다.

제인과 베티는 처음부터 라브리의 핵심이었습니다. 여러분이 이 책의 서두에서 읽었듯이, 베티는 우리가 쫓겨날 때 샹뻬리의 샬레에 우리와 같이 있었고, 제인은 나중에 '진리를 찾아' 밀라노에서 온 첫 오페라 가수였습니다. 제인과 베티 모두 서로 시기는 다르지만 로체스터의 세인트메리 병원에 입원했었고, 그 첫 수양회에 참석했습니다. 그 두 사람의 책은 계속해서 출판되고 있고, 그들은 지금도 샬레 르 셰잘레에서 토요일 저녁의 식사와 강의와 기도의 시간들을 열고 있습니다. 엘리스와 메리 포터 역시 오랫동안 일을 하며 샬레 아젠틴에서 살고 있는데, 여러 해 동안은 폴란드 등 동유럽 국가에서 강의를 많이 했습니다.

스위스 라브리에도 연속성이 있습니다. 짐과 게일 잉그램이 샬레 레 멜레즈에서 네 명의 아들과 함께 살고 있고, 장남인 지미는 동생 데이빗과 함께 지역 학교에 다닐 뿐만 아니라, 맷 스나이더와 지안디 산드리가 그랬던 것처럼 빌라스 팀에서 하키 선수로 활약하고 있습니다.

프리실라와 존 산드리도 여전히 뒷길에 있는 샬레 치 노에 살면서 일을 하고 있습니다. 프리실라의 유아원에는 이제 또 새로운 세대가 들어왔습니다. 예전과 다름없는 그 작은 부엌에 말입니다. 짐과 게일의 어린 두 아들과 메리 제인과 그레그 그룸스의 막내는 나의 증손자인 빈센트와 알렉산더 로어리의 동창들입니다. 그렇습니다. 오래전에 라브리에서 기독교인이 된 그레그 로어리가 엘리자베스 산드리와 결혼을 했고, 런던 바이블 컬리지를 졸업한 후에 그들은 다시 라브리로 돌아와서 셰잘레 옆집에 있는 샬레 부르도네뜨에 살고 있습니다. 나까지 포함하면 라브리에는 지금 4세대가 살고 있는 것입니다.

영국에 있는 그레탐 지부는 현재 어떻냐고요? 앞으로 변화의 가능성이 있고, 또한 물리적으로도 변화가 있었습니다. 옛날에 교사 사택이었던 집과 옛날의 마굿간 그리고 그 외 그 저택의 소유로 되어 있는 다른 곳들을 보수하고 재건축해서 사용 가능하게 만들었기 때문입니다. 매우 다양한 사람들이 그곳으로 공부하러 왔을 뿐만 아니라 래널드, 제람, 리처드, 이안 등의 간사들은 영국 전역의 여러 대학과 교회에서 강의를 했습니다. 그들은 영화도 보여 주었습니다. 〈도대체 인류는 어떻게 되어 가고 있는가?〉라는 영화는 제작되자마자 쉐퍼, 쿠프 등과 함께 세미나에서 소개가 되었고, 케어 트러스트(Care Trust)라고 하는 단체의 일이 시작되기도 했습니다. 그 단체는 마약, 포르노그라피, 낙태, 유아 살해 그리고 안락사 문제에 맞서서 싸우는 일을 확장해 가고 있습니다.

간사들은 다양한 국적을 가지고 있습니다. 거의 대부분의 라브리 간사들은 라브리에 학생으로 있을 때 다른 나라에서 온 배우자들을 만나서 결혼을 했습니다. 이안은 영국 사람이고 그의 아내 일레인은 남아프리카공화국 사람입니다. 반면에 조크는 남아프리카공화국 사람이고 그의 아내 알리슨은 호주 사람입니다. 간사들의 전공 분야도 다양합니다. 그래서 과학, 문학, 음악, 미술, 가정, 교회사, 정치 그리고 마약 등에 대한 강의를 할 수 있습니다.

배리가 자신의 수학 지식을 가지고 강의하고 또 성경 공부도 인도하면, 도널드 드루는 사람들이 알고 이해할 필요가 있다고 생각하는 영화에 대해서 강의를 합니다. 도널드 드루는 스위스 라브리에서 몇 년간 일했는데, 지금은 그레탐에서 멀지 않은 곳에 있는 집으로 '은퇴'했습니다. 그러나 그는 은퇴를 강의를 그만두는 것으로 생각하지 않으며, 그의 가정 또한 아주 라브리적인 방식으로 '차와 토론'에 개방되어 있습니다.

맞습니다. 어떻게 보면 이 이야기는 또 한 권의 책이 되어야 하는지도 모릅니다. 그러나 이렇게 한 책의 한 장으로 구성되어서 처음 장들을 기억하며 다시 돌아볼 수 있는 것도 유익합니다. 더 많은 지면을 할애할 수 없기 때문에 그 커다란 호주 대륙도 한 장의 아름다운 '우표'로 축소시킬 수밖에 없겠습니다.

스위스 라브리에는 호주 사람들이 하도 많이 와서 호주 사람마다 "이곳은 좀더 국제적인 분위기일 줄 알았다"고 불평을 하곤 했습니다. 호주 사람들도 뉴질랜드 사람들처럼 라브리의 각 지부들로 찾아왔습니다. 르 네

(Le Ned)라고 하는 작은 샬레에 살면서 스위스 라브리의 한 부분을 차지하다가 스위스에서 죽은 버디는 뉴질랜드 사람이었고 나처럼 중국에서 태어났습니다.

호주는 어떻게 됐냐고요? 아, 그래요. 라브리 수양회가 그곳에서 몇 번 열렸고, 래널드, 빔, 우도, 데비, 딕, 마르디 등이 수양회 강사로 참석했었습니다. 여러 곳에서 사람들이 테이프를 듣고 있고, 책을 읽고 있으며, 그것을 통해서 일부 사람들의 사고와 삶이 변하고 있습니다. 프랭크 스투트먼과 그의 아내 헤더는 라브리 테이프와 책 도서관을 관리하고 있고, 정기적인 기도 모임과 라브리 주말을 그들의 가정에서 가지고 있습니다. 그들은 또한 라브리 가족 편지를 복사해서 그것을 요청하는 사람들을 위해 호주 전역으로 보내고 있습니다. 그들은 '더 넓은 라브리'의 아주 중요한 부분입니다.

거대한 나라 인도도 잊지 말고 우표에 붙여서 여기에 끼워 넣어야 합니다. 오래전에 비샬 망갈와디가 스위스 라브리에 와서 쟝시아나에 머물렀는데, 네 시간은 공부하고 네 시간은 일을 하는 우리의 스케줄에 따라 설거지도 하고 바닥도 쓸어야 된다는 사실에 충격을 받았습니다. 그는 브라만 계급 출신이었던 것입니다.

그 후 비샬은 삶의 모든 영역에 대해서 놀라운 것들을 깨닫게 되었고, 그와 휘튼 대학에서 교육을 받은 그의 아내 루스는 그들이 제대로 배운 사상들을 가르치고 그대로 실천하려고 인도로 돌아간 후로 오랫동안 이런

저런 방식으로 박해를 받으며 살았습니다. 이제 비샬은 여러 가지 일을 하는 가운데 라브리 테이프와 책이 갖춰진 공부방도 운영하고 있으며, 두 번의 수양회를 개최하기도 했습니다. 비샬 또한 체코슬로바키아에서 열렸던 세미나에서 소중한 것들을 많이 나누어 주었습니다. 씨앗들! 그것은 흩어져서 뿌리를 내리고, 또 다른 곳으로 날아갈 새로운 씨앗들을 품은 열매를 냅니다.

알 도셋이라고 하는 스위스 라브리의 또 하나의 '씨앗'은 아주 특별한 뿌리를 내렸지만, 여러 번 이식이 되었습니다. 라브리에서 댈러스 신학교로 그리고 수영 코치가 되기 위해서 어느 대학으로, 올림픽 코치가 되기 위해서 캘리포니아로 옮겨 다녀야 했던 그는, 마지막에는 베일(Vail)로 가게 되어 그곳에서 수영을 가르치고 스키를 타면서 사람들과 자연스럽게 이야기를 하게 된 것이 성경 공부로 이어졌고, '지성소'라고 하는 아주 특별한 '비밀의 정원'이 탄생하게 되었습니다.

그곳은 베일에서 다양한 전문직과 직업에 종사하는 사람들이, 인생의 기본적인 질문에 대해서 도움이 필요한 사람들을 받아 주는 곳입니다. 일주일에 이틀 저녁은 성경 공부와 기도 모임을 가지며, 친근하고 따뜻한 분위기 속에서 나누는 대화와 도움의 시간들이 있습니다. 알은 10년 전에 자기 수영 팀에서 가르치던 밥을 주님께 인도했습니다. 그렇습니다. 또 10년입니다. 알과 밥은 현재 '남학생들의 집'을 맡고 있고, 샌디와 디는 '여학생들의 집'을 맡고 있습니다.

이건 단지 헬리콥터 비행에 불과하며, 이 신선하고 풍성한 정원은 이제 막 시야에 들어왔다는 사실을 기억해 주십시오. 돌이켜 보니, 좀더 잘 설명하기 위해서 되돌아가야 했다는 아쉬운 생각이 드는군요. 하지만 그냥 정원들이 있다는 것, 곳곳에 흩어져 있고, 덩굴진 벽 뒤에 가려진 정원들이 있고, 그곳에는 정말로 사람들이 살고 있고, 그들은 "내게 지혜와 힘을 구하라"고 하시는 그분께 조언을 구하고 있다고만 말해 둡시다.

프랜시스 쉐퍼 재단과 프랜시스 쉐퍼 연구소를 언급했었지요? 그 둘이 같은 것이냐고요? 그렇지 않습니다. 그 둘은 별개의 것으로 서로 다른 일을 하고 있습니다. 서로 다른 필요를 충족시키고 있다고 해도 되겠지요.

프랜시스 쉐퍼 재단은 뉴욕의 하드스크래블 로드(Hards crabble Road)라고 불리는 구불구불한 길에 1765년에 지은 브라이어클리프 매너(Briarcliff Manor)라고 하는 집에 있습니다. 하인들의 숙소였던 마차 차고가 현재 보수 중에 있습니다(방이 네 개이고 위층에는 욕실이 있고 아래층에는 공부방 겸 강의실이 있습니다). 그곳에 절연 장치와 난방 장치를 하고 전기선도 새로 깔고 한 후에 프랜시스 쉐퍼의 문서들을 보관하게 해서 연구에 도움이 되게 할 것입니다.

그의 성경책들, 1936년 이후로 했던 설교 원고들, 2만 통의 편지 사본들, 가장자리에 주석이 빽빽하게 적혀 있는 성경책들이 전부 레이저빔 복사기로 제작한 디스크에 저장이 될 것입니다. 이 복사기는 버드 프렌티스가 빌려준 것인데, 그는 10년 전에 라브리에 왔던 발명가입니다. 버드의 어머니와 여동생 그리고 그의 아버지는 복사하는 일을 시작하기 위해서 이번 여름에 미네소타에 있는 우리 집 지하실에서 시간을 내어 작업을 했습니다. 앤과 도로시는 여름 내내 이곳에 있었고, 델타 항공사 파일럿인 와일리 프렌티스는 휴가 때 와서 일을 도와주었습니다.

한편 우도와 데비 미들만이 재단 간사로 있는 뉴욕에서의 일은 정기적인 세미나를 가지는 것이며, 앞으로 준비가 되면 한 번에 몇 명씩 와서 이 자료들을 공부하고 연구하기를 기다리고 있습니다. 또한 쉐퍼 재단의 연구와 세미나 여행은 여름에 스위스에서 열립니다. 세미나 강의의 일부는, 우도가 '기독교의 진리에 대한 지적인 기초' 그리고 '서구 경제학의 지적인 기초'에 대해서 강의해 달라고 초대를 받아서 러시아의 고등학교 선생님들에게 했던 강의의 연속으로 러시아에서 계속되고 있습니다. 대학생선교회 (Campus Crusade)는 러시아 정부가 그들에게 문을 열자 쉐퍼 재단에 이 도움을 요청했던 것입니다.

프랜시스 쉐퍼 연구소는 커버넌트 신학교의 일부로 신학생들이 지원을 해서 학위 과정을 공부하는 곳입니다. 제람 바즈가 이곳에서 프랜시스 쉐퍼의 개인사와 그의 사상에 대한 강의를 하며, 테이프도 들을 수 있습니다. '기도와 금식의 날'에 내가 그곳에 강의를 하러 갔었는데, 하나님께서 우리가 그 도시를 떠난 1948년 이후에 라브리를 통해서 세인트루이스에 하신 일을 보고 놀랐습니다. 나의 기도는 커버넌트 신학교에서 공부하는 사람들(한 번에 몇 명밖에는 그 과정을 밟을 수가 없습니다)이 뉴욕으로 와서 그들이 관심 있는 분야에 대해서 좀더 깊이 연구하는 것입니다.

처음이었던 것이 또한 마지막이 되어야 순서가 제대로 되겠지요. 이 모든 일은 기도, 급박한 기도로 시작되었습니다. 1장으로 돌아가서 한번 보십시오! 우리는 어디로 가야 할지, 무엇을 해야 할지, 우리 앞에 또한 우리 자녀들 앞에 어떤 일이 놓였는지 전혀 알지 못했습니다. 우리—프랜, 나, 프리실라(17세), 수잔(13세), 데비(9세) 그리고 프랭키(2세)—는 그 샬레의 거실에 앉아서 하나님께서 우리를 인도해 달라고 기도했고, 그 누구도 앞으로 무슨 일이 벌어질지 알지 못했습니다. 그날 그 시간에 드린 기도만으로 우리가 '에스컬레이터'에 태워져서 자동적으로 인생의 한 단계에서 또 다른 단계로 넘어간 것은 아닙니다.

'기도 가족'이 곧 우리와 동참해서 진지한 기도를 자신의 일로 삼겠다고 약속했습니다. 만주 지역에서 선교사로 있다가 일본군 점령 때 한동안 감옥살이를 했던 바이럼 의사도 그 신실한 사람들 중 하나였습니다. 트럭 운전기사의 아내였던 체스터의 제인 밋첼도 또 한 사람이었습니다. 나의 어머니와 노바스코시아의 농부의 아내도 참여해서 나중에는 22명이 되었습니다.

이제 세월이 흐르면서 다른 사람들도 참여하게 되었고, 일부는 하늘나라에 가 있습니다. 기도 가족 멤버들, 라브리 멤버들이 하나둘씩 세상을 떠났고, 그중 어떤 사람들은 성실하게 물질로 후원했습니다. 예를 들어 메리 크로울리는 하나님의 인도를 받아서 〈도대체 인류는 어떻게 되어 가고 있는가?)라는 영화를 만드는 데 도움을 주었고, 또 어떤 사람들은 자기 가정에서 기도 모임을 가졌으며, 또 다른 실제적인 방식으로 일을 도왔습니다.

그렇습니다. 우리가 샬레 비쥬에서 동그랗게 둘러앉았던 그날 이후로 우리 가정에 4세대가 생기게 되었을 뿐만 아니라, 역사는 계속해서 흘러갔습니다. 하늘나라에 가 있는 라브리 사람들 중에는 한스 로크마커 박사, 앤 베이츠, 프랜시스 쉐퍼, 버디, 빌 와이저, 버사 바이럼 의사, 어린 아기들, 내 어머니와 아버지, 그리고 다른 멤버들의 아버지와 어머니, 즉 이 일에 기도의 '기둥'이 되었던 사람들, 우리 삶에 '기둥'이 되었던 사람들이 있습니다.

역사에는 삭감되는 것도 있습니다. 그리고 오직 하나님만이 그 계산을 제대로 하실 수 있습니다. 사람들은 결코 대체될 수 없습니다. 우리 중 그 누구도 자신의 복제판을 가진 사람은 없습니다. 그러나 세대에서 세대로 이어지면서, 여호수아는 모세의 자리를 대신하고, 엘리사는 엘리야의 외투를 받아 듭니다. 사상의 참된 연속성은 분명히 있습니다. 사람들이 필요로 하는 도움, 끊임없이 이어질 기도, 진리의 가르침, 세상에서 소금이 되는 것, 참으로 존재하는 것, 씨앗을 심고 뿌리는 일은 계속될 것입니다.

그렇습니다. 보이지 않는 곳에서 드러내지 않고 기도하는 신실한 사람들이 있습니다. 그들은 하늘에 계신 우리 아버지 앞에 나와서 큰 가지들, 잔가지들, 이 일을 하는 개인들, 그리고 그들이 라브리로 오기를 바라는 '하나님이 계시는지 아직 확신하지 못하는 사람들'을 위해서 기도하고 있습니다. 늙으신 분들이 흔들의자에 앉아 기도하는 모습이 상상이 되십니까? 그러한 분들도 있을 것입니다. 그들은 의자에서 일어나지 않고 열심히 자신의 '일'을 하고 계실 것입니다.

하루 일과를 시작하기 전이나 아이들에게 아침 식사를 먹여서 학교에 보내기 전에 기도하기 위해서 일찍 일어나는 사람들이 상상이 됩니까? 그렇습니다, 그런 사람들도 있습니다. 흔들리는 지하철 안에서 혹은 통근 버스 안에서 자신들이 기도해 주고 있는 사람들의 모습을 떠올리며 '네팔, 인도 또는 스위스로 다니며' 기도하는 사람들이 상상이 됩니까? 나는 그렇게 하는 사람들을 알고 있습니다.

여기에 두 사람을 더 추가하고 싶습니다. 한 사람은 영국 그레탐 근처에 살면서 휠체어에 앉아서 기도합니다. 체조 선수였던 그는 사고로 전신이 마비가 되어 전혀 움직일 수 없지만 자신의 필요만이 아니라 라브리의 필요를 위해서도 기도합니다.

또 한 사람은 오클라호마에 있는 자그마한 집에서 기도하는 앤입니다. 앤은 스위스 라브리의 간사였지만, 지금은 두 가지 큰 신체적인 고통을 겪고 있습니다. 하나는 루프스이고(이 병은 화학 요법을 받아야 합니다), 또 하나는 실질적인 실명입니다(그래서 여러 번 수술을 받아야 했습니다). 앤은 말 그대로 기도를 자신의 일로 삼습니다. 앤은 스스로 시간표를 짜서 하루에 몇 시간씩 마치 시간 기록계를 찍는 것처럼 기도합니다. 하나님께서 우리에게 누가 무엇을 했는지 알려 주실 하늘나라에 가기 전에는, 라브리의 모든 지부에서 얼마나 많은 일들이 앤의 기도를 통해서 신실하게 성취되었는지 우리는 모를 것입니다.

그렇습니다. 기도가 먼저였고, 주님께서 이 세상을 향해서 가지신 계획들이 계속해서 성취되는 그 마지막 날까지 기도는 계속될 것입니다. 마지막 정원이 피어나고, 마지막 씨앗이 자라는 날이 올 것입니다. 그때에는 마지막 나팔이 울리고, 죽은 자들이 깨어나 살아 있는 사람들과 함께 새로운 몸을 입고, 우리의 상상을 초월하는 방식으로 그분의 영광을 드러낼 것입니다.

라브리 가는 길

라브리선교회는 국제적인 기독교 공동체이며 연구센터로, 진리와 인생에 관해 정직한 대답을 찾는 사람이라면 누구나 머물다 갈 수 있는 영적 쉼터이다. 현재 라브리는 한국을 포함하여 전 세계에 9개의 지부가 운영되고 있다.

한국 라브리

한국 라브리는 1990년에 자료센터로 출발하여 1994년부터는 서울 후암동에서 합숙연구원을 운영하다가, 지금은 강원도 양양으로 옮겨가 공동체로 다시 시작하고 있다. 주소와 연락처는 다음과 같다.

주소 | 25037 강원도 양양군 서면 구룡령로 3025

Tel | 033-673-0037 E-mail | yangyang@labri.kr

디렉터 | 성인경 목사, 박경옥 간사

라브리의 생활·프로그램

라브리는 가족적인 분위기가 특징이며, 공부와 일 그리고 토론이 조화를 이루는 곳이다. 주요 프로그램 외에도 학생들의 필요에 따라 간사들 중 한 사람이 학생들을 개인지도와 상담으로 돕는다.

필요에 따라 학생들은 청소, 정원 가꾸기, 집 수리 등의 노동을 하기도 한다. 라브리는 학비를 받지 않지만, 생활비는 학생 부담으로 한다. 일주일에 하루는 쉬는 날이 있으며, 그날은 가까운 곳으로 여행을 갈 수도 있다. 또한 취미생활을 위해 악기나 화구, 운동기구를 가져올 수는 있으나 다른 학생들에게 방해가 되지 않도록 즐겨야 한다.

한국 라브리의 주요 프로그램은 아래와 같다.

  1. 기도·예배·찬양
  2. 개인상담(학생의 요청에 따름), 토론
  3. 성경 및 세계관 공부(개인 또는 공동으로)
  4. 금요학당과 세미나
  5. 특별 강좌: 국제 라브리 간사 및 외부강사 초빙
  6. 노동과 봉사

이외에도 한국 라브리의 학기 및 예약, 교통편에 관한 자세한 안내를 원하면 한국 라브리 홈페이지 http://www.labri.kr을 참고하면 된다.

국제 라브리 주소록

• 네덜란드

Huize Kortenhoeve Burgemeester Vergrughweg 40, 4024 HR Eck en Wiel, Netherland

Tel: (int+31) 344-691-914 E-mail: labri@labri.nl

Director: Wim & Greta Rietkerk Website: http://www.labri.nl

• 미국 동부

49 Lynbrook Road, Southborough, MA 01772, U.S.A.

Tel: (int+1) 508-481-6490 / Fax: (int+1) 508-481-6490

Director: Dick & Mardi Keyes E-mail: southborough@labri.org

• 미국 중부

1465 12th Avenue N.E. Rochester, MN 55906, U.S.A.

Tel: (int+1) 507- 536+0108 / Fax: (int+1) 507- 536+0108

Director: Jock and Alison McGregor E-mail: rochester@labri.org

• 스위스

Chalet Bellevue, Route de Villars 89, 1884, Huemoz, Switzerland

Tel: (int+41) 24-495-21-39 / Fax: (int+41) 24-495-76-47

E-mail: swiss@labri.org Website: https://swisslabri.org

Director: Richard and Karen Bradford

- 영국

  The Manor House, Greatham, Liss, Hants. GU33 6HF, U.K.

  Tel: (int+44) 1420-538-436 / Fax: (int+44) 1420-538-432

  Director: Jim and Merran Paul E-mail: office@englishlabri.org

- 캐나다

  L'Abri Fellowship Canada, 6485 West Saanich Road, Saanichton, BC, V8M 1W8, Canada

  Tel: (int+1) 250-652-3355 E-mail: canadianlabri@gmail.com

  Director: Clarke and Julia Scheibe

- 호주

  L'Abri Resource Center, 10 River Rd, Elderslie, N.S.W. 2570, Australia

  Tel: (int+61) 2 46-58 05-50 E-mail: australia@labri.org

  Director: Frank & Heather Stootman

- 브라질

  Brazil L'Abri, Rua Heliotropio, 145-Bairro Pedro II-Belo Horizonte, Minas Gerais, Brazil

  Tel: (int+55) 31 25358962 E-mail: labri.brasil@gmail.com

  : Guilherme V. R. & Alessandra de Carvalho

옮긴이

양혜원

서울대 불문과를 졸업했으며 이화여자대학교 대학원에서 여성학을 수료하고, 2013년 도미하여 클레어몬트 대학원대학교에서 종교학 석·박사 취득 후, 현재 일본 난잔종교문화연구소 객원연구원으로 있다. 한국 라브리선교회 협동간사로 1995년부터 6년간 섬겼으며, 통역과 번역 일을 해왔다. 역서로 《이디스 쉐퍼의 라브리 이야기》, 《대천덕 자서전-개척자의 길》, 《예수원 이야기-광야에 마련된 식탁》, 《거북한 십대, 거룩한 십대》, 《우찌무라 간조 회심기》, 《너를 사랑하기 때문에》, 《아주 특별한 모자》, 《쉐퍼의 편지》(이상 홍성사)가 있으며, 저서로 《교회 언니, 여성을 말하다》(포이에마), 《유진 피터슨 읽기》(IVP)가 있다.

이디스 쉐퍼의
라브리 이야기
L'Abri

2001. 12. 28. 초판 발행
2018. 5. 18. 개정판 발행

지은이 이디스 쉐퍼
옮긴이 양혜원
펴낸이 정애주
국효숙 김기민 김의연 김준표 김진원 박세정 송승호 오민택 오형탁
윤진숙 임승철 임진아 정성혜 차길환 최선경 한미영 허은
펴낸곳 주식회사 홍성사
등록번호 제1-499호 1977. 8. 1.
주소 (04084) 서울시 마포구 양화진4길 3
전화 02) 333-5161
팩스 02) 333-5165
홈페이지 www.hsbooks.com
페이스북 facebook.com/hongsungsa
양화진책방 02) 333-5163

L'Abri, New Expanded Edition
Copyright ⓒ 1992 by Edith Schaeffer
Published by Crossway
a publishing ministry of Good News Publishers
Wheaton, Illinois 60187, U.S.A
This edition published by arrangement
with Crossway through rMaeng2, Seoul, Republic of Korea.
All rights reserved.

ⓒ 홍성사, 2018